湖北省社会科学基金项目

知识产权保护与信息自由的冲突与协调

蔡祖国　著

ZHISHICHANQUAN BAOHU
YU XINXI ZIYOU DE CHONGTU YU XIETIAO

知识产权出版社
全国百佳图书出版单位

图书在版编目（CIP）数据

知识产权保护与信息自由的冲突与协调/蔡祖国著．—北京：知识产权出版社，2016.5
ISBN 978-7-5130-4217-8

Ⅰ.①知… Ⅱ.①蔡… Ⅲ.①知识产权保护—研究 ②信息学—研究 Ⅳ.①D913.04 ②G201

中国版本图书馆 CIP 数据核字（2016）第 117619 号

内容提要

无论是从价值层面、规范层面还是从历史层面来看，知识产权保护与信息自由之间难以避免地存在矛盾和冲突。随着技术的发展以及资本的深度介入，知识产权保护与信息自由之间的冲突愈显突出，传统上通过知识产权内部规范予以平衡的制度安排已不能有效地协调二者间的冲突关系，有必要在内部规范平衡的基础上，将知识产权保护纳入宪法审查的范畴，建立起内部协调与外部协调相统一的平衡机制。

责任编辑：崔　玲　　**责任校对**：谷　洋
装帧设计：sun工作室　韩建文　　**责任出版**：刘译文

知识产权保护与信息自由的冲突与协调
Zhishi Chanquan Baohu yu Xinxi Ziyou de Chongtu yu Xietiao
蔡祖国　著

出版发行：知识产权出版社有限责任公司　　**网　　址**：http：//www.ipph.cn
社　　址：北京市海淀区西外太平庄 55 号　　**邮　　编**：100081
责编电话：010-82000860 转 8121　　**责编邮箱**：cuiling@cnipr.com
发行电话：010-82000860 转 8101/8102　　**发行传真**：010-82000893/82005070/82000270
印　　刷：北京科信印刷有限公司　　**经　　销**：各大网上书店、新华书店及相关专业书店
开　　本：720mm×1000mm　1/16　　**印　　张**：16
版　　次：2016 年 5 月第 1 版　　**印　　次**：2016 年 5 月第 1 次印刷
字　　数：280 千字　　**定　　价**：48.00 元
ISBN 978-7-5130-4217-8

摘　　要

具有抽象性的知识信息一旦财产权化，很可能会导致知识产权不断扩张。劳动财产理论、人格财产理论和工具论为知识财产化的产生和发展提供了理论论证，但被忽略了前提的劳动财产理论、人格财产理论和被曲解了的工具论支持知识产权不断扩张，导致了知识信息的垄断，威胁到信息自由的实现，呈现出信息自由与知识产权保护之间的冲突，其主要表现为版权的客体范围、权利内容、保护期限和保护强度与信息自由的冲突，不同类型的商标与商业信息自由的冲突以及反不正当竞争规制与商业信息自由的冲突。知识产权保护与信息自由的冲突源于价值冲突，是一种私人利益与公共利益的矛盾和冲突。平衡知识产权保护与信息自由的权利冲突，要奉行法益优先原则；平衡知识产权保护与信息自由的价值冲突，要遵循利益衡量原则。

技术的发展历史实际上就是版权的扩展史，从《安娜法案》到 TRIPs，版权在客体范围、权利类型、权利内容、保护期限上全方位扩张，而版权的扩展史也就是其与信息自由发生冲突的历史，随版权扩张而发展起来的版权限制制度在数字时代到来后，并不能有效平衡版权保护与信息自由的冲突。商标权保护扩张到反淡化保护，导致了商标权限制制度难以有效平衡其与信息自由的冲突。反不正当竞争规制一般条款的设置及其规制范围过宽导致了反不正当竞争规制与商业信息自由的冲突。

为了保持知识产权保护与信息自由的平衡，版权法中设置了思想与表达二分法、合理使用等限制制度，商标法中设置了各种合理使用及例外。这些限制仅具有有限的平衡冲突的作用，必须要运用宪法上的信息自由权利来对版权保护和商标权保护进行审查。应完善我国版权法上的合理使用制度和建立商标法上的指示性合理使用制度。

运用宪法司法化来审查因知识产权保护所导致的信息自由限制，具有十分重要的意义。宪法司法化的双轨理论强调，对针对言论内容的管制，采用严格审查的标准；对非针对言论内容的管制，采用中度审查标准。宪法司法化的双阶理论强调，对高价值言论采用严格的审查标准，而对低价值言论采用中度的审查标准。运用双轨理论和双阶理论进行审查，既可以对信息自由提供有效保障，同时也可以对知识产权扩张进行约束。借鉴双轨理论和双阶理论，建立我国公共利益检验标准。将言论类型分为政治性言论、艺术性言论、商业性言论和不受保护的言论。对限制政治性言论和艺术性言论适用严格审查标准，对限制商业性言论适用中度审查标准。

因此，应重塑知识产权理念，强调知识产权保护必须符合其价值目标。应重塑版权合理使用制度、商标权合理使用制度，对知识产权保护进行有效的平衡。建立平衡知识产权保护与信息自由的冲突的外部协调机制。

关键词：知识产权　信息自由　冲突　协调

Abstract

Once the abstract knowledge information is considered as a kind of property rights, it would lead to continuous expansion of intellectual property. Although Labor Property Theory, Personality Theory and Organon provide theoretical evidences to the emergence and development of knowledge as property, the continuous expansion of intellectual property supported by Labor Property Theory and Personality Theory with ignored premises and by distorted Organon, leads to a monopoly of knowledge information and thus threatens the realization of information freedom. The emerging conflicts among fundamental rights mainly include those between the object scope of copyright, right contents, term of protection and protection intensity and information freedom; those between various trademarks and the commercial information freedom; as well as those between anti-unfair-competition regulation and the commercial information freedom. The conflict between intellectual property protection and information freedom originates from value conflicts and it is a kind of contradiction and conflict between individual interests and public interests. In order to balance the right conflicts between intellectual property protection and information freedom, priority should be given to legal interest. And also in order to balance the value conflicts between them, the benefit balance principal shall be followed.

Actually, the history of technology is one of copyright expansion. From *the Statute of Anne* to *the TRIPs Agreement*, the copyright realized the expansion in an all-round way from the object scope, right types, right contents and term of protection. However, the history of copyright expansion has been accompanied by its consistent conflicts with information freedom. The copyright restriction system originating from copyright expansion failed to effectively balance copyright protection and information freedom in digital era. The development from trademarks protection to anti-dilution protection evokes difficulties for the trademark limitation system in effectively balancing the conflicts between trademarks and information freedom. The setting-up of general terms and conditions of anti-unfair-competition regulation as well as its excessive regulation scope also contribute to the conflicts between anti-unfair-competition regulation and commercial information freedom.

In order to maintain the balance between intellectual property protection and information freedom, limitation systems such as dichotomy of ideas and expression, fair use etc. are specified in copyright law. Also in trademarks law, various fair uses and exceptions are specified. The capability of limitation systems to balance conflicts is confined and it necessarily resorts to constitutional information freedom rights for the review of copyright and trademark rights protection. Thus it is urgent to perfect fair use system of copyright law in China and establish an indicative fair use system of trademark law.

It is of great importance to review the limitation on information freedom, which is caused by the intellectual property protection, with constitutional judicature. The two-track theory of constitutional judicature stresses that rigid review standards should be adopted to control speeches, while moderate review standards should be applied to control non-speeches. The two-level theory of constitutional judicature stresses that rigid review standards should be applied to high-value speeches while moderate review standards applied to low-value speeches. Reviewing with two-track and two-level theories can effectively guarantee the information freedom and constrict the expansion of intellectual property right at the same time. The establishment of inspection standards on domestic public interest should take two-track and two-level theories into consideration.

Therefore, the concept of intellectual property should be rebuilt, underlining that the protection for intellectual property right should be accorded with its value goal. Fair use systems of copyright and trademark should also to rebuild to effectively balance intellectual property. Finally, a coordination mechanism should be set up to balance the conflicts between intellectual property protection and information freedom.

Keywords: Intellectual Property, Information Freedom, Conflict, Coordination

目　　录

1

绪　论

1.1 研究缘由与研究意义

1.1.1 研究缘由

1.1.1.1 基于现实问题的思考

财产的非物质化革命，即由有体物扩大到不具备外在形态的知识财产，产生了知识产权制度。❶ 自知识产权产生发展的几百年来，尤其是近几十年来的科学技术的快速发展，使得以知识财产为代表的无形财产业已取代了有形财产（物质财产）的传统统治地位而跃居整个财产版图的中央。❷ 而且当代世界经济比以往任何时候都更加依赖于知识的创造、保护、扩散和应用。❸ 在此背景下，知识产权制度的反应非常灵敏。起源于封建垄断特权、成长于商品经济环境以及成熟于科技发展的知识产权制度通过保护智力劳动者的合法利益，以促进科学技术的繁荣与发展。❹ 知识经济时代对创新能力的更高要求，促使知识产权保护制度朝着更高更强的方向发展。随着知识产权向人类社会机体的广泛渗透，人们仿佛已生活在一个知识产权编

❶ 吴汉东．财产的非物质化革命与革命的非物质财产法［J］．中国社会科学，2005（4）：125.

❷ 饶明辉．当代西方知识产权理论的哲学反思［M］．北京：科学出版社，2008：1.

❸ 李京文．迎接知识经济新时代［M］．上海：上海远东出版社，1999：1.

❹ 袁泳．知识产权法与技术、文化创新［J］．北京大学学报：哲社版，1997（5）：99-107.

织的世界。[1] 知识产权正呈现出日益加强的扩张趋势。

这种扩张趋势，一方面加强了对知识产权和知识信息产品的保护；另一方面，也造成了知识产权保护与其他权利和法律制度的冲突。对知识产权的扩张性保护，不仅造成了知识产权与物权、债权的冲突，更是威胁到公民基本权利的实现。这突出表现在：对专利权的扩张性保护，已经影响到第三世界国家和地区人们的公共健康权的实现；对知识产权的扩张性保护，也恶化了全球环境，影响到整个世界民众环境权利的实现；对知识产权的扩张性保护，造成更多国家和地区的贫穷和落后，影响到第三世界国家和地区民众发展权的实现；对知识产权的扩张性保护，导致越来越多的信息表达涉及侵犯知识产权问题，影响到人们宪法上信息自由权利的实现。这种对公民基本权利的冲击，特别是对信息自由的冲击，正在各国，特别是发达国家日益引发出越来越多的司法纠纷，也已引起各国学界和立法、司法界以及国际组织的广泛关注。

而随着以互联网为标志的信息时代的来临，虽然世界各国加快了有关信息高速公路立法的进程，但技术的变化，尤其是数字技术的发展以及资本极大地介入知识产权，正在改变着传统知识产权法律已达到的平衡，这更凸显了知识产权保护与信息自由，特别是版权与言论自由之间的紧张关系。如何解决知识产权的这种扩张性保护对信息自由权利实现的冲击和影响，已成为各国以及各国际组织急需解决的现实问题。

在我国，知识产权保护与信息自由的冲突也并非一个遥远的话题。2006年年初，数码信息技术的业余爱好者胡戈，采取改组和拼贴各种现成的影像资料的方式制作了一部网络视频搞笑剧《一个馒头引发的血案》（以下简称《馒头案》）。内容基本上出自模仿，以20分钟的通俗小品，解构了电影《无极》以120分钟演绎的哲理叙说，赋予完全不同的含义，其中巧妙的情节以及戏谑、滑稽的镜头搭配和画外音不时令人捧腹大笑。随后，《无极》导演陈凯歌宣称要提起诉讼，彻底追究其侵权责任。这一现象立刻引起了法律界的注意，一些专家的论述集中在著作权法的条文技术解释和技术性推理方面，侧重于知识财产保护程度的斟酌，但更多的学者把推敲的层次提升到宪法原则的高度，

---

[1] 饶明辉．当代西方知识产权理论的哲学反思［M］．北京：科学出版社，2008：1.

主张信息自由应该具有价值排序上的优越性。❶ 由于该争议最终未付诸司法而失去了一次明确界定该争议所涉及的版权保护与信息自由权利的关系的机会。但由此，我国法律学界开始关注知识产权保护与信息自由的冲突问题，或通过关注人权与知识产权的关系来关注知识产权与信息自由权的关系问题，❷ 并力图寻求合理的解决路径。

1.1.1.2　基于现行政策、法律和研究现状的反思

现实世界存在的冲突，也反映在政策、法律层面上。而对此的研究还存在诸多不足。

就国际层面而言，有关信息自由权的国际公约与知识产权的国际公约之间存在冲突。

《世界人权宣言》第 19 条❸、《公民权利和政治权利公约》第 19 条❹、《经济、社会、文化权利国际公约》第 15 条❺均规定了人们享有信息自由的权利。但这种信息自由的精神或价值并没有在相关的国际知识产权公约或条约中得到体现。对此，促进和保护人权小组委员会指出：由于《与贸易有关的知识产权协议》（以下简称 TRIPs）的履行没有充分反映所有人权的基本性质和整体性……所以，TRIPs 中的知识产权制度作为一方与另一方的国际人权法之间存在明显的冲突。❻

---

❶ 蔡定剑教授在《新京报》2006 年 3 月 4 日上发表的评论《“馒头血案”的宪法视角》很典型，出处：http：ent. sina. com. cn/r/m/2006-03-04/09351004880. html。张翔：《馒头案中的基本权利冲突问题》，http：//www. civillaw. com. cn/weizhang/default. asp？id=25486 等。《中国法学》2006 年第 3 期专门组织发表了苏力的《戏仿的法律保护和限制——从〈一个馒头引发的血案〉切入》和季卫东的《网络化社会的戏仿与公平竞争——关于著作权制度设计的比较分析》对这一问题作了更深的分析。

❷ 吴汉东．知识产权 V. S. 冲突、交叉与协调［N］．中国知识产权报，2004-01-06．郑万青．全球化条件下的知识产权与人权［M］．北京：知识产权出版社，2006：190-217．等．

❸ 《世界人权宣言》第 2 条规定：“人人有权享有主张和发表意见的自由；此项权利包括持有主张而不受干涉的自由；通过任何媒介和不论国界寻求、接受和传递信息和思想的自由。”

❹ 《公民权利和政治权利公约》第 19 条规定：“人人有权持有主张，不受干涉。人人有自由发表意见的权利；此项权利包括寻求、接受和传递各种信息和思想的自由，而不论国界，也不论口头的、书写的、印刷的、采取艺术形式的或通过他所选择的任何其他媒介。但应受到某些限制：尊重他人的权利或名誉；保障国家安全或公共秩序或公共卫生或道德。”

❺ 《经济、社会、文化权利国际公约》第 15 条规定：“本公约缔约国承认人人有权参加文化生活；享受科学进步及其应用所产生的利益。”

❻ 《知识产权和人权》，促进和保护人权小组委员会，第 52 次会议，议程项目 4，E/CN. 4/Sub. 2/2000/7，2000 年 8 月 17 日通过。

从欧美各国来看，知识产权保护与信息自由之间也存在明显的冲突，而且正在不断地诉诸司法。美国宪法第一修正案❶、《欧洲人权公约》第10条❷均规定了人人皆有言论、信息自由的权利，但这种信息自由的权利也未能在知识产权法律中得到充分体现。或者说随着知识产权日益扩张，知识产权法未能更好地协调知识产权保护与信息自由的矛盾或冲突，这使得在欧美发达国家不断地引发司法纠纷。对此，欧美不仅依据二者的价值和地位来平衡二者的冲突，同时也依据个案裁决来处理，而不同的裁决又有不同之处。理论界也对二者的冲突及协调展开了较为深入的研究，但迄今未有统一的看法。

在我国，也存在知识产权保护与信息自由的冲突。首先，我国已经加入TRIPs等国际知识产权公约，同世界其他国家一样，我国也接受了对知识产权实行扩张性保护，这种保护甚至超过发达国家对知识产权的保护水平。❸ 因而在其他国家存在的问题，在我国也难以避免。其次，相对于其他国家对信息自由权的立法与实践，虽然我国《宪法》第35条明确规定："中华人民共和国公民有言论、出版、集会、结社、游行、示威的自由。"但实践中，由于我国尚未确立违宪审查制度或宪法诉讼制度，对知识产权的扩张性保护对信息自由所造成的冲击难以得到有效的约束或规范。进言之，相对于欧美其他国家，这一冲突问题可能在我国更加突出。

总之，目前国际与国内的知识产权法与宪法上信息自由之间缺乏有机的对接与整合，国内外关于此论题的研究也多有不足（详见文献综述部分）。故对其进行研究有一定现实针对性和创新空间，避免"无的放矢"和"重复建设"。

1.1.2 研究意义

长期以来，各国立法者和学界特别重视知识产权对参与国际竞争、鼓励投资、推动经济发展的激励作用。而对于知识产权与基本权利的关系，特别是对

❶ 美国宪法第一修正案规定，"国会不得制定法律……剥夺人民的言论或出版自由……"

❷ 《欧洲人权公约》第10条规定："人人皆有表达自由权。此权利应当包括持有意见的自由、接受和输出信息和观念的自由，不受公权干涉，不受疆界影响。该条不应当妨碍国家要求广播、电视或影视实业获得许可证。行使这些自由伴随一定的义务和责任，故应当受制于一定的形式、条件、限制或刑罚。此类约束应该为法律所规定，为民主社会所必需，并且有利于国家安定、领土完整或公共安全，服务于防止秩序混乱或犯罪、维护健康或道德、保障其他人的名誉或权利、防止披露保密获得的信息或者维护司法的权威和公正无偏"。

❸ 强世功，等. 知识产权与法律移植［J］. 读书，2004（8）：13.

知识产权保护与信息自由的冲突并未引起足够的注意。当前，在知识产权在经济生活中发挥着越来越重要的作用时，将其与信息自由联系起来或以信息自由的视角审视现行制度，显然具有积极的理论和实践意义。

1.1.2.1　理论意义

在知识产权理论方面，传统的研究思路显然不能完全说明现行知识产权制度安排的合理性，使知识产权的基础性研究难以继续深入。虽然现有研究思路有其合理性，但对任何一个问题的研究都需要多维度的综合研究。从基本权利特别是言论、信息自由的角度审视知识产权，分析二者之间的关系，可以为知识产权理论研究提供一个新的正当性视角，或许会开辟出一条新路。正如博登海默所指出的："任何人都不可能根据某个单一的、绝对的因素或原因去解释法律制度。一系列社会的、经济的、心理的、历史的和文化的因素以及一系列价值判断，都在影响着和决定着立法和司法。"❶ 虽然知识产权制度的产生可能是基于历史上经济、文化、社会方面的某些因素，但随着社会、经济、文化的变迁，许多新的因素都将会影响知识产权制度本身。其中，作为基本权利和人权的信息自由因素，是分析和评价法律制度无法回避的。言论、信息自由属于宪法权利，也是最基本的人权之一，也是"构成民主社会的根基之一，构成社会进步和每个人的发展的基本条件之一"。❷ 相对于其他知识产权研究进路，信息自由视角所涉及的价值因素更具基础性，更符合现代人类的心理需求和时代潮流。运用信息自由因素分析知识产权，是知识产权研究的一个重要方面，也是分析和评价现行制度不可或缺的工具。

与传统的单一知识产权研究进路相比，知识产权的信息自由因素涉及知识产权法、宪法、人权和政策诸多方面，其研究进路具有综合性、交叉性。而且从宪法视角来观察知识产权保护与信息自由的冲突与协调，更具针对性乃至正当性。这无疑会拓展和丰富知识产权的研究领域，为知识产权与相关学科的跨领域研究提供新的理论增长点。

1.1.2.2　现实意义

从知识产权法和宪法的双重视角来分析知识产权的信息自由定位具有十分

---

❶ ［美］E. 博登海默．法理学——法律哲学与法律方法［M］．邓正来，译．北京：中国政法大学出版社，1999：199.

❷ Handyside v. The United Kingdom Judgement，07/12/1976，A24，para. 49.

重要的现实意义。一方面，它可能影响到知识产权制度的变迁，使知识产权制度的设计越来越关注言论、信息自由权利，关注人的基本权利，使其不断符合不断发展的人类正义价值观；另一方面，它还可以为解决实践中存在的问题提供可行的方法，在两种存在冲突的利益之间作出选择时，必须权衡轻重。

首先，知识产权的信息自由定位，有助于在获取知识利益上实现真正的平等。知识产权的言论、信息自由定位的意义在于：知识产权权利人的对知识财产的排他性占有不是绝对的，知识产权法对这种排他性权利的行使规定了诸多的例外，如著作权法中的合理使用制度、商标法中的合理使用制度，这些例外无疑为人们获取知识产权所保护的专有知识或信息提供了便利。但从严格意义上讲，这些例外仅构成对知识产权的有限的内部限制，这些例外本身也属于知识产权保护的范畴，仅在有限的情况下可以例外。因而这种除外规定并不能有效地防止知识产权制度的扩张。而知识产权的言论、信息自由定位表明，该言论或者信息本身就属于表达者的基本权利，而不仅仅是知识产权保护的范畴，它是从边界上来划定知识产权的界限，是从外部来构建一种限制。仅有内部限制不足以保障人们获取知识利益上的平等。与内部限制结合在一起的外部限制更有利于其他人来获取知识和信息，从而实现一种真正意义上的平等。

其次，知识产权的言论、信息自由定位，有助于实现利益的平衡。任何制度都应体现个体权利与社会公众利益的平衡，知识产权制度更应如此。知识产权的客体是作品、专利、商标、数据库等知识产品，它们本身具有公共产品与私人产品的双重属性，不仅它们的产生源于人类的知识积累，而且它们也将为人类知识的不断更新和社会的不断发展灌注源源不断的动力。但事实上，知识产权的扩张却正在逐渐打破这种利益平衡，在实践中引发了一系列权利冲突，对包括言论、信息权利在内的一些基本权利带来了不利的影响。知识产权制度的目的是促进科技、文化进步，使社会公众从科技、文化的发展中受益，就应当让全社会共享知识创造成果，实现共同的繁荣与发展。以言论、信息自由的视角来审视知识产权制度，有助于消除知识产权与信息自由权利的冲突，给知识产权与信息自由的平衡增加“砝码”。

最后，知识产权的言论、信息自由定位，对于反思我国知识产权保护与信息自由的实现具有双重的现实意义。正如前文所述，一方面，我国正在逐步加强对知识产权的保护力度；另一方面，我国宪法虽然规定人们享有言论自由的权利，但我国宪法的一大遗憾是宪法实施力度不够，尚未确立宪法诉讼制度或违宪审查制度，在其他权利冲击或者影响宪法权利实现时，不能很好地协调二者间的冲突。知识产权的言论、信息自由定位，不仅有助于我们反思知识产权的扩张性保护，还有助于我国宪法上言论、信息自由权利的实现。

1.2　基本概念的界定

1.2.1　知识产权

1.2.1.1　知识产权的概念

“知识产权”一词是一个舶来品，其英文表述为 Intellectual Property Rights（简称 IP 或 IPR），德文的表述为 Immaterialgüterrecht（无形财产权）或 Geistiges Eigentum（精神所有权），也有表述为 Geistiges Eigentum（智慧所有权）。❶ 将外文单词翻译为汉语时，我国大陆地区译为“知识产权”，香港地区译为“智力产权”，台湾地区译为“智慧财产权”。日本在使用汉字表达时，译为“无体财产权”。❷

由于知识产权客体与传统的物权客体呈现出明显不同的特性，这不仅导致了上述概念表述上的差异性，也使得学者很难对知识产权下一个比较精确的定义。自知识产权“出生”以来，特别是自 19 世纪中期以来，人们对于知识产权的概念纷争不止。迄今为止，学者们至少界定了七种不同的知识产权概念：①知识产权是人们对其智力创造成果所享有的权利；②知识产权是基于创造性智力成果和工商业标记依法产生的权利；③知识产权是基于信息产生的权利；④知识产权是直接支配智慧产品并享受其利益的权利；⑤知识产权是基于无形财产享有的权利；⑥知识产权是对形式进行支配的权利，知识产权赋予形式的设计人对形式的控制、利用和支配来实现对其利益的保护；❸ ⑦知识产权对象的形态是“符号组合”，知识产权是符号财产权。❹ 上述不同界定实际上是对知识产权客体或是知识产权保护对象的争论。其中，“智力成果说”“知识产

---

❶ 安斯加尔·奥利．智慧所有权［M］//范长军，译．易继明．私法（第 8 辑第 2 卷）．武汉：华中科技大学出版社，2010：243-262.

❷ 郑成思．知识产权法——新世纪初的若干研究重点［M］．法律出版社，2004：3.

❸ 李琛．论知识产权法的体系化［M］．北京：北京大学出版社，2005：43-44.

❹ 李琛．论知识产权法的体系化［M］．北京：北京大学出版社，2005：118-124.

品说”等是从宏观上对知识产权客体的认识，而从微观层面上看，知识产权的客体更多地体现为某种特定的信息。❶

然而，在当今知识社会和知识经济的背景下，因科学技术发展所带来的知识形态的不断扩张，使得知识产权呈现出不断扩张的发展趋势，知识产权的范围更为广泛，其类型越来越细碎化，较之于早期的知识产权所包含的权利内容，知识产权也越来越“异质化”，因而确定一个相对清晰明确的知识产权客体，并由此确定一个相对稳定的知识产权内容已是不易。无论是将知识产权界定为“智力成果”，还是“信息”“知识”“知识产品”“智慧产品”“符号”，都有其一定的合理性。但相对而言，将知识产权的客体界定为“具有商业价值的信息”❷ 或者“禁止不正当模仿所保护的信息”,❸ 是一种较为精确的表达。我国有学者将其界定为“智慧信息”，“一切有意义、有价值的信息”。❹这种意义或价值主要是指商业上的意义或价值。这种“智慧信息”不是指思想，而是指其外在的表现形态，能够为人所感知，其主要有专利法上的技术、发明、方法、软件，商标法上的商标及标记，商业秘密法上的技术、方法、配方、参数、技能、智能、经验，著作权法上的作品及录音录像、广播、演出，还有地理标记、外观设计、集成电路布图设计、动植物品种等。因此，可以说知识产权就是一种“智慧信息表达权”。

法律之所以保护“智慧信息”，是因为智慧信息的创造者已经为之支出了时间、精力、劳动和金钱。❺ 当然这种保护并非保护信息本身，而是保护客体上所体现出来的法定权利或特定利益。该权利或法益一种是基于人的智力投入即“投智”所产生，一种是基于资金投入即“投资”所产生。❻ 进言之，创造出来的有价值的信息应归属于创造者的所有权，使他们能在商业上利用该信息。❼ 因此，知识产权实质上就是一种“客体共享、权利排他”或“信息公

---

❶ 郑友德．知识产权法［M］．2版．北京：高等教育出版社，2009：6.

❷ W. R. Cornish，Intellectual property. Patents，Copyright，Trademarks and Allied Rights，Sweet and Maxell，1981.

❸ ［日］中山信弘．多媒体与著作权［M］．张玉瑞，译．北京：专利文献出版社，1997：1.

❹ 徐暄．智慧的财产权构建如何可能？——以现代自然法为分析方法对 WTO 框架下“知识产权”的解读［M］//郑胜利．北大知识产权评论（第2卷）．北京：法律出版社，2004：72.

❺ ［澳］彭道敦，李雪菁．普通法视角下的知识产权［M］．谢琳，译．北京：法律出版社，2010：2.

❻ 郑友德．知识产权法［M］．2版．北京：高等教育出版社，2009：4.

❼ D. F. Libling. The concept of Property：Property in Intangilbes. LQR103，1978：94. 见［澳］彭道敦，李雪菁．普通法视角下的知识产权［M］．谢琳，译．北京：法律出版社，2010：2.

开、权利垄断”的权利。

国际上，为了尽量减少各种争议，相关国际条约不是采用概括式而是用完全列举知识产权保护对象的方法来界定知识产权，典型的是《建立世界知识产权组织公约》和TRIPs。

1967年在斯德哥尔摩通过了《建立世界知识产权组织公约》，其第2条第8款规定：知识产权包括以下有关项目的权利：①文学艺术和科学作品；②表演艺术家的演出、录音制品和广播节目；③在人类一切活动领域内的发明；④科学发现；⑤工业品外观设计；⑥商标、服务标记、商号名称和标记；⑦禁止不正当竞争；⑧在工业、科学、文学或艺术领域内其他一切来自知识活动的权利。这几乎是无所不包的“兜底”。有了这一款，此后再出现任何可受保护的新客体，公约本身也无须修订增补。[1] 由于该公约第16条明文规定了“对本公约，不得作任何不保留”，因此，这表明世界上大多数国家（包括中国）均已对上述关于知识产权的定义表示接受。

1994年在马拉加什通过了TRIPs。TRIPs第1条规定了知识产权包括：①版权与邻接权；②商标权；③地理标志权；④工业品外观设计权；⑤专利权；⑥集成电路布图设计（拓扑图）权；⑦未披露过的信息专有权；⑧对许可合同中限制竞争行为的限制。与《建立世界知识产权组织公约》相比，TRIPs增加了地理标志权、集成电路布图设计权和未披露过的信息专有权，其保护范围更广。

本书所使用的知识产权是一种“客体共享、权利排他”或是一种“信息公开、权利垄断”的权利，包含《建立世界知识产权组织公约》及TRIPs所规定的版权、商标权、专利权、数据库权、商业秘密权、传统文化知识产权以及反不正当竞争等。但本书的分析将主要集中在版权、商标权和反不正当竞争等方面。

1.2.1.2　知识产权的类型

类型化有助于增加对法律概念的了解，并提高法律适用上的准确性，进而有助于建立完整的法律体系。[2] 本书图1-1中分类还旨在探讨不同类型的知识产权与信息自由之间可能存在的紧张关系。

---

[1] 郑成思．知识产权论［M］．北京：法律出版社，2003：55.

[2] 谢铭洋．智慧财产权之概念与法律体系［M］//刘春田．中国知识产权评论（第一卷）［M］．北京：商务印书馆，2002：142.

目前，关于知识产权的分类至少存在国际公约、国家立法和法理三个层面，[1] 其中最常见的是将知识产权分为著作权和工业产权，工业产权包括专利权和商标权；还有一种分类是将知识产权分为创作性成果权和识别性成果权。这两种分类或是依据“历史因素”[2]，或是依据创造性标准。

考虑分类与信息自由的联系程度，本书依据“规范目的”将知识产权分为三大类，一是与保护“文化创作”有关者，二是与保护“技术创新”有关者，三是与保障“正当交易秩序有关者”[3]，具体见图 1-1 所示。[4]

知识产权
- 保护“文化创作”者——著作权以及著作邻接权、工业设计
- 保护“技术创新”者——发明、实用新型
- 保护“正当交易秩序者”——商标、商号、产地标示、不正当竞争之防止

图 1-1　以规范为目的的知识产权分类

依据规范目的为标准的分类，可以更明确地认识知识产权的性质，进而能确切掌握法律所赋予的知识产权的权利属性、权利内容与范围，并提高法律适用的正确性。[5] 据此，可以初步认定知识产权中的版权等，由于以保护文化创作为目的，其与信息自由存在比较紧密的关系；而商标权、反不正当竞争规制等，基于保护正当交易秩序的目的，禁止以商业言论或言论形式表现出来的诸多行为，其与信息自由也存在一定的关系，但主要涉及商业信息保护的问题；至于专利权，虽以保护技术创新为目的，但由于其直接保护的多为专利产品，而不是禁止人们的言行，其与信息自由存在较弱的联系。当然，在当今消费文化时代，无论是版权还是商标权和反不正当竞争规制，知识产权保护与信息自由的冲突更多地表现在知识产权保护与消费文化表达（包括批判性表达）的冲突。

---

❶ 郑友德．知识产权法［M］．2 版．北京：高等教育出版社，2009：6-7.

❷ 谢铭洋．智慧财产权之概念与法律体系［M］//刘春田．中国知识产权评论（第一卷）［M］．北京：商务印书馆，2002：143.

❸ 谢铭洋．智慧财产权之概念与法律体系［M］//刘春田．中国知识产权评论（第一卷）［M］．北京：商务印书馆，2002：144.

❹ 谢铭洋．智慧财产权之概念与法律体系［M］//刘春田．中国知识产权评论（第一卷）［M］．北京：商务印书馆，2002：144.

❺ 谢铭洋．智慧财产权之概念与法律体系［M］//刘春田．中国知识产权评论（第一卷）［M］．北京：商务印书馆，2002：144.

1.2.2 信息自由

1.2.2.1 信息自由的概念和价值

信息、言论自由是国际和地区人权条约承认和保护的一项基本人权，也是许多现代国家的宪法或宪法性法律承认和保护的基本政治权利和自由。迄今为止，世界上有102部宪法或宪法性文件以及7部国际公约或宣言规定了公民的言论、信息自由。[1] 由于信息自由是一项综合性的权利或自由，其产生、发展和变化具有复杂性，且人们对信息自由与精神自由、思想自由、表达自由的关系也各持己见，因此至今尚不存在被大家普遍接受的定义。[2]

本书认为，信息自由也称为言论自由，是指每一个人可以无拘无束地把其内心所想，以各种形式，不受任何拘束地表达于外，使他人知晓的一种状态。其可能只是单纯地表达或传达其内心所想给他人，也可能是要进一步地与他人沟通或交换意见。[3] 由于每一个人可自由地选择各种形式，表达其内心所想，并不只限于用言语表达，还应包括著作、出版、讲学、集会、结社，乃至各种象征性语言表达。因此将其称之为表达自由、表现自由或许更为准确。不过社会大众均已习惯以言论自由指称将内心所想以不同形式表现于外之自由。本书则仍使用“信息自由”一词，但我们应了解信息自由与表现自由或表达自由或表现意见自由或意见自由等词，如无特别限定解释，是相互通用的名词。

信息自由是首要的基本人权，是“构成民主社会的根基之一，构成社会进步和每个人的发展的基本条件之一”[4]。它不仅是个人人格的自我体现，也是人类社会性人格的体现，是人类赖以生存发展的动力。保护信息自由，不仅有利于激发公众追求真理和发现真理，还可以制约政府权力，促进民主政治，更是可以形成宽容氛围，促进社会和谐稳定和自我实现。[5]

---

[1] 甄树青．论表达自由［M］．社会科学文献出版社，2000：8.

[2] 李步云．人权法学［M］．北京：高等教育出版社，2005：154. 王四新．网络空间的表达自由［M］．北京：社会科学文献出版社，2007：33. 韩大元，林来梵，郑贤君．宪法学专题研究［M］．北京：中国人民大学出版社，2004：313.

[3] 林子仪．言论自由导论［M］//李鸿禧，等．台湾“宪法”之纵创横切. 台北：元照出版社，2002：107.

[4] Handyside v. The United Kingdom Judgement，07/12/1976，A24，para. 49.

[5] 王四新．网络空间的表达自由［M］．北京：社会科学文献出版社，2007：61-79.

但信息自由不是绝对的，信息自由属于外在性精神自由，其所伴随的表达行为往往超越了思想和良心的范畴，是一种将内心的精神作用或其结果公诸于外部的活动，所以存在与他人的自由权利或社会公众利益发生冲突的可能性，为此必然具有一定的界限。而且，宪法所规定的各项基本权利是一个相互关联的价值体系，行使其中之一有可能影响另一种权利。作为基本权的信息自由在人性尊严与基本价值的基础上，作为人民为国家主权者的事实上、法实质与形式保障的存在前提，所以，其作用的有效性与拘束性完全取决于宪法秩序中如何对基本权为保护之。信息自由唯有在此保护领域之内基本权利人所为之行为，才可基于基本权之本质，而受其作用上之保护。❶ 超出其保护领域，信息自由就会受到限制。

1.2.2.2 信息自由的类型

信息自由并不只限于保障以言语表达个人内心所想的自由，也保障每个人以各种形式表达其内心所想的自由。除了说的自由（表现自由）外，信息自由也保障不说的自由（不表现自由）、听的自由（接收信息的自由）与不听的自由（不接收信息的自由）。具体见图 1-2 所示。❷

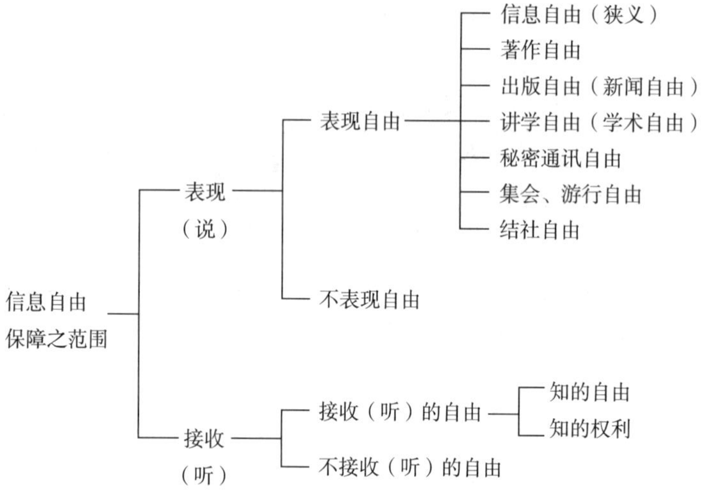

图 1-2 信息自由的分类

---

❶ 陈慈阳．基本权核心理论之实证化及其难题［M］．台北：翰芦图书出版有限公司，1997：96.

❷ 林子仪．言论自由导论［M］//李鸿禧，等．台湾“宪法”之纵剖横切．台北：元照出版社，2002：108.

信息自由以各种形式表现出来，主要目的就是要将其内心所想传达给他人或与他人沟通、交换意见；因此，如果我们只保护每个人各种表现的自由，而不保护他人听的自由或接收信息的自由，则信息自由的保障将失去其意义。因此，在信息自由的保障之下，除了保障表现的自由、不表现的自由外，也必须保障听的自由（接收信息的自由）。听的自由也可以称为知的自由。

从内容来看，各种言论、信息还可分为：政治言论、艺术言论和商业言论三种类型。三种言论具有不同的重要性，从而在受保护程度上也有不同，从政治言论到艺术言论再到商业言论，呈现为国内裁量范围的递减和监督力度的递减。❶ 除此外，应该还有一种既有商业言论，也有其他言论的混合言论类型。这些类型与工业产权均可能发生冲突，但处理的原则不一致，政治言论和艺术言论一般应优先受到保护，例外保护工业产权；对于商业言论与工业产权的冲突则应视具体情况而定，而欧美各自的立场又有不同。

根据言论、信息的性质，也可将言论分为纯粹的言论和与功能混合的言论。计算机程序属于与功能混合的言论，其他一般属于纯粹言论。

1.2.2.3 信息自由的立法保护模式

考察各国以及国际公约对信息自由的规定，对信息自由的立法保护可分为绝对措施与相对措施的保护。绝对措施的保护，就是以绝对的措辞规定“言论或出版自由”，美国即是这种类型。这一立法特色在确认言论自由的同时，并没有对其在实际行使时所可能和应该受到的限制作出规定，容易导致摇摆于“绝对保护”和“任意限制”的两极不能自拔。在美国最高法院审判实践中就存在这种极端分裂：一种意见主张给信息自由概念所涵盖的任何言论、信息以绝对的保护；另一种意见基于实际发展的需要，主张在信息自由与其他同样重要的利益发生冲突时作出利害权衡。但这种权衡由于没有宪法指导，难免有任意之嫌。❷ 这种情况在美国知识产权与信息自由发生冲突时表现得比较明显，特别是在不受美国宪法保护的商业秘密与信息自由的冲突上。❸

相对措施的保护首先强调正面确认信息自由，旨在界定什么是信息自由或者信息自由的范围，同时又对信息自由进行反面限定，意在表述信息自由所应

---

❶ 张志铭．欧洲人权法院判例中的表达自由［J］．外国法译评，2000（4）：67.

❷ 张志铭．欧洲人权法院判例中的表达自由［J］．外国法译评，2000（4）：40.

❸ Alex Eaton-Salners. DVD COPY CONTROL ASSOCITION V. BUNNER：Freedom of Speech and Trade Secrets. Berkley Technology Law Journal，2004（19）：284-288.

该受到的限制，也即行使信息自由必须要遵守一定的底线。《欧洲人权公约》第10条的规定就是如此。这种内容结构的合理性是显而易见的，法院无须确认或区分什么是或不是受保护的信息自由，即不需要判定争议行为是否属于信息自由的范围，而只需要判定对信息自由的某种限制是否正当。❶ 这一规定，对于欧洲人权法院审理与知识产权与信息自由冲突有关的纠纷带来了很大的便利。❷

1.2.2.4 商业言论及其保护

关于商业言论，迄今尚无统一的界定。有的依据其目的，认为商业言论乃是纯粹以经济交易为目的的言论。❸ 有的依据其形式，认为商业言论是指以商品或商业服务的广告，促进商品销售或商业服务的信息。❹ 而美国联邦最高法院则从其构成要件，指出构成商业性言论必须具备三个要件：须出于经济动机，以广告形式，针对特定产品。❺ 这些界定有其不足，以其目的来界定商业言论，是一种绝对化的分类，忽视了“混合言论”中的商业言论；而依据其形式来界定，则容易导致商业言论范围的缩小，因为许多商业言论并非以商品或商业服务广告的形式出现的。而美国联邦最高法院的界定也存在上述问题。

这种商业言论无统一界定的状况，一则说明了商业言论形式的极其广泛性，单一的视角易导致无法准确界定；二则表明了商业言论与其他类型言论之间边界的模糊性。而人们对商业言论作用的莫衷一是，使得在司法上是否保护商业言论，如何保护商业言论也存在不小的争议。

在美国早期，商业言论是不受保护的，美国联邦最高法院将商业性言论排除于宪法第一修正案的保护范围，因为商业性言论没有传达什么信息或意见，不能与政治言论享有同等的保障。❻ 直到三十多年后，美国联邦最高法院才明确表示即使为纯粹商业性言论，亦受宪法言论自由的保护。❼ 因为在自由经济

---

❶ 张志铭．欧洲人权法院判例中的表达自由［J］．外国法译评，2000（4）：40.

❷ Alex Eaton-Salners. DVD COPY CONTROL ASSOCITION V. BUNNER：Freedom of Speech and Trade Secrets. Berkley Technology Law Journal，2004（19）：315.

❸ 黄倩怡．论美国法上商标侵害之合理使用——以商业性言论为主［D］．高雄：台湾中山大学，2007：51.

❹ Martin Redish. The First Amendment in the Marketplace：Commercial Speech and the Values of Free Expression［J］. George Washington Law Review，1971（39）：432.

❺ Bolger v. Youngs Drug Products Corp. 463 U. S. 60（1983）.

❻ Valentine v. Chrestensen. 316U. S. 52（1942），p. 54-55.

❼ Virginian State Board of Pharmacy v. Virginian Citizens Consumer Council. 425. U. S. 748（1976）.

的体系中，对于明智的经济决策从而促使社会资源的合理配置及运用，商业信息的自由流通必不可少。[1] 大众资讯接收权乃确保言论自由的一种权利，因此商业性言论与其他言论一样，均应受宪法第一修正案的保障，但这种保障是有限的，只享有较低程度的保障，而且仅限于真实的商业言论。[2] 随后，在 Central Hudson[3] 案中，美国联邦最高法院综合以往商业言论的有关判决，将政府规范商业性言论合宪性的审查标准定型化，总结出了“四步”检验法：①商业信息是否为误导性的或涉及非法活动？如果是，那么它不受宪法的保护，而且可能遭到禁止。如果不是：②政府是否声称可以通过限制该言论获得重大利益？③限制是否直接增进了这种利益？④限制是否没有超过增进政府利益所需要的必要程度？如果后面三个问题的答案是肯定的，那么法院将支持对该内容真实的商业言论的限制。该标准目前仍是美国各级法院审查有关商业性言论的纠纷时遵循的标准。[4]

在欧洲，对于商业言论也同样难以明确界定。欧洲人权法院判断商业言论的标准和原则一直摇摆不定，因而最终放弃了对商业言论下定义的努力，转而寻求“识别”[5] 商业言论。但对于是否保护商业言论，欧洲却有不同的做法。欧洲法院对于《欧洲人权公约》第 10 条适用于商业言论持肯定态度。[6] 当然这种保护也是有限的，各成员国可依据第 10（2）条对商业言论进行限制，只要这种限制满足《欧洲人权公约》第 10（2）条和欧洲人权法院判例法所确立的四步检验标准：第一步，该限制措施必须是由公权机构执行的；[7] 第二步，该限制措施是“法律所法定的”；[8] 第三步，依据《欧洲人权公约》第 10（2）条，该

---

[1] Virginian State Board of Pharmacy v. Virginian Citizens Consumer Council. 425. U. S. 748（1976）：769-770.

[2] Virginian State Board of Pharmacy v. Virginian Citizens Consumer Council. 425. U. S. 748（1976）：769-772.

[3] Central Hudson Gas & Electric Corp. V. Public Service Commission of New York. 447U. S. 557（1980）.

[4] 林子仪．商业性言论与言论自由［J］．美国月刊，1988（12）：24-25. 黄倩怡．论美国法上商标侵害之合理使用——以商业性言论为主［D］．高雄：台湾中山大学，2007.

[5] Maya Hertig Randall. Commercial speech under the European Convention on Human Rights：Subordinate or equal. Human Rights Law Review，2006（Volume 6 Issue 1）：53-86.

[6] Coca v. Spain，18 Eur. Ct. H. R.（ser. A）（1994）.

[7] Coca v. Spain，18 Eur. Ct. H. R.（ser. A）（1994）：para. 11.

[8] Barthold v. F. R. G.，7 Eur. Ct. H. R.（ser. A）at 398-400（1985）.

限制措施符合合法目的;❶ 第四步，该限制措施“在民主社会是必需的”。❷

值得注意的是，在很多欧洲国家，宪法中的表达自由条款苍白无力，其中的很多规定可以追溯到19世纪，用语也显得陈旧和仅针对特定媒体。由于受限于时代的科技水平，多数宪法字面上仅直接保护出版印刷，只有少数较现代的国家宪法才将之扩展到广播、电视和电影等领域，如德国、瑞典。这一现状决定了在很多国家，人们可以在国家的法庭或欧洲人权法院直接援引《欧洲人权公约》第10条，而不再诉诸老旧的“乡土宪法”所规定的权利和自由。❸

1.3 文献综述

从目前检索到的文献数量来看，国外对于知识产权保护与信息自由的关系特别是二者发生冲突的研究文献较多，主要集中在版权保护与信息自由、商标权保护与信息自由的关系以及知识产权保护与信息自由冲突中的禁止令问题上，并且有较多的判例。而国内对于知识产权保护与信息自由冲突的关注，起因于2003年美国联邦最高法院的艾尔德里德诉阿什克罗夫特案❹，而2006年的《馒头案》则引发了对版权滑稽模仿的更多关注，此外，还有研究从人权与知识产权间关系的角度对知识产权保护与信息自由的关系有所涉及，以及对商标权保护与信息自由间的关系进行了介绍和评论。本部分将从国内、国外两个层面，分研究主题进行综述。

1.3.1 国内研究文献综述

1.3.1.1 版权保护与信息自由的冲突与协调

在艾尔德里德诉阿什克罗夫特案中，原告指出，1998年版权期限延长法

❶ Barthold v. F. R. G., 7 Eur. Ct. H. R. (ser. A) at 398-400 (1985), Para. 400.

❷ Barthold v. F. R. G., 7 Eur. Ct. H. R. (ser. A) at 398-400 (1985), Para. 401-04.

❸ 杨会永．版权保护与表达及信息自由的冲突与协调：基于欧洲法的分析［M］//冯军，等．版权保护法制的完善与发展：基于欧盟经验与中国实践的视角．北京：社会科学文献出版社，2008：121.

❹ Eldred v. Ashcroft, 537 U. S. 186 (2003).

案（又称松尼·波诺法案，*Sonny Bono Copyright Term Extension Act*，CTEA）违背了美国宪法第一修正案对“言论自由”所做的保证，侵害了社会公众信息自由权等宪法权利。虽然最后原告败诉，但该案的重大意义在于，美国版权界第一次对美国的版权延长保护期的合宪性提出了质疑。❶ 赖红川、赵瑞华明确指出，版权期限延长法案通过延长版权保护期限，延缓了版权作品进入公共领域的时间，使版权人获得更多的利益，这违背了宪法第一修正案保护信息自由的精神，应当把该法案置于宪法第一修正案的严格审查之下，以检验其合宪性。❷

2006年的《馒头案》引起了学界对知识产权保护与信息自由冲突的更多关注，但主要集中在滑稽模仿与版权保护的关系上。苏力认为，虽然某些戏仿确实可能损害一些值得保护也为著作权法律保护的权利和利益；在某些情况下，戏仿的特点也令它比其他作品更容易在法律上视为侵权。因此，在当代中国，戏仿的法律保护必须有宏观的、多方面的利益平衡，对戏仿可予以合理使用的保护。❸ 季卫东则把分析的焦点对准条文与事实之间，强调作为制度设计的多样性、可比性以及合理选择性。在分析借鉴欧美著作权法律制度的基础上，指出综合我国《著作权法》第46条第4款和第6款，第22条第1款、第2款，第10条第12款和第14条之规定，考虑《馒头案》已经形成独自的印象，不属于《无极》的派生作品，而具有独立戏仿作品的特征，因此判定侵权的论据不足。❹ 赵青林通过分析滑稽模仿作品的定义、特征及理论依据，指出滑稽模仿这种特殊的艺术创作是滑稽模仿者按照自己的意图对原作进行了重新安排和改变，它不是生硬地照搬原作；戏仿的目的是通过将新作与原作进行联想、对比，让公众不仅认识了一个新的作品，而且对原作也有了一个新的认识；模仿者讽刺、批评的对象是原作本身而不涉及作者本人。因此，滑稽模仿作品具有合法性。进而分析介绍了欧美的立法经验，对我国《著作权法》第22条第1款的修改提出了自己的建议。❺ 与上述观点略有不同，王迁认为，从

---

❶ 徐瑄，袁泳．从 Eldred v. Ashcroft 诉讼案看美国版权法价值转向——美国200年来首次对“版权扩张”法案进行违宪审查［J］．中外法学，2003（6）．这是国内对这一问题最早进行讨论。

❷ 赖红川，赵瑞华．论版权保护与言论自由的平衡与冲突——从 Eldred v. Ashcroft 案看美国版权扩张法案（CTEA）对宪法第一修正案的冲击［J］．暨南学报：哲学社会科学版，2005（4）．

❸ 苏力．戏仿的法律保护和限制——从《一个馒头引发的血案》切入［J］．中国法学，2006（3）．

❹ 季卫东．网络化社会的戏仿与公平竞争——关于著作权制度设计的比较分析［J］．中国法学，2006（3）．

❺ 赵林青．滑稽模仿作品的合法性分析［J］．法学杂志，2008（5）．

整体上看，《馒头案》对《无极》本身的讽刺、批评并不占很大比例，单纯利用《无极》画面创作新作品的“改编”行为并非“转换性使用”，不能在著作权法中获得与一般“改编作品”相区别的特殊待遇。《馒头案》的最大启示在于应细化《著作权法》的“合理使用”规则。❶ 而梁志文则明确分析了滑稽模仿与言论自由的关系，认为滑稽模仿与著作权保护的关系体现了表达自由及其限度的问题，在合理限度之下，滑稽模仿者借用原作进行再创作，有利于社会文化事业的发展，也有助于保护表达自由价值的实现。因此，基于表达自由而使用作品，并不是侵权行为，“作品不是禁忌”。❷ 刘静则区分了滑稽模仿作品的形式要件与实质要件，认为实质要件为具备高度独创性与对原作的批评讽刺性，该要件是确保滑稽模仿作品符合知识产权利益平衡原理从而被著作权法允许存在的关键，符合滑稽模仿作品基本构成要件者值得保留和鼓励。❸ 王丽丽在界定戏仿和讽刺定义的基础上，指出只有在著作权法中规定戏仿和讽刺制度，才能引导社会宽容并理性地对待“恶搞”。具体来讲，我国著作权法可从以下两个方面进行调整：第一，按照前文的四要件修改合理使用的适用条件。第二，明确戏仿和讽刺的概念和构成要件，并为其设置更宽泛的保护条件。❹ 陈萍则以《馒头案》纠纷为起点，讨论了滑稽模仿的概念、合法性、性质、国外版权法上的态度，并结合滑稽模仿保护的正当性，根据我国版权立法现状，指出我国应明确将滑稽模仿作为合理使用的一种方式予以保护。❺ 周艳敏等认为，“滑稽模仿”属于合乎文艺创作本质的创作方法，有着悠久的历史传统，在其合乎版权法理和权利限制一般原则的条件下，应该构成版权保护的例外，❻ 等等。

在此基础上，我国知识产权学界对版权保护与信息自由的冲突与协调进行了初步的分析探讨。高荣林从历史的角度考察了版权与信息自由的关系，发现在起源时期，言论自由对版权产生与发展起决定作用。但随着科技的发展与版权权能的扩展，在某种程度上信息自由受到版权的限制，而合理使用制度通过

---

❶ 王迁．论认定“模仿讽刺作品”构成“合理使用”的法律规则——兼评《一个馒头引发的血案》涉及的著作权问题［J］．科技与法律，2006（1）．

❷ 梁志文．作品不是禁忌——评《一个馒头引发的血案》引发的著作权纠纷［J］．比较法研究，2007（1）．梁志文．论滑稽模仿作品之合法性［J］．电子知识产权，2006（4）．

❸ 刘静．论著作权法中的滑稽模仿［D］．长沙：中南大学，2007.

❹ 王丽丽．著作权视野中的戏仿问题研究［D］．重庆：西南政法大学，2007.

❺ 陈萍．滑稽模仿与版权保护［D］．重庆：西南政法大学，2007.

❻ 周艳敏，宋慧献．滑稽模仿与版权保护［J］．出版发行研究，2006（6）．

赋予社会公众获取和表达的自由，在某种程度上又限制着版权。[1] 胡启明等认为传统版权法下表达自由与版权垄断存在冲突，数字技术环境下更是加剧了这种紧张关系。因此，数字版权立法应重申利益均衡的法律精神。[2] 郑万青则指出数字环境下的版权法已经对人们获取信息的自由产生了阻碍，造成了信息自由权与版权保护的冲突。这需要国际社会共同努力，寻求一种新的、符合人权目标的版权法律原则。[3] 冯晓青、魏衍亮在介绍信息自由客体范围的分析模型的基础上，对互联网上信息自由权与版权保护关系的美国实践进行了评述，他们指出，在保护和限制言论自由权方面，美国成文法、判例法、厂商格式合同等构成了一个相互影响的制度集合，它们在四个领域对在线版权市场的发展产生了很大的影响，判例法和厂商格式合同对当事人的直接影响要远远超过成文法。[4] 杨会永则对欧洲法关于版权保护与表达及信息自由的冲突与协调进行了分析，指出欧洲各国法院均已确认版权保护与表达及信息自由存在冲突，尽管多数判决都最终坚持国家的版权法已经考虑到并具有解决二者间紧张关系的制度设计，但它们均已暗示：如果版权法的内部机制不能有效平衡版权与表达和信息自由的冲突，法院可以借助国家宪法和《欧洲人权公约》中的表达与信息自由对之予以衡量，从而对版权施加更多的例外和限制。[5] 宋慧献则对网络时代版权保护与信息自由的冲突进行了较深入的分析，认为版权保护与表达自由之间有矛盾冲突，且不容忽视。在不同的媒体环境下，版权保护与表达自由间的冲突呈现出不同的形态和特征，并随媒体变革而历经变化。解决版权保护与表达自由的冲突与协调，尤其需要在法哲学与宪法学的基础上，综合研究表达自由法理与知识产权法的基本理论，从中找到解决问题的平衡点。[6]

此外，还有较多文献分析了技术措施与信息自由的冲突。古诗婷对美国数

---

[1] 高荣林．限制抑或促进——从言论自由的角度解读版权［J］．武汉科技大学学报：社会科学版，2007（12）．

[2] 胡启明，成风明．版权与表达自由之协调［J］．河北法学，2004（4）．

[3] 郑万青．数字化条件下的版权与信息自由权［J］．中国出版，2007（9）．该文中的信息自由权是公民自由地接收和传达信息的权利，它不仅仅是“不受干涉”的表达自由，而且是“要获得”信息的自由。这与本书的言论自由的含义相同。

[4] 冯晓青，魏衍亮．互联网上言论自由权与版权关系之述评［J］．北大法律评论，2001（第4卷第2辑）．

[5] 杨会永．版权保护与表达及信息自由的冲突与协调：基于欧洲法的分析［M］// 冯军．等，版权保护法制的完善与发展：基于欧盟经验与中国实践的视角．北京：社会科学文献出版社，2008．

[6] 宋慧献．版权保护与表达自由：冲突与协调［M］．知识产权年刊（2006年号）．北京：北京大学出版社，2007．

字千年版权法案（*Digital Millennium Copyright Act*，DMCA）中的相关条款进行了分析，认为对禁止规避行为和规避装置的条款的免责辩护和例外情况是很有限的。该法律阻碍科学家、软件工程师、新闻著作者以及其他人从事合法的行为。著作权人和政府使用美国数字千年版权法案反规避条款来预防第三方软件产品的创作、计算机专家的研究，并且起诉对软件码提供超链接的个人。古诗婷进一步认为：美国数字千年版权法案危害信息自由。❶ 星有康认为，由保护信息自由之角度观之，破解技术可能含有设计者或散布者之思想或其欲传达的理念，因此限制破解技术的散布，会产生限制信息自由的问题。在法律系统的限制上，主要系避免著作权受到侵害而对于规避科技保护措施之计算机程序的“散布”进行限制，但并非对于该计算机程序内容本身（即信息本身）进行限制，仅是对于上述规避科技保护措施之计算机程序的散布方式进行某种程度的规范与限制，但对于言论并未有所限制或压抑，如此解释即能兼顾言论自由之保障、科技之发展与著作权之保护。❷ 张世柱则对著作权法反规避条款与言论自由的冲突作了较深入的分析，针对数字千年版权法案和我国台湾地区“著作权法”反规避条款的规定，他指出，程式指令可以传达电脑程式设计的理念，属于“宪法”所保障的言论。唯电脑程式的功能不能认定为程式非言论部分，因为电脑程式的功能是由程式指令表现出来，程式设计师所欲传达的资讯即为程式的功能，程式本身与程式的功能不可分离。数字千年版权法案和我国台湾地区相关规定的反规避条款对所有程式的禁止，实质上是禁止言论的存在，很不合理。❸

1.3.1.2　商标权保护与信息自由的冲突与协调

商标不同于一般意义上的财产，它是用于识别、广告和销售产品或服务的文字或符号，本质上属于一种纯粹的商业性言论。商标同时属于社会文化的一部分，成为人们思想交流和观点表达的工具，甚至成为公众取笑和嘲讽的对象。因此，商标使用行为可能受到言论自由的保护，商标权保护与信息自由的冲突不可避免。邓宏光认为，这种冲突是一个内容庞杂、情形复杂的问题，主要体现在商标权与合理使用、指示性使用、比较广告以及滑稽模仿的冲突。其

---

❶ 古诗婷．著作权法上之科技保护措施和规避行为：国际规范之比较研究［D］．台北：台湾大学，2005.

❷ 星有康．冲突或妥协？——科技保护措施立法之研究［D］．台北：台湾大学，2006.

❸ 张世柱．著作权法反规避条款与言论自由［J］．法令月刊，2004（10）.

中滑稽模仿和比较广告是限制商标权的最典型情形。我国应建构商标权限制制度，并将信息自由作为商标权限制的最重要因素。❶ 此外，宋慧献对美国两个芭比娃娃商标侵权案进行了分析，指出应当从商业的角度，以明示或暗示的方式，使一个商标标识或特定的商品与服务相联系时，属于商标法调整的范围；反之，当从公共领域的角度，将一个标识用作公共评论时，商标法将不再适用，这种使用应受宪法的保护。并进一步指出表达自由与知识产权的冲突本身是一个不仅笼统的命题，芭比娃娃案则是对表达自由保护基础的具体化、实在化。❷ 而张心全在评述 LV 诉 HDD 商标侵权案时指出，商标戏仿通常构成商标合理使用。但在实践中需要根据具体情境，加以认定判断，以明确商标戏仿的构成要素、戏仿的分类、戏仿与合理使用的关系，以及商标戏仿在侵权判定中的具体作用。在 LV 诉 HDD 商标侵权案中，非合理使用的商标戏仿，对侵权抗辩具有重要的助益作用，但还需要结合其他因素考量，以严格控制该类戏仿的限度。❸

国内文献除了涉及版权保护与信息自由的冲突，商标权保护与信息自由的冲突外，还有文献关注到了商业秘密保护与信息自由的冲突。万志前通过分析 DVD Copy Control Association❹ 案指出，该案中的 Decss 属于第一修正案保护的言论，原告的商业秘密保护与被告的表达自由之间发生冲突，这种冲突可通过合法性考虑和利益衡平的考虑来解决。随着美国以信息为基础的经济进一步发展，包含了商业秘密在内信息财产权与表达自由的冲突会日渐增多。❺

此外，国内还有一些文献介绍了一些国外的相关案例。

1.3.2 国外研究现状

相比国内的研究文献，国外对知识产权保护与信息自由的冲突与协调予以

❶ 邓宏光．论商标权对言论自由的限制［J］．内蒙古社会科学：汉文版，2006（1）．邓宏光，周园．滑稽模仿对商标权的限制［J］．重庆工学院学报：社会科学，2008（3）．

❷ 宋慧献．商标保护与艺术表达自由——评“Barbie（芭比）”玩具商标侵权纠纷案［J］．中华商标，2007（3）．

❸ 张心全．商标“戏仿”——LV 诉 HDD 商标侵权案［J］．中华商标，2008（1）．

❹ DVD Copy Control Ass'n v. Bunner, 75 P. 3d 1, 20 (Cal. 2003).

❺ 万志前．商业秘密与表达自由的协调——DVD Copy Control Association v. Andrew Bunner 案评析［J］．科技与法律，2006（4）．该文发表时，该案尚在加州高级法院审理之中，上诉法院的判决被否决，被告的言论自由抗辩不成立。但这并不会减弱该案所带来的影响，人们将持续关注知识产权与言论自由的冲突与协调。

了较多的关注。特别是欧美发达国家，不仅研究了知识产权保护、版权保护、商标权保护等与信息自由的关系，而且在司法中还出现了为数颇多的案例，知识产权立法也因之出现了新的变化。

1.3.2.1 知识产权保护与信息自由的冲突及协调

对于知识产权保护与信息自由的关系，尤金·沃洛克（Eugene Volokh）通过考察美国联邦最高法院的五个判例，认为版权法、商标法、广告权利法以及商业秘密法均与信息自由之间存在紧张关系，并从理论上分析了美国宪法第一修正案如何影响知识产权规则，而知识产权规则又如何影响第一修正案。[1]

帕特里克·L. 罗夫兰（Patrical L. Loughlan）通过考察美国宪法第一修正案与版权法、商标法相互作用的相关记录，分析了美国宪法第一修正案对版权法和商标法的影响，认为随着第一修正案对知识产权的影响力正在发生变化，第一修正案在此领域的持续不断的活力不容否认。因此，该活力所反映出来的表达自由之根本问题的重要性也是毋庸置疑的。[2]

此外，安德鲁·贝克曼-诺德（Andrew Bechkerman-Rodau）还讨论了知识产权与第一修正案发生冲突时，如何采取先行制止的法律救济措施。他认为，信息自由是民主社会中最重要的基本利益，财产权在经济体系中也是非常重要的。任何一项权利都不是绝对的，必须在知识产权法确定一些限制以保持二者间的平衡。具体而言，当第三方发表某种商业言论时，禁止先行制止救济是不会产生问题的，因为如此单纯的言论不可能对专利所有人的财产造成不可弥补的损害；而在版权法中，如果对受版权法保护的作品未提供先行制止救济，可能会导致无法弥补的损害；对于商标，其市场价值以消费者心理联想为基础，先行制止对阻止在商标诉讼过程中损害这种联想是必要的；对于商业秘密，在商业秘密诉讼中的先行制止对阻止在对案情作出裁决之前销毁知识财产是必要的。[3]

---

[1] Eugene Volokh. Freedom of speech and intellectual property: some thoughts after Eldred, 44Liquormart, Saderup, and Bartnichi. Houston Law Review I/P symposium, 2003.

[2] Patrical L. Loughlan. Looking at the matrix: intellectual property and expressive freedom. European Intellectual Property Review/2002.

[3] Andrew Beckerman-Rodau. Prior Restraints and Intellectual Property: The Clash between Intellectual Property and the First Amendment from an Economic Perspective. 12 Fordham Intell. Prop. Media & Ent. L.J. 1.

1.3.2.2 版权保护与信息自由的冲突及协调

对于版权保护与信息自由的冲突与协调，国外的研究文献较多，不仅研究了二者的联系，也较多地讨论了二者的冲突，主要涉及版权保护期限与信息自由的冲突、合理使用与信息自由的关系、滑稽模仿与信息自由的关系、技术措施与信息自由的冲突等，并提出了协调版权保护与信息自由的冲突的建议。

伊淑德·简德罗（Ysolde Gendreau）分析了加拿大的版权保护与表达自由的关系，认为二者间存在紧张关系，但与具有相同版权立法特色的英国的态度不同。在英国，版权法中有公共利益抗辩的依据，且人权法案与《欧洲人权公约》可对知识产权构成限制。而在加拿大由于较弱的公共利益抗辩，求助于表达自由解析的远少于英国。个中原因可能是其版权法中的特殊原则。[1]

帕德里克·马斯雅克李曼（Patrick Masiyakurima）认为版权所有者与使用者的紧张关系几乎渗透到英国版权法中的所有规定。他重点分析了英国版权法中合理使用与信息自由的相互作用，认为由于版权内部控制的体系性的缺陷，需要在版权判例中引入一种新的表达自由抗辩，这将会减轻《欧洲版权指令》对合理使用目的有害的影响，并避免技术的难题。一个独立的信息自由抗辩也不会是一个魔杖。[2]

米切尔·D. 伯恩哈克（Michael D. Birnhack）将版权保护与信息自由的冲突分为两种模式：一是内部的视角，可将冲突内在化，属于版权法内的冲突，消除两法域间的冲突；二是认为冲突是外部的，是两种不同法律制度的冲突。美国的路径是拒绝外部化，坚持冲突内在化；欧洲的路径则与美国不同，承认冲突的外部化。其原因在于，美国法有较强的信息自由传统和较弱的版权法基础，所以忽视了外部冲突；相反，欧洲法有较弱的信息自由法律传统和较强的版权法保护的传统，所以愿意承认这种冲突。现在美国开始出现承认外部冲突的趋势，而欧洲出现承认内部冲突的趋势。无论外部冲突路径还是内部冲突路径，均可解决二者间的冲突。[3]

戴维德·麦克格恩（David Mcgwan）则从现实主义的角度和信息自由的视

---

[1] Paul L. C. Torrenmans. Copyright and human rights——freedom of expression－intellectual property-privacy [J]. Kluwer Law International, 2004.

[2] Paul L. C. Torrenmans. Copyright and human rights——freedom of expression－intellectual property-privacy [J]. Kluwer Law International, 2004.

[3] Paul L. C. Torrenmans. Copyright and human rights——freedom of expression－intellectual property-privacy [J]. Kluwer Law International, 2004.

角对版权进行了批判，认为强调版权以保护言论为目的的观点是错误的，版权并未区分受保护和不受保护的表达。版权保护与信息自由存在冲突。[1]

米切尔·D. 伯恩哈克（Michael D. Birnhack）还依据美国联邦最高法院判决的 Eledred V. Ashcroft 案从宪法的维度考察了版权法与美国宪法第一修正案的关系。在该案中，美国联邦最高法院秉承了过去的司法传统，否认了二者存在冲突。对此，伯恩哈克认为，我们应关注冲突的宪法维度。二者间的冲突有两类：一是内部的冲突，二是外部的冲突。这种分类法有助于审查版权法概念的一致性。内部的冲突令人质疑，而外部冲突的观点则是宪法上的当务之急。可运用双管齐下的检验法来进行分析，一是版权法的信息自由概念与版权法的一般概念应保持一致；二是需要版权法不忽视宪法背景。[2]

斯蒂文·J. 霍洛维茨（Steven J. Horowitz）认为，国会的版权条款权力与美国宪法第一修正案存在固有的紧张，这可通过在版权法中置于体现信息自由原则的举措来解决，这种版权的信息自由理论可以改正任何情形下的不足，这种版权条款的限制作为第一修正案设施，它给了版权法以宪法分析的“牙齿”。版权条款的限制事实上就是信息自由限制。[3]

米切尔·D. 伯恩哈克（Michael D. Birnhack）也考察了 1998 年人权法对版权法产生的影响。通过讨论 Ashdown 案[4]，总结了美国的相关历史经验，借助于版权法的基本原则和宪法原则，分析了版权保护与信息自由的冲突，并提出了解决办法。他认为，重要的是要认识到观察版权保护与自由表达的关系有很多维度，宪法维度是最重要的。认识到版权与表达自由的紧张关系是重要的：外部领域（外部冲突）和内部领域（内部冲突）。要严格审查将内部冲突内在化的趋势。[5]

尤根·佛罗克（Eugene Volokh）、布雷特·麦克顿内尔（Brett Mcdonnell）也认为，版权法可以容许言论限制，但版权法不能主张绝对的免于任何言论关

---

[1] David Mcgwan. Some realism about the free speech critique of copyright [J]. Fordham Law Review. vol.74.

[2] Michael D. Birnhack. Copyright law and free speech after Eldred v. Ashcroft [J]. Southern California Law Review. Vol. 76: 1275.

[3] Steven J. Horowitz. A free speech theory of copyright. http://ssrn. com/abstract=1271004.

[4] See Ashdown v. Telegraph Group Ltd. [2001] Ch. 685.

[5] Michael D. Birnhack. Acknowledging the conflict between copyright law and freedom of expression under the Human Rights Ac [J] t. ENT. L. REV. 24, 2003.

注的事情。美国宪法第一修正案正当程序规则同样也适用于版权法。[1]

米切尔·D. 伯恩哈克（Michael D. Birnhack）在另一文献中认为，版权保护与信息自由的冲突实际上有两种：一是宪法标准之上的冲突，于版权法之外；另一则是版权法之内的。对此，常见的反应是将冲突内在化，赋予版权条款以信息自由的效力。但这是解决冲突的第一步，第二步也是重要的一步就是要忍耐全球地方化进程，因为许多国家的版权法是以全球地方化制度缺乏信息自由为依据的。重要的是版权法应与信息自由法相一致。[2]

卡特雅·罗贞布利特（Katya Rozenblit）比较了澳大利亚与加拿大在版权法与信息自由的冲突上的实践，认为虽然版权法内部机制可以平衡信息自由与作者私人财产权，但版权法仍在一定程度上威胁到信息自由，它排除了某些可以促进信息自由的有价值的作品的传播，这包括滑稽模仿、挪用艺术和政府文件。版权法应该在信息自由与私人财产权之间保持平衡，并努力寻求其他可选举措。[3]

道格拉斯·约翰·弗理德里克（Douglas John Frederick）认为应采取长期、艰苦、持续的态度来考虑版权与美国宪法第一修正案的冲突。[4]

李·安·W. 洛克里奇（Lee Ann W. Lockridge）则探讨了将版权法的合理使用原则作为保护信息自由措施的构想。[5]

约纳森·罗森诺等在分析一则滑稽模仿案件时认为，滑稽模仿是公民享有的信息自由的表现。而版权法正在威胁到公众信息自由权的实现，信息自由在有的案件中被漠不关心，原因在于：从逻辑上讲，政治性权利，如“信息自由权”，应当“比个人的为获取利润而控制其产品的权利”更为重要，因为后者最终是要靠政府认可并靠政府来强制执行的，而政府则是靠政治性权利来支撑的。然而，所有权是趋向具体的，可政治性权利却典型的是抽象化的，在一

---

[1] Eugene Volokh. Brett Mcdonnell. Freedom of speech and independent judgment review in copyright cases [J]. The Yale Law Journal, Jun 1998: 107.

[2] Michael D. Birnhack. Global copyright, Local speech. Cardozo Arts & Entertainment. vol.24: 49.

[3] Katya Rozenblit. Freedom of expression and copyright law in Canada and Australia: Unchartered territory [M]. A thesis for the degree of Master of law, Graduate Department of Law University of Toronto.

[4] Douglas John Frederick. Clash of the titans: Taking a long, hard, second look at conflicts between copyright and The First Amendment [M]. A thesis for the Doctor of Philosophy degree in the Graduate College of The University of Lowa.

[5] Lee Ann W. Lockridge. The myth of copyright's fair use doctrine as a protector of free speech [J]. Santa Clara Computer and High-Technology Law Journal, Nov2007; 24. 1.

对一的思想对抗中，具体化的东西往往比抽象化的更有优势。❶ 廉·M. 兰德斯、查理德·A. 波斯纳在《知识产权法的经济结构》中对滑稽模仿与合理使用的关系进行了较深入的分析，认为滑稽模仿一般并未构成侵权，而应属于合理使用。❷

此外，在欧盟等发达国家还出现大量的滑稽模仿判例，以及一些分析评价，也都认为，滑稽模仿应属于合理使用。❸

1.3.2.3 商标权保护与信息自由的冲突及协调

对于商标权保护与信息自由的冲突与协调，威廉姆·麦克格维兰（William McGeveran）认为，应该重新思考商标法的合理使用，以满足商标法的四个信息自由目的，包括平衡商标法的政策目标与信息自由的关系，将第一修正案的指令整合到商标原则中，清晰的规则和快速的裁决将增加人们使用商标来表达有助于我们共享言论的机会等。❹

帕斯潘·古拉斯卡兰（Pratheepan Gulasekaram）认为，未授权的商标使用与信息自由之间存在冲突，应合理界定二者的边界。应该阻止商标所有人在非商业性领域使用和控制他们自己的商标，艺术家们、电影制片人、歌唱家、画家、滑稽模仿者可以合理使用未获授权使用的商标。❺

欧文·H. 迪安（Owen H. Dean）认为，在南非，与其他大多数国家一样，商标名誉都是通过商标法很容易得到保护，但近来案件表明，南非的知识

---

❶ ［美］约纳森·罗森诺，等．网络法——关于因特网的法律［M］．张皋彤，等，译．北京：中国政法大学出版社，2003.

❷ ［美］廉·M. 兰德斯，查理德·A. 波斯纳．知识产权法的经济结构［M］．金海军，译．北京：北京大学出版社，2005.

❸ Jacqueline D. Liption. Cripe Sites. Parody and the first Amendment in Cyberspace. http：ssrn. com/abstract=925691；Jani McCutcheon. The new defence of parody or satire under Australian Copyright law［J］. I. P. Q. 2008（2）：163-192；Keiji Sugiyama. The first parody case in JAPAN. E. I. P. R. 1987，9（10），285-289；Ilanah Simon. Parodies：A Touch of magic［J］. E. I. P. R. 2004，26（4）：185-190；John C. Knapp. Laugh，and the whole world... Scowls at you?：Efense of The United States' fair use exception for parody under TRIPs［J］. DENV. J. INT'L L. & POL'Y VOL. 33：2，et al.

❹ William McGeveran. Four free speech goals for trademark law. 18 Fordham Intell. Prop. Media & Ent. L.J. 1205.

❺ Pratheepan Gulasekaram. Policing the Border Between Trademarks and Free Speech：Protecting Unauthorized Trademark Use in Expressive Works. http：//ssrn. com/abstract=870465.

产权法与人权规则、信息自由相冲突，应为这两个原则而建立不同的法庭结构。❶

米切尔·G. 弗雷（Michael G. Frey）认为，美国法庭就商标合理使用抗辩一直持有不同的三种意见，这种不一致反映了商标保护与合理使用抗辩的紧张关系，平衡二者间的测验标准也体现出美国宪法第一修正案的政策精神：保护实质性的使用，禁止欺骗性的使用。❷

贾斯汀·J. 甘内尔（Justin J. Gunnell）认为，一些滑稽模仿将构成侵权，即是构成混淆的滑稽模仿；另一些滑稽模仿没有构成混淆，则没有构成侵权。所以，有淡化的滑稽模仿和非淡化的滑稽模仿之分。区分二者要考虑整体因素，包括商标滑稽模仿的猥亵程度和商业性质等，这有助于法庭进行区分。❸

克里斯夫·吉格尔（Chrisphe Geiger）也认为，商标保护与信息自由存在冲突，应遵循批评的比例原则，在法律制度范围内对表达自由和艺术自由有效保护的保证是与知识产权的保护并行不轨的，知识产权是确保激励创新的有效政策的一种工具，即使这一观点尚未为人们完全接受。事实上，一个自我表达和创造的人是一个产生新思想和新的创造（换言之创新）的人。对导致商标权与表达自由的冲突，以支持后者的方式来裁决，就一个有效的创新政策而言，必然是一个坏的事情，也会防止知识产权在公众舆论中获取坏的声誉。但商标权所赋予的过度垄断不可避免地导致不利影响，这将会使对所有知识产权制度的质疑具有正当理由，如果合理地对之进行解释，这对社会经济中的各参与者是有价值的。❹

此外，欧美等发达国家还有大量滑稽模仿判例及评述。

1.3.2.4　其他知识产权保护与言论自由的冲突及协调

国外还有一些文献研究了商业秘密、不正当竞争与信息自由的冲突与协调。

---

❶ Owen H. Dean. The irresistible force of freedom of speech meets the immovable object: trade mark law in South Africa [J]. Journal of Intellectual Property Law & Practice, Vol. 1, No. 9.

❷ Michael G. Frey. Is it fair to confuse? An examination of trademark protection, the fair use defense, and the First Amendment [J]. 65U. Cin. L.Rev. 1255.

❸ Justin J. Gunnell. Evaluation of the dilution-parody paradox in the wake of the Trademark Dilution Revision Act of 2006 [J]. Cardozo Arts & Entertainment. vol.26: 441.

❹ Christopher Geiger. Trade marks and Freedom of Expression——The Proportionality of Criticism [J]. IIC, 2007 (Vol.38).

阿雷克斯·伊顿·萨尔勒斯（Alex Eaton-Salners）认为，一项有效的知识产权制度旨在创造者利益（和他们的受让人）与这些创造中的公共利益与权利之间维持一种微妙的平衡。而知识产权的扩张所带来的张力已经涉及公众的宪法第一修正案权利。DVD-CAA 案的判决，虽然是狭义意义上的，但对加州商业秘密法的适用与信息自由权的实现已经产生了影响。法院对公共关注原则的制定和适用表明，在加州，寻找含有公共关注的商业秘密和技术信息的门槛仍是非常高的。因此，Bunner 案的审判法院在商业秘密判例与第一修正案之间创造出了一种悬而未决的紧张关系。❶

亚当·W. 约翰逊（Adam W. Johnson）认为，当商业秘密保护与信息自由发生冲突时，法庭应认可商业秘密持有人有权禁止第三方在网上发布该商业秘密。法庭发布先行制止应审查三个因素：一是审查信息的类型；二是审查信息获取的方式；三是比较商业秘密持有人受到的损害与对通讯者的损害的大小。如果商业秘密持有人受到的损害大于通讯者的损害，则发布先行制止令；反之则不发布禁止令。❷

A. 卡佩曼·桑德斯（A. Kamperman Sanders）则探讨了不正当竞争与言论自由的关系。他关注的是欧洲人权法院在赫托诉瑞士一案中的判决以及欧洲人权法院如何克服先前的束缚，并发现自己有能力解决以往不正当竞争法中的难题，探究了表达自由的基本原则的应用以及不正当竞争法和知识产权法上的信息接收权。最后认为，关于赫托案判决，欧洲人权法院在有关不正当竞争的商业事务中扮演了重要角色，为保护非商业言论和混合言论表达的粘合原则的发展留下了空间。然而，它也可能意味着法院会在知识产权领域中的个体与作为一个整体的社会之间的利益平衡发挥更根本性的作用。欧洲公约本身为发展判例法，以及不仅在自由表达领域的原则，而且在信息自由流动领域和各方面参与学术生活的原则，都留下了空间。❸

除了上述直接关注知识产权保护与信息自由的关系的文献外，尚有一些主题相近的文献，由于观点基本相同，这里不一一赘述。

---

❶ Alex Eaton-Salners. DVD Copy Control Association v. Bunner: Freedom of Speech and Trade Secrets [J]. Berkley Technology Law Journal, 2004 (19).

❷ Adam W. Johnson. Injunctive relief in the internet age: the battle between free speech and trade secrets [J]. Federal Commercial Law Journal/may 2002; 54, 3; ABI/Inform Global.

❸ A. Kamperman Sanders. Unfair Competition Law and the European Court of Human Rights: The Case of Hertel v. Switzerland and Beyond. Fordham intellectual property [J]. Media & Entertainment Law Journal, 1999 (10).

1.3.3　研究文献的简要评析

对于知识产权保护与信息自由的冲突与协调的研究，国内研究主要集中在滑稽模仿与合理使用、版权保护期限与信息自由、商标权与信息自由之上，直接相关的文献，就目前所查的资料而言，大多是论文，且多是介绍国外相关案例并做简要评述（详见参考文献）。国外关于本论题的研究成果较多，主要围绕版权保护与信息自由、商标权保护与信息自由、商业秘密保护与信息自由等展开研究，这种研究既有从知识产权法视角进行分析，也有从宪法的视角进行。总体而言，国外的相关研究比我国的研究范围要广且较深入。就目前国内外的研究而言，主要存在的问题有：①宏观把握不够。尚未见从整体来探讨知识产权保护与信息自由的冲突及其协调的文献，也未见从历史的角度来分析二者间的冲突，微观研究的较多，各种观点既有对立又有交叉，未有整合，因而显得较为凌乱、不系统。②研究的理论深度不够。就事论事者居多，多就某一案例进行分析评述，有深度的理论分析的少，显得较为肤浅。知识产权保护与信息自由冲突的问题，涉及一系列复杂的理论问题和实践问题，如果单从知识产权理论加以解释会显得力不从心，但完全用宪法理论加以解释也有不妥。因此，研究者需要将宪法、知识产权法、公共政策等有关理论与现有知识产权理论与制度结合加以研究，只有这样，才能对知识产权保护与信息自由这一问题作出较为透彻的理论说明，但就目前发表或出版的文献而言，这一点做得还不够。③创新研究不够。主要表现在研究视角单一，缺乏创新和新意；就不多的研究文献中，研究内容有雷同之处，有“重复建设”现象。

1.4　研究方法

1.4.1　文献分析法

文献研究方法就是对文献进行查阅、分析、整理并力图寻找事物本质属性的一种研究方法。本书拟广泛收集中外关于知识产权保护与信息自由的国内外研究论文资料、数据资料及法律法规，并对资料作理论分析与归纳，系统梳理他人的研究成果，并在此基础上提出若干观点。

1.4.2 法解释学方法

本书在具体分析知识产权法和信息自由时，通过运用法律解释的方法，对各国宪法或国际公约与知识产权法律法规、政策等制度进行解释。例如，对各国有关法律文本的内容含义、构成要件、适用范围和法律效果等进行解释或针对具体案件事实对不确定法律概念予以确定。

1.4.3 比较研究法

孔德把比较研究作为探求社会历史发展规律的一个主要方法。穆尔在《独裁和民主的社会起源》中指出，比较研究有三个优点，一是导致提出有用的问题；二是从反面检验已被接受的历史解释；三是推导出新的历史结论。本书正是基于此，拟通过中外知识产权制度与信息自由的冲突的比较研究，并在此基础上，借鉴国外经验，从各方面提出完善我国的知识产权制度与宪法制度的建议。

1.4.4 案例研究法

案例研究法是通过典型案例，详细描述现实现象是什么，分析其为什么会发生，并从中发现或探求现象的一般规律和特殊性，指导出研究结论或新的研究命题的一种方法。它是一种经验性的研究方法。本书中的案例研究法是通过所选择的多个典型案例来说明问题，用收集到的资料分析事件间的逻辑关系，从而尝试得出新的假说以及分析性的普遍结论。

1.5 主要研究内容

本书总的任务是考察知识产权保护与信息自由的冲突表现，探讨协调冲突的路径或方法，并思考信息自由视角下的知识产权变革。主要内容包括：第一部分，简要介绍本研究的选题缘由和研究意义。第二部分，通过知识产权保护与信息自由冲突的法哲学分析，主要分析知识产权的正当性与信息自由的关系、二者间的权利冲突、二者间的价值冲突与利益冲突及其衡量。第三部分，运用历史分析和实证分析方法以及类型分析方法来证成知识产权保护与信息自由存在冲突。第四部分，探讨知识产权法内部如何对知识产权保护与信息自由的冲突进行协调，以及内部协调存在的困境。第五部分，分析从知识产权法外部应该对知识产权保护与信息自由冲突进行协调的必要性以及协调的外部路径。第六部分，对本研究作出结论并略作前瞻性展望，指出应重塑知识产权制度，并应建立健全知识产权法外部之约束机制。

1.6　研究思路

本书研究思路见图 1-3 所示。

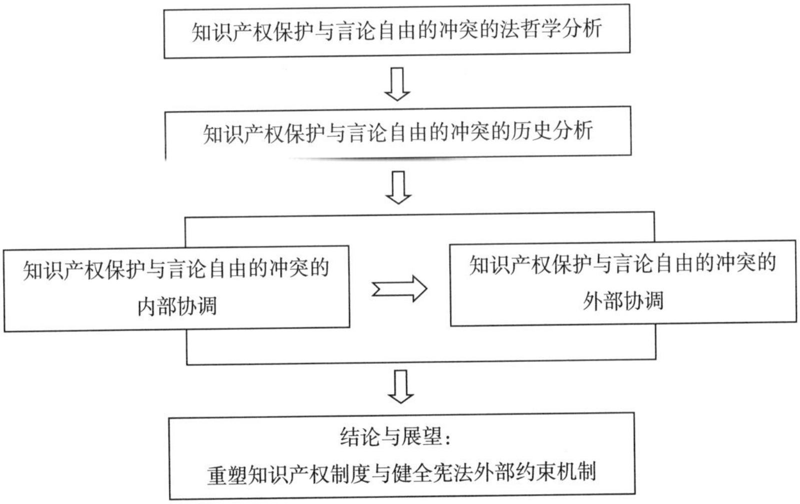

图 1-3　研究思路

首先，从法哲学的视角分析知识产权的正当性与信息自由的冲突，包括权利冲突与价值冲突及其协调模式。其次，通过历史分析的方法，探讨知识产权保护与信息自由发生冲突的历史过程，探讨技术发展与资本介入对冲突的影响。再次，分析协调知识产权与信息自由的冲突的内部制度及其不足，探讨该冲突外部协调的必要性和具体方法。最后，提出总结和展望：不仅要重塑知识产权保护的理念和制度，同时也应建立宪法外部约束机制。

2

知识产权保护与信息自由冲突的法哲学分析

2.1 知识产权的正当性与信息自由

学者斯蒂芬·芒泽指出：如果存在不同的财产制度，而且这些财产制度有时能唤起人们的激情与革命，那就有必要探寻财产权的正当性并批判地评价现存的财产制度。[1] 知识产权就是一种与传统财产权制度不同的新型财产制度，迄今为止只有三百余年的历史。对于知识产权属于何种性质的权利以及其正当性问题，自知识产权产生以来就存在争议：一种观点认为，知识产权就是一种财产权，属于私人所有。这种观点最终写进了TRIPs引言，“承认知识产权是私权”。而另一种观点认为，知识产权是一种特权，是国家授予作者或者发明人的一种有限的财产权，因而应坚持知识产权法定主义，[2] 对知识产权进行限制和约束。这种观点在许多国家立法中都得到体现。如我国《著作权法》第1条[3]和美国宪法第8条[4]。两种不同的观点代表着不同的理论渊源，支持第一种观点的有洛克的劳动财产

---

[1] ［美］斯蒂芬·芒泽．财产理论［M］．彭诚信，译．北京：北京大学出版社，2006：42.

[2] 李扬．知识产权法定主义及其适用——兼与梁慧星、易继明教授商榷［J］．法学研究，2006（2）．李扬．知识产权法定主义的缺陷及其克服——以侵权构成的限定性和非限定性为中心［J］．环球法律评论，2009（2）．郑胜利．论知识产权法定主义［M］//北大知识产权评论（第2卷）．北京：法律出版社，2004：57. 李扬，等．知识产权基础理论和前沿问题［M］．北京：法律出版社，2004：124.

[3] 我国《著作权法》第1条明确规定：“为保护文学、艺术和科学作品作者的著作权，以及与著作权有关的权益，鼓励有益于社会主义精神文明、物质文明建设的作品的创作和传播，促进社会主义文化和科学事业的发展与繁荣，根据宪法制定本法。”

[4] 美国宪法第8条规定，“为促进科学和实用技艺的进步，对作家和发明家的著作和发明，在一定期限内给予专利权的保障”。

论、黑格尔的财产人格理论，试图以自然权理论来证明知识产权的正当性，认为人们对于自己创作的物品当然地享有权利；支持第二种观点的有激励论、功利主义，试图以工具论来证明知识产权的正当性，认为如果过度地容许免费使用，对于后来的模仿者一方将太有利，从而可能导致意欲对知识财产进行投资的先行者的数量减少。为了防止这种现象，应该考虑在一定程度上禁止免费使用。[1] 本节将分析两种不同的理论渊源在证明知识产权正当性上的合理性，以及证明知识产权正当性的不同理论可能对信息自由造成的影响。为了论述的便利，本章将支持第一种观点的理论统称为独占论，支持第二种观点的理论统称为工具论。[2]

2.1.1 独占论与信息自由

独占论认为，权利的自然属性表现在两个方面：其一，这些权利被认为是先于社会和制度而存在的；其二，这些权利的功用是对决策的限制，意味着此种权利可对道德上允许的内容作永久性的限制。[3] 独占论有时用来指那些将自然权利作为其中心内容的公平理论，[4] 持劳动财产论的洛克和财产人格理论的黑格尔是这一传统的代表。

2.1.1.1 劳动财产理论

洛克在《政府论》（下篇）第五章“论财产”中论述了劳动财产论在财产正当性这一问题上的意义。洛克首先提出了这一假设：每一个人都拥有对其自己人身的财产。[5] 这种观点推导出另一种观点：个人的劳动属于个人，并进而产生了财产起源的条件：只要他使任何东西脱离自然所提供的和那个东西所处的状态，他就已经掺进了他的劳动，在这上面掺加他自己所有的某些东西，因而使它成为他的财产。[6] 据此，洛克指出“因为劳动是劳动者的无可争议的所

---

[1] ［日］田村善之．日本现代知识产权法理论［M］．李扬，等，译．白巴根，铃木敬夫，审校．北京：法律出版社，2010：3.

[2] ［澳］彼得·德霍斯．知识财产法哲学［M］．周林，译．北京：商务印书馆，2008：208-230.

[3] ［澳］彼得·德霍斯．知识财产法哲学［M］．周林，译．北京：商务印书馆，2008：209.

[4] ［澳］彼得·德霍斯．知识财产法哲学［M］．周林，译．北京：商务印书馆，2008：209.

[5] ［英］洛克．政府论（下篇）［M］．叶启芳，瞿菊农，译．北京：商务印书馆，1964：18.

[6] ［英］洛克．政府论（下篇）［M］．叶启芳，瞿菊农，译．北京：商务印书馆，1964：18.

有物，那么对于这一有所增益的东西，除他以外就没有人能够享有权利”，[1] 因为“劳动使它们同公共的东西有所区别，劳动在万物之母的自然所已经完成的作业上面加上一些东西”，[2] “因为正是劳动使一切东西具有不同的价值”，[3] 所以，“他的身体所从事的劳动和他的双手所进行的工作，我们可以说，是正当地属于他的”，[4] 而且“每人都有能使用多少就拥有多少的权利，而对于他能以他的劳动予以影响的一切东西，他都享有财产权；凡是他的勤劳所及，以改变自然使其所处的原来状态的一切东西，都是属于他的。”[5]

当然，洛克也为其劳动财产论设立了三个条件。第一个条件是，“至少在还留有足够的同样好的东西给其他人所共有的情况下”，[6] 劳动才能导致对某物财产权的产生。取得财产权的第二个限制性条件是洛克从上帝的旨意中推断出来的。上帝造物是为了人类享用而非糟蹋或毁坏。[7] 第三个限制性条件是“任何人都不可能在这种方式下侵犯另一个人的权利，或为自己取得一宗财产而损害他的邻人”。[8]

综上，可以将洛克的核心观点归为六点：①上帝将世界赐予人类共有。②每一个人都拥有对其自己人身的财产。③每一个人的劳动属于他自己。④当一个人把他的劳动掺入属于共有的某物时，他便使该物成为他的财产。⑤财产权的条件是一个人将足够多且同样好的东西留给其他人共有。⑥一个人不能从共有物中取走超出其能够充分利用的那部分。[9]

洛克的劳动财产论产生于17世纪末期，正处于自由资本主义发展时期。这一理论不仅为当时英国资产阶级辩护其新制度提供了有力的武器，同时也为财产正当性进行了强有力的论证，为知识产权制度的产生提供了理论支持，在洛克《政府论》出版后的第二十个年头（1709年），标志着知识产权法产生的《安娜法案》诞生。[10]

---

[1] ［英］洛克．政府论（下篇）［M］．叶启芳，瞿菊农，译．北京：商务印书馆，1964：18.

[2] ［英］洛克．政府论（下篇）［M］．叶启芳，瞿菊农，译．北京：商务印书馆，1964：18.

[3] ［英］洛克．政府论（下篇）［M］．叶启芳，瞿菊农，译．北京：商务印书馆，1964：24.

[4] ［英］洛克．政府论（下篇）［M］．叶启芳，瞿菊农，译．北京：商务印书馆，1964：18.

[5] ［英］洛克．政府论（下篇）［M］．叶启芳，瞿菊农，译．北京：商务印书馆，1964：29.

[6] ［英］洛克．政府论（下篇）［M］．叶启芳，瞿菊农，译．北京：商务印书馆，1964：18.

[7] ［英］洛克．政府论（下篇）［M］．叶启芳，瞿菊农，译．北京：商务印书馆，1964：20.

[8] ［英］洛克．政府论（下篇）［M］．叶启芳，瞿菊农，译．北京：商务印书馆，1964：22.

[9] ［澳］彼得·德霍斯．知识财产法哲学［M］．周林，译．北京：商务印书馆，2008：54.

[10] 需要指出的是洛克（1632—1704年）的《政府论》出版于1689年，而英国《安娜法案》是1709年制定的。

洛克的劳动财产理论被认为是为知识产权提供了鲜明的辩护。[1] 依据洛克的劳动财产理论，由于个人劳动属于每个人自己，因而只要他的身体所从事的劳动和他的双手所进行的工作，就是正当地属于他的。对于知识产权而言，作为知识产权客体的无形智力成果/智慧信息，其与有形的物质财富一样都是劳动的成果，只不过一个是投入了智力劳动，一个更多地投入的是体力劳动。既然投入了个人劳动，不论是何种劳动，该物质或智力成果/智慧信息，都属于劳动者。无论是具有创造性的作品，还是专利等，虽然是在前人劳动成果的基础上创造出来的，但他们都是人们投入劳动的成果，劳动者理所当然地对这些成果享有财产权。这是一种私有性质的财产权。

这种观点即为《安娜法案》所吸收，该法案以一种不直接的方式在普通法中肯定了作者关于版权的自然权利，但就是它使得英格兰的普通法版权走到了末日。[2]《安娜法案》肯定了作者对其创作的作品享有版权：已印刷图书原稿的作者或购买者，对该图书可专有 21 年的印刷权利及特许；已经完稿但未印刷、出版的图书或今后写成的图书，作者及其受让人可专有 14 年的印刷、重印的特许。而且随着技术发展和社会发展，上述观点在之后的版权立法中不断地得以体现出来，并使得知识产权呈现出扩张的趋势。1994 年的 TRIPs 序言中更是明确宣布，知识产权是私权。而且在司法过程中也不断地被援引。正如戈登所言，这种观点“影响了法律的起草者并继续影响了同时代的法院”。[3]

在 1762 年发生的 Tonson[4] 案中，原告辩护人明确指出，脑力劳动与体力劳动一样，可以产生财产，并依据洛克的劳动财产理论，宣称财产的自然根基在于创造与劳动，独创性的作品体现了这些要素：独创性意味着创造，作品则包含了勤勉与劳动。最终法院支持了原告的诉求，判决支持文学财产作为永久性普通法上的权利。而在 1769 年发生的 Millar v. Taylor[5] 案中，英国上议院从结果性思维出发，否认了作者享有永久性普通法上的权利，从而只承认作者享

---

[1] Wendy J. Gordon. A Property Right in Self-Expression：Equality and Individualism in the Natural Law of Intellectual Property ［J］. 102 Yale L.J. 1533：1540.

[2] ［美］贝帝格．版权文化：知识产权的政治经济学［M］. 沈国磷，韩绍伟，译．北京：清华大学出版社，2009：22.

[3] Wendy J. Gordon. A Property Right in Self-Expression：Equality and Individualism in the Natural Law of Intellectual Property ［J］. 102 Yale L.J. 1533：1540.

[4] Tonson v. Collins，1 Black W. 321（1762）.

[5] Millar v. Taylor，4 Burr. 2303（1769）.

有有限的权利。美国在19世纪也发生了同样的案例。在1834年的Wheaton v. Peters[1]案中，美国联邦最高法院宣称，版权在美国只是一种制定法上的特权，美国不存在书面普通法上的版权。虽然上述两个判决否认了版权的永久性，但洛克的劳动财产理论仍在司法过程不断得到运用。在1984年，当美国联邦最高法院判决无形的"个人'劳动和发明'"产品也能成为财产，应受"取得条款保护"的保护时，就引用了洛克的观点。[2] 无独有偶，一些法院以类似洛克的劳动财产理论，即"没有播种就没有收获"为基础，而将普通法保护适用于劳动创作成果/智慧信息。[3] 由此可见，无论是在理论上，还是在立法和司法上，洛克的劳动财产理论以及相关方法被频繁地用做支持知识产权的理论依据。[4]

2.1.1.2 财产人格论

黑格尔提出了一种独特的财产人格理论，该理论可与洛克的劳动财产理论相媲美。[5]

与洛克不同，黑格尔的主要兴趣不在于为社会某一具体的规范性结构而辩护，他认为"人作为直接概念，并从而作为本质上单一的东西，具有自然的实存",[6] 其目标是要揭示在个体自由发展过程中社会所发挥的作用。[7] 因此，在黑格尔看来，知识产权的正当性不需要通过与有体财产的类比来加以论证，这种类比可能会歪曲与意志有关的人格和心理特征在黑格尔心目中的地位。[8]"智能、学识、艺术技能，甚至教会里的东西以及发明等，都可以成为契约的标的，成为'物'",[9] 但这种有着内在精神的东西只有通过"物质化"才能

---

[1] Wheaton v. Peters, 33 U. S. 591 (1834).

[2] Ruckelshaus v. Monsanto Co., 467 U. S. 986, 1002-03 (1984).

[3] International News Serv. v. Associated Press, 248 U. S. 215, 239 (1918); Board of Trade v. Dow Jones & Co., 456 N. E. 2d 84, 88-90 (Ill. 1983).

[4] Wendy J. Gordon, A Property Right in Self-Expression: Equality and Individualism in the Natural Law of Intellectual Property, 102 Yale L.J. 1533, p1540.

[5] [美] 贾斯汀·休斯. 知识财产哲学 [M]//杨才然，张萍，译. 刘春田. 中国知识产权评论(第2卷). 北京：商务印书馆，2006：60.

[6] [德] 黑格尔. 法哲学原理 [M]. 范扬，张企泰，译. 北京：商务印书馆，1961：51.

[7] [澳] 彼得·德霍斯. 知识财产法哲学 [M]. 周林，译. 北京：商务印书馆，2008：84.

[8] [美] 贾斯汀·休斯. 知识财产哲学 [M]//杨才然，张萍，译. 刘春田. 中国知识产权评论(第2卷). 北京：商务印书馆，2006：70.

[9] [德] 黑格尔. 法哲学原理 [M]. 范扬，张企泰，译. 北京：商务印书馆，1961：51.

完成物化，成为人所控制的东西。黑格尔指出，才能、学识、天赋等固然是自由的头脑所特有的，并且是存在于头脑内部而不是头脑外部的东西。但是通过对它们加以表达，头脑可将它们体现于某种外部事物并将它们让度。❶“我把某物置于我自己外部力量的支配之下，这样就构成占有；同样，我由于自然需要、冲动和人性而把某物变为我的东西，这一特殊方面就是占有的特殊利益。”❷ 因此，“人有权把他的意志体现在任何物中，因而使该物成为我的东西；人具有这种权利作为他的实体性的目的，因为物在其自身中不具有这种目的，而是从我意志中获得它的规定和灵魂的。这就是人对一切物据为己有的绝对权利”，❸“因为我的意志作为人的意志，从而作为单个人的意志，在所有权中，对我说来是成为客观了，所以所有权获得了私人所有权的性质”。❹

黑格尔的上述分析论证表明，知识产权存在的合理性在于保护那些体现作家或艺术家“意志”（而意志通常被视为“人格的内核”）的作品不被侵占或篡改，或者在于造就有助于创造性智力得以发挥的社会经济条件，从而有益于人类生活的繁荣。❺ 美国学者休斯据此推导出：作者和发明者应当被允许出售或传播其作品的复制品而从公众那里获取尊重、荣誉、羡慕和金钱，但是禁止其放弃阻止他人歪曲作品或篡改其身份的权利。❻

黑格尔的人格财产理论同样也对知识产权的立法与司法产生了影响，特别是对大陆法系国家著作权法的影响很大。大陆法系国家基本都规定了作者享有发表权、署名权、保护作品完整权和修改权，有的国家如德国、意大利还规定了作品的回收权❼，德国、西班牙规定了接触作品权，❽ 欧盟国家还规定了追续权。❾

黑格尔的人格财产理论也对美国著作权法产生了微妙影响。虽然美国著作权法没有给予作者保护作品不受歪曲和确保认同“精神权利”，但美国还是于

---

❶ ［德］黑格尔．法哲学原理［M］．范扬，张企泰，译．北京：商务印书馆，1961：51-52.

❷ ［德］黑格尔．法哲学原理［M］．范扬，张企泰，译．北京：商务印书馆，1961：54.

❸ ［德］黑格尔．法哲学原理［M］．范扬，张企泰，译．北京：商务印书馆，1961：52.

❹ ［德］黑格尔．法哲学原理［M］．范扬，张企泰，译．北京：商务印书馆，1961：54.

❺ ［美］威廉·费歇尔．知识产权的理论［M］//黄海峰，译．刘春田．中国知识产权评论（第1卷）．北京：商务印书馆，2002：5.

❻ ［美］贾斯汀·休斯．知识财产哲学［M］//杨才然，张萍，译．刘春田．中国知识产权评论（第2卷）．北京：商务印书馆，2006：86-87.

❼ 参见《德国著作权法》第42条、《意大利著作权法》第142-143条。

❽ 参见《德国著作权法》第42条、《西班牙著作权法》第14条。

❾ 王迁．知识产权法教程［M］．北京：中国人民大学出版社，2007：114-115.

1988 年底加入了包含著作权人身权内容的《伯尔尼公约》，而且在早期的判例中，司法也确认了人格财产理论。在 Bleistein[1] 案中，针对被告提出的作品需要具备一定水平的艺术造诣才能授予著作权的主张，美国联邦最高法院判定不能因为版画的“有限矫饰”（limited pretension）而不给予著作权保护。霍姆斯法官认为，艺术水平非常普通的作品本身含有某些不能约减的东西，而它专属作者一人……这种不能约减的东西就是作者的人格，这种人格总是包含着某种独一无二的东西。甚至在笔记里也可以显示其个性。[2] 虽然这是美国联邦最高法院唯一将“人格”作为一个具有法律意义的概念加以使用的知识产权司法意见，[3] 但其影响却不可小觑。事实上，该案判决表明：只要创作者已经将某些主观性的东西带给了外部世界，该作品就应该受到保护。这就是霍姆斯所谓的“适当程度的艺术”。[4]

人格财产理论不仅对美国著作权法产生了影响，也影响了美国版权法和商标法。在版权法领域，在司法实践中第一部美国版权法之前的版权立法往往要援引自然权利的一些基本原则；19 世纪的美洲协议也常常援引自然公平而非公共利益的原则，以作为扩大版权保护的理性基础。[5] 在早期的商标法判例中，美国联邦最高法院最初拒绝授予商标以财产地位时，很大程度上是因为商标的创立没有明显的劳动成分。[6] 而如果采用霍姆斯的“适当程度的艺术”标准，无论何种表现形式的商标肯定会被认为是个人创作者的反映。因此，休斯推定，最终对商标给予保护时，这似乎是人格正当性理论这只看不见的手造成的。[7]

---

[1] Bleistein v. Donaldson，188 U. S.（1903）.

[2] Bleistein v. Donaldson，188 U. S. 250（1903）.

[3] ［美］贾斯汀·休斯．知识财产哲学［M］//杨才然，张萍，译．刘春田．中国知识产权评论（第 2 卷）．北京：商务印书馆，2006：89.

[4] ［美］贾斯汀·休斯．知识财产哲学［M］//杨才然，张萍，译．刘春田．中国知识产权评论（第 2 卷）．北京：商务印书馆，2006：91.

[5] ［美］保罗·戈尔斯坦．国际版权原则、法律与惯例［M］．王文娟，译．北京：中国劳动社会保障出版社，2003：7.

[6] ［美］贾斯汀·休斯．知识财产哲学［M］//杨才然，张萍，译．刘春田．中国知识产权评论（第 2 卷）．北京：商务印书馆，2006：91.

[7] ［美］贾斯汀·休斯．知识财产哲学［M］//杨才然，张萍，译．刘春田．中国知识产权评论（第 2 卷）．北京：商务印书馆，2006：92.

2.1.1.3 独占论对信息自由的影响

劳动财产理论和人格财产理论虽然在一定程度上能够鼓励人们创造和利用新的知识，为社会提供更多的智慧信息资源，但在证成知识产权正当性这一问题上，二者都缺乏足够的说服力，而且独占论最终会导致信息垄断。

对于人格财产理论，必须要指出的是，外在世界与内在精神世界是不同的，自由意志就不能以在精神世界中表现的财产形式得到贯彻。[1] 而且在这复杂的外在世界里，必然存在作为他人意志自由表现的财产权与作为自己意志表现的财产权，二者之间的联系与冲突不可避免，因而必须要考虑别人的财产权，对自己财产的利用行为进行一定限制。如果仅以自由意志的表现为依据，则势必导致将知识产权绝对化的观点，即导致智慧信息的绝对垄断，严重阻碍人们利用信息的自由。事实上，“具有自由意志的人格为了在物质性社会的外界中生活，拥有能够使用物质的财产权就足够了，除此以外的制约他人自由的知识产权并非不可缺少”。[2]

人格财产理论还留下一些纠缠不清的理论问题。如人格彰显程度问题。对此，休斯指出，即便我们能够可靠地觉察到一个人在什么时候对某个客体拥有“人格利益”，我们肯定会发现在不同的客体上人格得以彰显的程度也是不同的。而且，是否人格彰显得越多，就保证能够获得越多的财产权保护？[3] 人格财产理论显然无法给出令人满意的解释。再如，关于知识财产是否可以转让问题，虽然黑格尔允许转让复制件，甚至是进一步复制的权利，但他不赞同转让“那些构成我的人格的最隐秘的财富和我的自我意识的普遍本质的福利”或者“更确切地说，实体性的规定，是不可转让的”。[4] 人格财产理论也无力解释“实体性规定”为何不能转让的原因。[5]

更重要的是，黑格尔的人格财产理论还暗示了一种令人不安的可能性：知

---

[1] ［日］田村善之．日本现代知识产权法理论［M］．李扬，等，译．白巴根，铃木敬夫，审校．北京：法律出版社，2010：6.

[2] ［日］田村善之．日本现代知识产权法理论［M］．李扬，等，译．白巴根，铃木敬夫，审校．北京：法律出版社，2010：6.

[3] ［美］贾斯汀·休斯．知识财产哲学［M］//杨才然，张萍，译．刘春田．中国知识产权评论（第2卷）．北京：商务印书馆，2006：73.

[4] ［德］黑格尔．法哲学原理［M］．范扬，张企泰，译．北京：商务印书馆，1961：73.

[5] ［美］贾斯汀·休斯．知识财产哲学［M］//杨才然，张萍，译．刘春田．中国知识产权评论（第2卷）．北京：商务印书馆，2006：79-93.

识财产的演进可能会加剧而非解决贫困和经济发展方面的问题。[1] 依据黑格尔的理论，市民社会就是一个需求制度和法律制度在功能上的联合体，在其中，财产构成了他人得正式承认以及个体意志在物之中的具体化。[2] 所谓需求制度是指，个体拥有无限的人格发展的可能性，个体会永无止境地产生新的欲望。需求成为自生过程的一部分，整个过程都会受到要求同等满足的欲望以及同时要求人格的欲望的刺激，而需要满足的物是他人意志的外在产品。[3] 所谓法律制度是指，在市民社会，这些个体的主观意志产品将被作为财产而得到承认。财产从一种前法律的存在变为一种法定的存在形式。[4] 而且需要和手段的再生产是一个可以无止境地持续下去的过程，“依赖性和需求将无休止地增加”。智慧信息将愈加集中在少数人手中。穷人的需求却受到排斥，一则是因为满足需求的物已经成为他人所独占的财产；二则是因为取得财产只能通过契约的方式，而这又受到自身物质条件的限制。[5] 在这种情形下，穷人获取智慧信息乃至接触信息的难度越来越大。可见，通过自身的需求制度，市民社会在生产方面达到了越来越高的水平，但是却越来越难以从这个生产中受益，因为有越来越多的生产出来的东西受到财产权的保护。[6] 对此，威廉·费歇尔是一语中的：“人格财产理论有着‘家长制作风’，它在某种程度上并不顾及人们自己意愿而决定什么是‘对其有利的’，从而剥夺了个人的自由”。[7]

可见，知识财产给予人格以自身力量发生质变并从而将其自身予以扩张，这种扩张对物——科学思想、艺术、自然基因代码等几乎没有限定，并呈现出扩展到全世界的可能性。[8] 这种扩张的知识产权必然导致知识信息/智慧信息的集中和垄断，除少数人外，社会上更多的人接触智慧信息、获取智慧信息乃至利用智慧信息的难度大大增加，而这反过来又会影响智慧信息的生产和传播。人格财产理论虽然为知识产权的正当性提供一定的依据，却又导致更大的问题。

---

[1] ［澳］彼得·德霍斯．知识财产法哲学［M］．周林，译．北京：商务印书馆，2008：97.

[2] ［澳］彼得·德霍斯．知识财产法哲学［M］．周林，译．北京：商务印书馆，2008：98.

[3] ［澳］彼得·德霍斯．知识财产法哲学［M］．周林，译．北京：商务印书馆，2008：97.

[4] ［澳］彼得·德霍斯．知识财产法哲学［M］．周林，译．北京：商务印书馆，2008：97.

[5] ［澳］彼得·德霍斯．知识财产法哲学［M］．周林，译．北京：商务印书馆，2008：98.

[6] ［澳］彼得·德霍斯．知识财产法哲学［M］．周林，译．北京：商务印书馆，2008：99.

[7] ［美］威廉·费歇尔．知识产权的理论［M］//黄海峰，译．刘春田．中国知识产权评论（第1卷）．北京：商务印书馆，2002：36.

[8] ［澳］彼得·德霍斯．知识财产法哲学［M］．周林，译．北京：商务印书馆，2008：99.

劳动财产理论，虽然它为知识产权的产生并为促进智慧信息的生产和传播提供了一定的合理性解释，但已有学者开始注意到洛克提出劳动财产理论的前提条件，并由此推导出该理论解释知识产权的合理性不足的问题。

在洛克看来，因劳动获得财产，首先也是最重要的就是，除了在一些极端需要的情形下，任何人均负有不得伤害他人的义务，❶ 因为在自然状态下人人平等，所以我们对他人所负的义务也正是他人对我们所负的义务，我用以对抗他人的权利也正是他人对抗我时所拥有的权利。这种不被伤害的权利优先于其他自然权利。❷ 其次，“至少在还留有足够的同样好的东西给其他人所共有的情况下”，❸ 劳动才能导致对某物财产权的产生。这意味着任何人均可自由使用公共财产，自然法没有赋予任何人一种凌驾于他人无危害地使用其本人的成果或公共财产之上的请求权。❹ 再次，洛克认为，上帝造物是为了人类享用而非糟蹋或毁坏。❺ 这至少包含两层意思：任何人都有义务在极端需要时让他人分享他的资源（除了其身体外），只要被分享者自身的生存不因这样的分享而陷入危机；任何人都有义务和他人分享身体以外的、不分享就要腐烂或者浪费的资源。❻ 最后，既然“任何人均负有不得伤害他人的义务”，可以推导出：任何人均有义务不去妨碍他人在公共财产上通过劳动已占有或生产的资源。这项义务是财产权具有道德上的正当性的关键所在。❼ 可见，在洛克的劳动财产理论中，至少存在三种天生的“人类基本权利”：不受伤害的请求权，在极端需要时分享他人充足资源的请求权以及使用共有物的自由权。❽ 这三种“人类基本权利”的存在使得劳动财产理论解释知识产权具有正当性是困难的，因为一旦赋予劳动者对智慧信息享有绝对的所有权，则势必导致他人或者公众的

---

❶ ［英］洛克．政府论（下篇）［M］．叶启芳，瞿菊农，译．北京：商务印书馆，1964：22.

❷ Wendy J. Gordon. A Property Right in Self-Expression：Equality and Individualism in the Natural Law of Intellectual Property［J］. 102 Yale L.J. 1533：1541.

❸ ［英］洛克．政府论（下篇）［M］．叶启芳，瞿菊农，译．北京：商务印书馆，1964：18.

❹ Wendy J. Gordon. A Property Right in Self-Expression：Equality and Individualism in the Natural Law of Intellectual Property［J］. 102 Yale L.J. 1533：1541.

❺ ［英］洛克．政府论（下篇）［M］．叶启芳，瞿菊农，译．北京：商务印书馆，1964：20.

❻ Wendy J. Gordon. A Property Right in Self-Expression：Equality and Individualism in the Natural Law of Intellectual Property［J］. 102 Yale L.J. 1533：1541.

❼ Wendy J. Gordon. A Property Right in Self-Expression：Equality and Individualism in the Natural Law of Intellectual Property［J］. 102 Yale L.J. 1533：1542.

❽ Wendy J. Gordon. A Property Right in Self-Expression：Equality and Individualism in the Natural Law of Intellectual Property［J］. 102 Yale L.J. 1533：1542.

天生的“人类基本权利”受到损害。换言之，公众所享有的“人类基本权利”表明：即使劳动者享有的知识产权是有限度的，这种知识产权也不能损害他人的“人类基本权利”。据此，可以“得出限制个别权利人的知识产权——并给予公众广泛的知识产权的结论”。❶

而且，知识产权具有不同于一般财产权的客体抽象特性，这使得适用于解释一般财产权的劳动财产理论在论证知识产权的正当性时，难以提供有效的理论证成。

在洛克看来，上帝为了使人类利用“自然”，而将“自然”这种共有物给予人类，因此，在其腐烂之前，人们通过劳动在自然物的基础上生产出与之相区别的物品。然而，知识财产不同于有体物，其无形性的特点决定了知识产权这种形式即使不对他人的利用主张排他权，自己也能够加以利用，而且不会发生腐烂。❷ 更重要的是，人们既然对自身享有所有权，也就应当对自己身体的劳动和自己的双手所从事的工作享有所有权。这里所说的自身所有的原理，是指除了自己以外的人对于这个“自身”不得主张权利。而知识产权是一种直接或间接制约他人身体活动自由的权利，承认这一点，就和劳动所有权的理论基础——自身所有的原理相矛盾了。❸

即使承认劳动财产理论所宣称的劳动获得财产这一观点，洛克的这一理论也蕴含着重大的内在风险：为无限地扩大知识产权提供了正当性的依据。依据劳动财产理论，凡是通过劳动所创造的智力成果都有取得财产所有权的合理性和可能性，不论是抽象的思想还是客观的发现。❹ 事实上，不仅劳动财产理论，包括人格财产理论都为19世纪末20世纪初的知识产权扩张提供了重要的理论基础。正如有论者所指出：“19世纪行将结束之际，欧洲开始扩张版权的范围，而作者权就变成了战斗口号，自然权利则是其理论基础”。❺

总之，无论是劳动财产理论还是人格财产理论，其本质都是主张作者对其

---

❶ Wendy J. Gordon. A Property Right in Self-Expression: Equality and Individualism in the Natural Law of Intellectual Property [J]. 102 Yale L.J. 1533: 1539.

❷ [日] 田村善之. 日本现代知识产权法理论 [M]. 李扬, 等, 译. 白巴根, 铃木敬夫, 审校. 北京: 法律出版社, 2010: 4.

❸ [日] 田村善之. 日本现代知识产权法理论 [M]. 李扬, 等, 译. 白巴根, 铃木敬夫, 审校. 北京: 法律出版社, 2010: 4.

❹ 李扬, 肖志远, 朱理, 等. 知识产权理论和前沿问题 [M]. 北京: 法律出版社, 2004: 132.

❺ [美] 保罗·戈斯汀. 著作权之道——从谷登堡到数字点播机 [M]. 金海军, 译. 北京: 北京大学出版社, 2008: 142.

劳动成果或人格意志体现的产物享有绝对的财产权，即独占论。虽然有一些抵制者存在，但仍然不能阻挡独占论潮流，因为独占论更深地植根于国际资本主义的本性，植根于竞争条件下的资本主义的发展，植根于由这种竞争所引起的不确定性，以及植根于某些国家取得霸权地位的欲望等方面。[1] 由此，在思考知识财产的产生方面，独占论正在获得法律和意识形态上的优势。[2] 不过，独占论仅仅是一个动态中的信条，这意味着它尚未在知识财产的所有方面都取得支配地位。[3]

知识产权独占论对信息自由的影响是明显的。独占论观念对知识财产的影响正在扩张抽象物的私人所有权的范围。独占论的观点隐藏在知识财产扩张的背后。[4] 正如戈斯汀所言，“在著作权扩张主义的背后是这样一种道德感，即剥夺作者就其劳动所获得回报，以及允许后来者不劳而获，都是非正义的”。[5] 但“这种扩张正在威胁到消极自由的核心价值”。[6] 尽管知识产权与其他财产权一样都是消极权利，但它们之间有着重要区别，这种区别来自于知识产权和抽象物的关系，抽象物同样也可以被所有人获得。由此可能导致知识产权被他人干涉的模式比其他类型的权利严重得多。[7] 所有人享有抽象物财产权，就意味着任何个人的行动都要受到其他拥有权利的个人的限制。知识产权对他人自由的干涉更大，因为“抽象物是一种重要资源”，可以为所有人所占有，而且抽象物是“资本的一种形式”，并且“还是其他种类资本的通道”，“对所有类型的社会、文化、经济项目都至关重要”。[8] 德霍斯把知识产权这种使其有别于其他消极权利的特性称之为“能力抑制性”。由于知识产权所规范的是知识或者智慧信息的获取，以及对发展个人能力最为基础的其他资本的使用，[9] 因而独占论影响下的知识产权扩张可能会导致知识产权的“能力抑制性”力度更强，知识产权人以外的其他人获取、运用知识或者智慧信息将会遭遇越来越多的抑制，公众自由获取、运用信息的环境将会日益恶化。对此，肯斯·奥凯

---

[1] ［澳］彼得·德霍斯．知识财产法哲学［M］．周林，译．北京：商务印书馆，2008：212.

[2] ［澳］彼得·德霍斯．知识财产法哲学［M］．周林，译．北京：商务印书馆，2008：212.

[3] ［澳］彼得·德霍斯．知识财产法哲学［M］．周林，译．北京：商务印书馆，2008：212.

[4] ［澳］彼得·德霍斯．知识财产法哲学［M］．周林，译．北京：商务印书馆，2008：219.

[5] ［美］保罗·戈斯汀．著作权之道——从谷登堡到数字点播机［M］．金海军，译．北京：北京大学出版社，2008：31.

[6] ［澳］彼得·德霍斯．知识财产法哲学［M］．周林，译．北京：商务印书馆，2008：219.

[7] ［澳］彼得·德霍斯．知识财产法哲学［M］．周林，译．北京：商务印书馆，2008：219.

[8] ［澳］彼得·德霍斯．知识财产法哲学［M］．周林，译．北京：商务印书馆，2008：219-220.

[9] ［澳］彼得·德霍斯．知识财产法哲学［M］．周林，译．北京：商务印书馆，2008：220.

总结道，独占论是近几十年来国家和国际对于知识产权保护的范围得到极大扩张以及信息自由受到威胁的一个重要原因。因为独占论决定了知识产权的基本结构是一种“私有财产”模式，所以，知识产权被视为主要是私有的，这就允许知识产权人在这个领域审查和制止言论自由。❶

然而，如上所述，如果充分考虑到独占论特别是劳动财产理论的前提条件，就会发现，自然权利理论不仅与通过其劳动创造智慧产品的作者的权利有内在联系，也与公众的权利必然相关。自然权利不仅不是一件反信息自由的武器，反而是为信息自由提供肯定性保护的一个依据。❷ 但在知识产权产生和发展的历史过程中，这一重要的问题几乎被人们忽略了。

2.1.2 工具论与信息自由

2.1.2.1 工具论

工具论❸是一个有着不同意义的术语。工具论以功利主义为基础，❹ 强调法律和财产权都是一种工具，视财产为“达到目的的一种手段”，❺ 因此，私有财产的存在是为了实现全体公民的整体幸福或者功利的最大化，财产权利的分配与界定，是按照最有利于促进社会整体福利的方式进行的。❻ 换言之，“应当用财产来回报令人不愉快的劳动，因为人们必须获得从事劳动的激励”，“我们之所以要鼓励劳动是因为劳动能够增进公共福利。一旦我们认识到需要用财产来提供公共福利和工作的激励，我们就会将回报转化为权利”。❼ 依据

---

❶ ［美］肯斯·奥凯．知识产权法的赌注［M］//戴斯·凯瑞斯．法律中的政治．信春鹰，译．中国政法大学出版社，2008：185.

❷ Wendy J. Gordon. A Property Right in Self-Expression: Equality and Individualism in the Natural Law of Intellectual Property. 102 Yale L.J. 1533: 1535.

❸ 工具论也称为功利主义理论、效益主义理论或者激励理论，本书为了与独占论相对应，采用工具论。

❹ ［美］贾斯汀·休斯．知识财产哲学［M］//杨才然，张萍，译．刘春田．中国知识产权评论（第2卷）．北京：商务印书馆，2006：23.

❺ ［美］约翰·G. 斯普兰克林．美国财产法精解［M］．2版．钟书峰，译．北京：北京大学出版社，2009：16.

❻ ［美］约翰·G. 斯普兰克林．美国财产法精解［M］．2版．钟书峰，译．北京：北京大学出版社，2009：16.

❼ ［美］贾斯汀·休斯．知识财产哲学［M］//杨才然，张萍，译．刘春田．中国知识产权评论（第2卷）．北京：商务印书馆，2006：23.

工具论，立法者在设计财产权利时应以社会福利的最大化为目标，[1] 立法者的作用就是实施“对社会幸福而言最本质的东西”；违反这一点，所制定的就是恶法。[2]

工具论的实际意义在于，对知识产权法的解释将依据该法之目的有系统地进行，而不是依据所谓付出劳动和创造价值的非法意义上的回报预期应当得到保护这种漫无边际的道德观念进行。[3] 根据工具论，知识产权不过是一种特权，只是实现某一既定社会目标的一种手段，特权伴随着特权拥有者的义务，特权拥有者有义务以不损害特权最初授予的目的和方式行使这种特权。这些义务能够将实现最初设立该特权的目的的可能性最大化。如果说特权是实现某一既定社会目标的手段，那么伴随着特权的义务则构成了实现特权目的的手段，旨在促进目的即特权目标的实现。没有这种义务的存在，特权的授予将会造成自我矛盾，而且不设立义务将是非理性的。[4] 由此可见，与独占论相反，工具论具有一种中立性、客观性，特别是确定性的氛围。[5]

进而言之，在知识产权领域贯彻工具论，促进社会福利的最大化，则“要求立法者在以排他性权利之力激励发明与艺术作品创造的同时，对这种权利限制公众享用那些创造物的倾向予以控制并力求在二者之间实现一种最佳平衡”。[6]

工具论对知识产权的立法与司法产生了重大影响。1709 年的《安娜法案》虽然赋予作者等对文学作品享有财产权，但该法案是个多种理论的混合体，工具论观点明显在其中占据了重要地位。《安娜法案》全称为《于法定期间授予被印图书原稿之作者或购买者复制原稿权以促进知识之法》，[7] 这一标题历经

---

[1] ［美］威廉·费歇尔．知识产权的理论［M］//黄海峰，译．刘春田．中国知识产权评论（第 1 卷）．北京：商务印书馆，2002：2.

[2] ［美］约翰·G. 斯普兰克林．美国财产法精解［M］．2 版．钟书峰，译．北京：北京大学出版社，2009：16.

[3] ［澳］彼得·德霍斯．知识财产法哲学［M］．周林，译．北京：商务印书馆，2008：227.

[4] ［澳］彼得·德霍斯．知识财产法哲学［M］．周林，译．北京：商务印书馆，2008：228.

[5] ［美］威廉·费歇尔．知识产权的理论［M］//黄海峰，译．刘春田．中国知识产权评论（第 1 卷）．北京：商务印书馆，2002：36.

[6] ［美］威廉·费歇尔．知识产权的理论［M］//黄海峰，译．刘春田．中国知识产权评论（第 1 卷）．北京：商务印书馆，2002：2.

[7] 《安娜法案》的英文全称为 *An Act for the Encouragement of Learning, by vesting the Copies of Priinted Books in the Authors or Purchasers of such Copies, during the Times therein mentioned*。

多次修改才最终确定下来。❶ 虽然该法最初版本确认作者对“作为他的知识和劳动的作品”享有“无可争议的财产权”，而且法案也没有对这种财产权施加任何时间限制，但最终版本删除了“无可争议的财产权”一语。❷《安娜法案》第 1 条更是明确了立法的目的是“促进知识”，立法之所以要赋予作者的文学作品财产权，是为了促进人类社会知识的创造和传播，确定文学作品财产权只是一种手段，不是目的，私人文学作品财产权与社会公共福利之间必须保持平衡，《安娜法案》所规定的权利存续期限为 14 年等内容，均表明：为了“促进知识”，必须对这种新型财产权进行多方面的限制。

《安娜法案》直接影响了美国的知识产权立法，不仅美国各州早期的知识产权立法均是以《安娜法案》的语言为基础，❸ 而且直接影响了美国知识产权立法的内容。工具论不仅在“美国财产法中占统治地位”，❹ 而且，在“显然已经涉及美国著作权和专利权的官方声明中处于支配性地位”。❺ 美国宪法中的著作权和专利权条款均是用工具论的术语来打造的，美国国会之所以被授权创设知识产权，是“为了促进科学和有用的人文科学的发展”。强调“有用的人文科学”突出了立法的商业意图及其背后实用主义的理念。❻ 美国联邦最高法院也秉持这种观点，即需要用财产权来激发构思。❼ 正如保罗·戈斯汀所言，美国的著作权文化在本质上也属于功利主义。它所关注的并不是作者或者作品存在与否，而是要问著作权是否为确保信息和娱乐产品的生产与传播所必需。❽

在我国，工具论在知识产权法中也占据了统治地位。我国《著作权法》《商标法》和《反不正当竞争法》均在第 1 条明确规定，之所以要保护著作

---

❶ 易健雄．技术发展与版权扩张［M］．北京：法律出版社，2009：37.

❷ 李扬，肖志远，朱理，等．知识产权理论和前沿问题［M］．北京：法律出版社，2004：126.

❸ ［美］贝帝格．版权文化：知识产权的政治经济学［M］．沈国麟，韩绍伟，译．北京：清华大学出版社，2009：24.

❹ ［美］约翰·G. 斯普兰克林．美国财产法精解［M］．2 版．钟书峰，译．北京：北京大学出版社，2009：16.

❺ ［美］贾斯汀·休斯．知识财产哲学［M］//杨才然，张萍，译．刘春田．中国知识产权评论（第 2 卷）．北京：商务印书馆，2006：23.

❻ ［美］苏珊·K. 塞尔．私权、公法——知识产权的全球化［M］．董刚，周超，译．北京：中国人民大学出版社，2008：59.

❼ Zacchini v. Scripps-Howard Broadcasting Co.，433U. S.（1976）.

❽ ［美］保罗·戈斯汀．著作权之道——从谷登堡到数字点播机［M］．金海军，译．北京：北京大学出版社，2008：157.

权，是为了促进社会主义文化和科学事业的发展与繁荣；之所以要保护商标权，是为了保障消费者，促进社会主义市场经济的发展；之所以要保护经营者的利益，是为了保障社会经济秩序。

当然，必须要指出的是，原苏联等社会主义国家（包括我国改革开放前）的奖励发明创作制度，实质上是过于倾向于社会公共福利目的，而完全忽视了对智力创造者权利和利益的保护，个人创造者的特权几乎被剥夺，而这又导致了对创造者的激励不足，最终影响了有价值信息的生产和传播。这显然又走向了另一个极端工具论。

工具论也可以为知识产权的扩张提供某种解释。随着享有作者权作品的市场扩大，一种平衡兼顾的激励制度要求把著作权也扩张至这些新兴市场。[1] 与独占论不同，独占论导致的是知识产权的绝对扩张，而工具论则主张"知识财产将被置于某种更广泛的道德理论与价值体系的环境中"，[2] 知识产权的扩张必须要同时促进社会福利的最大化。戈斯汀则从经济分析的角度得出了同样的结论："财产权的逻辑表明，人们在哪里能够从文学艺术作品中获得享受与价值，就要把财产权扩展至哪里。若不对此赋予财产权，就会剥夺生产者获得其据以决定并指导投资方向的关于消费者偏好的信号。从这个视角观察，英国和美国两百年来的实践直觉和经济分析，就与欧洲大陆所产生的自然权利理论得出了完全相同的结论：只要许可使用的谈判成本不至于过高，著作权就应当扩展于经济价值的每一个角落。"[3]

然而，在立法和司法实践中，工具论推理往往过于直线化，这也为知识产权近乎绝对的扩张提供了理论支持。对此，肯斯·奥凯作了精彩的分析："与最初的为了鼓励和促使凝聚在作品中的思想的流传的目的相反，目前的美国知识产权法逐渐地将控制信息的独占性权利让渡给某些群体，这与'作者的创造性表达'形成了对照。部分是由于知识产权法律和政策对在很大程度上毫无疑问的并且到处存在的'作者推理'的介入，法庭和立法机构都不断错误地进行着对于知识产权的过分保护。他们的推理过于直线性了：如果一定水准的知识产权权利激励智力作品的流通和创作，那么更强烈更广泛的知识产权保

---

[1] ［美］保罗·戈斯汀．著作权之道——从谷登堡到数字点播机［M］．金海军，译．北京：北京大学出版社，2008：142.

[2] ［澳］彼得·德霍斯．知识财产法哲学［M］．周林，译．北京：商务印书馆，2008：230.

[3] ［美］保罗·戈斯汀．著作权之道——从谷登堡到数字点播机［M］．金海军，译．北京：北京大学出版社，2008：147.

护将会促进更多的流通和创造。”❶

2.1.2.2 工具论对信息自由的影响

工具论要求对公共目标与知识财产的作用有一个非常清晰的概念。❷ 知识财产拥有者对知识或智慧信息的占有和支配不是绝对的，知识产权的客体范围、权利内容、保护期限和保护强制措施都应该受社会公共福利目标的约束，知识产权人有义务保证公众有获取受知识产权保护的知识或信息的自由。这至少表明工具论在一定程度是可以保障信息自由的，而不是像独占论那样促使着知识产权不断地扩展，从而妨碍公众自由地获取知识或者信息。

虽然工具论对信息自由有一定的保障作用，而且工具论在各国知识产权立法中占据了统治地位。然而，抽象物上的知识财产与公共福利目标的界限却是模糊的。随着技术的快速发展，人们创造知识特别是利用知识的效率不断提高，这客观上推动了抽象物上的知识产权的扩张，过于直线化的工具论也往往成为知识产权不断扩张的一个理论接口。技术的发展也提供了新的巨大的利益增长点，这诱使强大的跨国公司以及利益集团不断介入，知识产权立法的背后总是隐藏着形形色色的利益集团，各国知识产权法首条中所宣称的追求“公共福利”目标，在具体的法律条款中不断被削减，知识产权呈现出强劲的扩张趋势，知识或者智慧信息越来越集中到少数垄断资本手中，公众获取、利用知识或者信息的成本越来越高，穷人获取、利用信息的自由几乎被剥夺。

2.2 知识产权保护与信息自由的权利冲突论

对信息的知识产权保护与信息的自由获取犹如一架马车上的两个轮子，信息的自由获取代表了社会公共福利，知识产权则代表了创作人或者投资人的利益。二者缺一不可，且应保持平衡协调状态，否则即会影响乃至阻止这架马车的行驶。但实际上，信息的知识产权保护与信息的自由获取的边界始终是模糊的，随着技术的发展和资本的介入，对信息的知识产权保护不断拓展原有的模

❶ ［美］肯斯·奥凯．知识产权法的赌注［M］//戴斯·凯瑞斯．法律中的政治．信春鹰，译．北京：中国政法大学出版社，2008：191.

❷ ［澳］彼得·德霍斯．知识财产法哲学［M］．周林，译．北京：商务印书馆，2008：230.

糊界限，自由信息获取的边界不断被缩小，二者之间的冲突愈加明显。

2.2.1 权利冲突论的一般原理

2.2.1.1 权利冲突的含义和原因

权利冲突就是指两个或者两个以上的合法权利，因法律未对它们之间的关系作出明确的界定而导致的权利边界的不确定性、模糊性，而引起的它们之间的不和谐状态、矛盾状态。❶ 本书持一种模糊的开放式的界定，将公共权力、社会整体利益、获得权利的程序性权利等均包括在权利冲突的“权利”理解之中。❷

一般认为，权利与权利之间的界限是清晰的，这意味着依法界定并保护他人合法权利时，也就是界定和保护了他人的权利。然而权利是交叉重叠的，在两个权利之间无法找到一个互不侵犯的界限。❸ 权利是法律所确认和保护的合法利益。而利益是基于资源的稀缺而生成和存续的，利益本身就蕴含着冲突的可能性。❹ 因为这种利益均是全体社会成员所必需的利益，不可能完全否定一方利益以保护他方利益。而且即使是对他人利益造成损害的行为，也往往是另一种有益行为的必然产物，而这种损害行为不可能从根本上予以消灭。❺ 因而权利之间难免出现利益相悖而发生冲突的情景。

具体而言，权利之间发生冲突是由权利自身的特性所决定的。权利主体在自己为一定行为或者不为一定行为，或者要求他人为或不为一定行为时，仅以自己享有法律上的权利即可自足，而无须寻找其他法律以外的根据，权利即权利人行为的最高和最终认可的根据。因而权利具有自因性。而且权利在实现自己的过程中，并非是自足的，不能够自己实现自己，满足自己的要求，总要涉及一个“他”，必须要求他人不得为某种行为或者必须为一定行为。因而权利

❶ 王克金．权利冲突论——一个法律实证主义的分析［J］．法制与社会发展，2004（2）：45.

❷ 李友根．权利冲突的解决模式初论［M］//浙江大学公法与比较法研究所．公法研究．北京：商务印书馆，2002：287.

❸ 苏力．戏仿的法律保护和限制——从《一个馒头引发的血案》切入［J］．中国法学，2006（3）：7.

❹ 任广浩，叶立周．论权利冲突——以利益冲突为线索的考察［J］．河北法学，2004（8）：72.

❺ 李友根．权利冲突的解决模式初论［M］//浙江大学公法与比较法研究所．公法研究．北京：商务印书馆，2002：289.

也具有涉他性。权利在实现过程中，必须要排除外在的阻碍，不仅要排除他人违反其对自己的义务而侵犯权利主体的权利，还要排除其他与自己指向同一对象而性质上对立的权利的实现。这表明权利具有排他性。由于人类认知的有限性、人类语言表达的模糊性，❶ 特别是法律本身的抽象概括性所导致的法律的不精确性、开放结构、不完整性、不可通约性以及不可测度性等属性，❷ 使得权利与权利之间的边界也是模糊的，具有可争辩性。权利的上述特性决定了：当两个不同的权利主体为一定行为同时涉及相同的利益时，二者之间的冲突就不可避免了。

2.2.1.2 权利冲突的表现形态

权利冲突至少呈现这样两种形态：性质和地位相同的权利之间的冲突与性质和地位相异的权利之间的冲突。

权利是有序列的。依据权利的性质和地位，可以将权利划分为基本权利与非基本权利。基本权利是指由国家宪法所确认和保护的权利，包括基本的政治权利、人身权利和经济权利，宪法未作规定而由其他法律所确认和保护的权利则是非基本权利。一般而言，基本权利在地位上优先于非基本权利。在基本权利序列中，政治权利和人身权利则优先于经济权利。

性质和地位相同的权利之间的冲突包括基本权利之间的冲突和非基本权利之间的冲突。宪法上规定的基本权利以不同的形态与其他基本权利的规定保持一定的联系，并不是以孤立的形式存在。基本权利之间的相互联系在一定条件下导致基本权利的摩擦与矛盾。❸ 从本质上来说，基本权利的冲突乃是两种对立的宪法价值规范要求的同时存在并相互竞争；这时必然要有一方的基本权利主张作适当的退让和妥协，以维系宪法价值体系的和谐与稳定。❹ 基本权利之间的冲突通常包括政治权利与人身权利之间的冲突，如信息自由与人格权；政治权利与经济权利之间的冲突，如信息自由与知识产权；人身权利与经济权利之间的冲突，如隐私权与知识产权。基本权利之间的冲突通常事关社会公共利益与个人私有利益之争，因而较之其他类型的权利冲突更能引起关注。

---

❶ 王克金．权利冲突论——一个法律实证主义的分析［J］．法制与社会发展，2004（2）：50-57.

❷ ［英］蒂莫西·A.Q. 恩迪克特．法律中的模糊性［M］．程朝阳，译．北京：北京大学出版社，2010：41-74.

❸ ［韩］权宁星．基本权利的竞合与冲突［J］．韩大元，译．外国法译评，1996（4）：76.

❹ 郑旭文，徐振东．基本权利冲突及其解决基准［J］．大连海事大学学报：社会科学版，2009（3）：69.

非基本权利之间以及基本权利与非基本权利之间也同样存在冲突。但这两种类型的权利冲突相对容易协调平衡，因为权利之间的价值位阶不同。因此，本书重点分析基本权利之间冲突的解决模式。

2.2.1.3 权利冲突的解决模式

对于上述基本权利之间的冲突，学者们提出了不同的解决方法。有学者提出了五种解决模式[1]：①增加利益资源；②设定义务限制；③确立权利位阶性；④确定权利先后性；⑤权利的交易。第一种模式因受物质资源、效率、文化等因素的制约，所适用的领域是有限的。第二种模式强调通过设立权利人“容忍合理损害的义务”来界定权利的边界而解决权利冲突，但当法律未明确界定权利的边界或者界定不合理时，这种模式就不足以适用了。第三、第四种解决模式强调基本权利的位阶秩序，有一定的合理性。然而这两种模式都存在相当严重的问题：宪法文本没有对基本权利的优先顺序作出规定，位阶秩序理论基本上是理论论证，而非基于宪法文本分析的法解释学论证。而且，即便有优先的权利，这种优先也不是绝对的。[2] 在实践中，往往要借助司法机关的价值判断。所谓具有更高价值的基本权利只可能是法官依据自己的主观偏好推导出来的。[3] 第五种模式属于市场模式，强调个人之间的协商解决。但一旦交易成本较高，这种模式便不适用。

更多的学者则主张适用利益衡量模式来解决基本权利之间的冲突。利益衡量模式认为，基本权利冲突是非常抽象层次的价值冲突或者原则冲突，很难给出抽象的解决基本权利冲突的一般规则，因此，当在实践层面发生基本权利冲突的时候，特别是在缺乏一个明确的基本权利位阶秩序的情况下，应该由法官综合考虑该案件中的所有情况，作出合乎现况的利益衡量。[4] 具言之，利益衡量乃在发现立法者对各种问题和利害冲突所作出的可能意思表示，表现在法律秩序内，由法律秩序可观察而得知立法者的价值判断。[5] 拉伦茨也持这种主张，强调一旦利益冲突发生，“司法裁判根据它在具体情况下赋予各该法益的

---

❶ 李友根．权利冲突的解决模式初论［M］//浙江大学公法与比较法研究所．公法研究．北京：商务印书馆，2002：289-306.

❷ 张翔．基本权利冲突的规范结构与解决模式［J］．法商研究，2006（4）：98.

❸ 郑旭文，徐振东．基本权利冲突及其解决基准［J］．大连海事大学学报：社会科学版，2009（3）：71.

❹ 张翔．基本权利冲突的规范结构与解决模式［J］．法商研究，2006（4）：99.

❺ 杨仁寿．法学方法论［M］．北京：中国政法大学出版社，1999：175.

'重要性'，来从事权利或法益的'衡量'。"[1] 这个模式的优点在于它的实用性。[2] 然而这一模式的适用范围是有限的，只有"在不受先已存在的规范和原则的指导的相互冲突的利益间进行选择时，"[3] 才适用价值衡量。而且，法官的利益衡量虽然有一定标准，却很难确定，由于个案衡量论者无法给出比较和评价不同利益的客观标准，因而个案衡量显得相当神秘和难以琢磨，这使得司法裁判过多服从于法官的主观判断，[4] 个人的情绪、嗜好和偏爱对司法裁判有着非常大的影响。

上述基本权利冲突解决模式各有优缺点，在取其优点舍其不足的基础上，本书提出如下解决模式：

第一，确定基本权利的位阶秩序。在基本权利发生冲突时，司法机关衡量宪法所规定的基本权利体系背后的利益，优先适用被认为具有较高位阶的基本权利，从而排除较低位阶的基本权利。一般认为，以公共利益为取向的基本权利，应优先于以个人利益为取向的基本权利；政治性、公共性的意见自由位阶较高，而追求私利及经济利益为目的的自由位阶较低；人之"精神政治性活动"以及人之"精神心灵领域"之基本权利位阶较高；非物质方面的基本权利应优先于物质方面的基本权利。[5] 确定了基本权利的位阶秩序，也意味着低位阶的基本权利必须容忍高位阶的基本权利所进行的侵犯。但这却不能解释高位阶的基本权利对低位阶的基本权利所应有的基本尊重。

第二，利益衡量。利益衡量其实与基本权利位阶秩序的衡量是共通的，因为权利之间的冲突实质上就是权利价值之间的冲突，以法价值取向的衡量作为解决基本权利冲突的方式，"首先取决于——依基本法的'价值秩序'——于此涉及的一种法益较他种法益是否有明显的价值优越性"。[6] 但与基本权利位阶秩序模式不同的是，利益衡量模式并非依据基本权利的位阶秩序，而是综合考虑个案中的所有情形，对基本权利之间的冲突作出合理的选择。如果说基本权利位阶秩序模式是为高位阶的基本权利提供充分的保护，那么利益衡量模式

---

[1] ［德］拉伦茨．法学方法论［M］．陈爱娥，译．台北：台湾五南图书出版公司，1996：313.

[2] 张翔．基本权利冲突的规范结构与解决模式［J］．法商研究，2006（4）：99.

[3] ［美］E. 博登海默．法理学——法律哲学与法律方法［M］．邓正来，译．北京：中国政法大学出版社，1999：502.

[4] T. Alexander Aleinikoff. Constitutional Law in the Age of Balancing. 96 Yale L.J. 94：972－996，1005，944.

[5] 陈怡凯．基本权之冲突——以德国法为中心［D］．台北：台湾大学，1995：142.

[6] ［德］拉伦茨．法学方法论［M］．陈爱娥，译．台北：台湾五南图书出版公司，1996：285.

不仅为高位阶的基本权利保护提供一种选择，同时也为低位阶的基本权利得到高位阶基本权利的必要尊重提供了一种可能。

2.2.2 知识产权保护与信息自由的权利冲突论

如前所述，知识产权是一种信息财产权。这意味着知识产权虽是一种财产权，但这种“财产”却不是有形物，而是被称为无形物或信息的东西。这使得知识产权保护存在一个基本问题。因为知识产权与信息和知识相关，而信息和知识是由许多人长期积累起来的，很难找出哪一个人究竟促成了哪些知识的产生。想法是由相关的人或事物引起的，而所有的想法之间的界限是模糊的。因此很难界定知识产权所有权的范围。在商业社会，是法律的力量而不是道德上享有的权利决定其界限。[1] 而且信息并不必须是一个私有商品，法律必须充分平衡竞争者、消费者的利益与信息创造者的利益，所有权可能并不是最适合于构建信息权利。[2] 因为知识产权客体的无形性决定了知识产权不具备类似有体物的物理性利用这样的限制，因而也就不存在针对权利扩张的限制，知识产权天生就具有在国际上无限制扩散的危险性，[3] 甚至这种结构“逐渐损害了传统的领土和主权政治概念”，“侵蚀了国家和主权领域”。[4] 正如肯斯·奥凯所言，随着智力作品间的类别差异逐渐消失，成为那种可以为人们所拥有的、相应信息，一些重要的东西就会被人们漠视或者变得模糊不清。[5] 布拉德·谢尔曼和莱昂内尔·本特利也同样强调了知识产权的这一特性：“同样为人们所承认的是，智力劳动上的财产并不限于那时存在的权利，而是扩张性的，至少从可能性上来说，包括所有种类的无体物”。[6]

---

[1] ［澳］彼得·达沃豪斯，约翰·布雷斯韦特．信息封建主义［M］．刘雪涛，译．北京：知识产权出版社，2005：29.

[2] R. Grant Hamond. Quantum Physics, Economic Models and Property Rights to information. McGill Law Journal, 1981 (Vol. 27, No. 1): 53.

[3] ［日］田村善之．日本现代知识产权法理论［M］．李扬，等，译．白巴根，铃木敬夫，审校．北京：法律出版社，2010：编者中文版序.

[4] ［美］肯斯·奥凯．知识产权法的赌注［M］//戴斯·凯瑞斯．法律中的政治．信春鹰，译．北京：中国政法大学出版社，2008：191.

[5] ［美］肯斯·奥凯．知识产权法的赌注［M］//戴斯·凯瑞斯．法律中的政治．信春鹰，译．北京：中国政法大学出版社，2008：193.

[6] ［澳］布拉德·谢尔曼，［英］莱昂内尔·本特利．现代知识产权法的演进［M］．金海军，译．北京：北京大学出版社，2006：52.

而且，所谓的无形物或者信息，并不是与人的行为相隔离而存在的“物”，而是指作为作品、商标的利用行为等人的观念和理念上的人的行为模式。因此，知识产权法并不是针对特定“物”设定排他权的法律，该法应该被理解为是对人的行动自由予以制约的规则，认可这种权利，人的言行自由则可能会受到更多的约束。[1] 由此可见，知识产权的单一特征和它促进信息和观念流动的结构性目标之间一直存在一种张力，知识产权的排他性可以导致知识产权系统的创造者预想相反的结果，可能加深信息富有者和信息贫乏者之间的鸿沟。[2]

虽然在知识产权法的传统观念中，达成了这样一种平衡，这种平衡是在保护作者的表达作品，以及既要求这种标志在商业上得到使用又不可能混淆消费者之间形成的，[3] 这至少保持了知识产权所保护的私有利益与信息自由所保障的公共利益之间的相对平衡。然而，随着技术的发展和资本的不断介入，知识产权的所有人身份开始发生转变，资本所有人成了新的知识产权所有者，知识产权法只不过是资本所有者审查信息创造和流通、压制信息表达的工具，资本所有者“正在觊觎着一个巨大的领域，其中公共的短语、词语、思想和其他信息仍然是无主的”。[4] 正如贝蒂格所言，传播系统的垄断结构能使信息富有者和信息贫乏者之间的鸿沟越来越宽，新的传播技术与这个垄断结构的结合减少了知识和艺术创造活动多样化的可能性，[5] 知识产权“更大的危险在于它对自由的威胁”。[6] 由此可见，保护知识产权在客观上会阻碍信息的自由流动与创新的繁荣发展，此种论点是合乎逻辑的。[7]

而且，不同于积极、具体的知识产权，信息自由则是一种消极的权利，也

---

[1] ［日］田村善之．日本现代知识产权法理论［M］．李扬，等，译．白巴根，铃木敬夫，审校．北京：法律出版社，2010：编者中文版序．

[2] ［美］贝帝格．版权文化：知识产权的政治经济学［M］．沈国磷，韩绍伟，译．北京：清华大学出版社，2009：7．

[3] ［美］肯斯·奥凯．知识产权法的赌注［M］//戴斯·凯瑞斯．法律中的政治．信春鹰，译．北京：中国政法大学出版社，2008：193．

[4] ［美］肯斯·奥凯．知识产权法的赌注［M］//戴斯·凯瑞斯．法律中的政治．信春鹰，译．北京：中国政法大学出版社，2008：193．

[5] ［美］贝帝格．版权文化：知识产权的政治经济学［M］．沈国磷，韩绍伟，译．北京：清华大学出版社，2009：7．

[6] ［澳］彼得·达沃豪斯，约翰·布雷斯韦特．信息封建主义［M］．刘雪涛，译．北京：知识产权出版社，2005：3．

[7] ［美］约翰·冈茨，杰克·罗切斯特．数字时代盗版无罪［M］．周晓琪，译．北京：法律出版社，2008：196．

是一种抽象的权利。虽然信息自由权应当比个人的为获取利润而控制其产品的权利更为重要，但这种抽象化的政治权利在与具体化的知识财产所有权的一对一的对抗中，具体化的东西往往比抽象化的更有优势。这使得政治性权利之重要性作为一个更宽泛的原理，往往就在法律混战中败下阵了。[1] 宪法所预想的可利用的丰富信息已不再成为现实，知识产权所有者的私有利益胜过了信息自由的公众利益。

虽然不断扩张的知识产权会极大地干扰公众的信息自由，但知识产权是一个“权利束”，是由版权、商标权以及专利权等一系列权利组成的，这些权利因各自的不同特性而呈现出对公众信息自由的不同干扰程度。版权因其文学艺术作品客体而与公众的信息自由之间产生非常密切的关系，既有促进信息自由的一面，也有压制信息自由的一面。商标权因其对商标的语言符号特征而产生的专有，也在一定程度上妨碍了公众的信息自由，但多表现为对公众的商业信息自由的妨碍。反不正当竞争规制因其规制包括竞争者、消费者的商业行为而在某种程度上会影响公众的商业信息自由。而专利权主要是禁止他人制造、使用、销售专利产品等行为，一般而言，不会与信息发生冲突。[2] 但专利权中的允诺销售权则可能涉及信息自由。由于允诺销售通常采用广告这一典型的商业言论形式，商业言论又属于美国宪法第一修正案和《欧洲人权公约》所保护的范围，因而授予专利权人允诺销售权，实际上专利权人就有权禁止他人采用广告等商业言论形式来推销可被授予专利的发明的行为。[3] 在商业言论受到有限保护的情况下，则可能会在专利权中的允诺销售权与商业信息自由之间产生一种比较微妙的关系。

考虑到版权、商标权以及不正当竞争规制对信息自由的影响较大，而且作品实际上就是商品，商标权保护及不正当竞争规制的都是商品或服务的正当经营，可以说版权、商标权以及不正当竞争规制本质上保护的都是真正拥有市场

---

[1] ［美］约纳森·罗森诺，等．网络法——关于因特网的法律［M］．张皋彤，等，译．北京：中国政法大学出版社，2003．45．

[2] Andrew Beckerman-Rodau. Prior Restraints and Intellectual Property：The Clash between Intellectual Property and the First Amendment from an Economic Perspective. Fordham Intellectual Property，Media & Entertainment Law Journal/Fall，2001：33.

[3] Andrew Beckerman-Rodau. Prior Restraints and Intellectual Property：The Clash between Intellectual Property and the First Amendment from an Economic Perspective. Fordham Intellectual Property，Media & Entertainment Law Journal/Fall，2001：35.

的任何商品、商誉。[1] 因此，本书集中就版权、商标权与不正当竞争规制与信息自由的冲突展开论述。

2.2.2.1 版权保护与信息自由的权利冲突论

关于版权与信息自由的关系，美国学者曾有一个极其恰当的比喻说明："版权与言论自由权可以被视为一枚硬币的正反面，前者是所有权的问题，后者是社会的政治权利。它们紧密联系在一起，因为两者都涉及信息流通，前者的利益在于获利，而后者的利益在于自由。然而，利益动机并不是完全可靠的监控器。正如运河中的水阀，它可能便利信息流通，也可能事实上阻碍了流通。"[2] 版权与信息自由的这种"相反相成"[3] 关系源于二者都有着共同的客体。版权保护的是文学艺术作品，是文学艺术信息的表达形式。而这种文学艺术信息的表达形式同时也是信息自由的一个重要内容。赋予作者享有其文学艺术作品的版权，至少会有这样的双重效应：一是会鼓励人们去自由创作，这本身构成了信息自由的一个表现形式，而且因受到激励而创作出来大量文学艺术作品，就会增加整个社会的文学艺术信息总量，为公众接触、利用这些信息提供了可能性，从而会促进信息自由。如果创作者不能在法律上控制他们自己智力产品的命运，他们就会失去将这种具有公共属性的产品投放到网络交流中去的动力。[4] 二是版权本身构成了对信息自由的"审查"，[5] 这是版权之所以能导致"寒蝉效应"的重要原因。[6] 版权本质上属于一种具有垄断性质的权利，具有垄断性质的权利如果其设定、配置和行使不当，都会给社会带来极大的负面效应。[7] 而且，版权不同于其他的商标权和反不正当竞争规制，它直接触及在文化、经济以及政治价值——文学艺术的愿景、自由市场的承诺、言论自由的

---

[1] ［美］劳伦斯·M. 弗里德曼. 美国法律史［M］. 苏新彦，等，译. 北京：中国社会科学出版社，2007：471.

[2] ［美］莱曼·雷·帕特森，［美］斯坦利·W. 林德伯格. 版权的本质：保护使用者权利的法律［M］. 郑重，译. 北京：法律出版社，2015：100.

[3] 宋慧献. 版权保护与表达自由：冲突与协调［M］//吴汉东. 知识产权年刊（2006 年号）. 北京：北京大学出版社，2007.

[4] ［美］保罗·爱德华·盖勒. 广重诉凡·高：版权侵权法律救济中版权保护范围悖论的解决［J］. 张晓都，译. 郑成思，校. 环球法律评论，2000（3）：65.

[5] Netanel. Neil Weinstock. Copyright's Paradox［M］. Oxford University Press，2008：111.

[6] Netanel. Neil Weinstock. Copyright's Paradox［M］. Oxford University Press，2008：116.

[7] 胡光志，雷云. 版权、表达自由与市民社会［J］. 法学评论，2008（2）：46.

传统——上的冲突。❶ 这种冲突表现在两方面：其一，作为商业机构的出版商在作品的出版过程中，肯定会选择那些具有较好营销渠道的作品的发行。这样，就很可能使某些具有重大学术价值但没有商业性的作品无法出版。由此，那些重要的信息就无法被公众获得。其二，作品一旦出版，读者们增加了获得作品信息的机会。但是，授予作者的版权这一激励机制对表达造成了一种人为的垄断，它把那些一文不名的用户驱逐出了思想市场。❷ 简言之，赋予作者以版权专有权控制作品，就意味着公众所获取的作品信息均受到了版权人的控制，未经作者或者所有人的许可，任何人不能获取版权所保护的作品，也不得进行该作品的任何复制、传播等行为，更不能随意模仿、续写和改写。特别是版权之禁止权，如果版权人因他人批评其作品而予以禁止，则将会导致公共讨论远离社会公众，就会构成公众信息自由的有效审查，❸ 从而阻碍其他创作者在他们作品的基础上进一步从事新的创作，以及阻碍把这些进一步创作的作品投放到社会中去。❹

虽然赋予作者版权的目的是促进科学文化艺术的进步，因而版权受到了一些限制，然而这些限制又不断地为反限制所限制。随着版权客体范围和权利内容的不断扩大、保护期限的不断延长、版权侵权救济措施的愈加严厉，公共领域的范围则不断缩小，公众获取和利用作品的境况则愈加困窘。正如彼得·达沃豪斯等所指出，当著作权人威胁录音机和录像机等音像技术的生产商们要提高图书馆和大学教材价格的时候，当著作权人通过超长的著作权保护期而使公众无法得到许多资料的时候，我们能够交换、获得及讨论信息的利益就受到干预，而公众交换、传播和交流信息是民主发展的根本之路。如果社会把信息产品的定价特权赋予知识产权权利人，那么赋予得越多，公民获取的信息就越有限。❺ 综上，考虑到作为版权信息规制版权法所具有的双重效应，如何保护版权与限制版权——即如何平衡版权保护与信息自由的冲突——始终是一个难

---

❶ ［美］保罗·戈斯汀．著作权之道——从谷登堡到数字点播机［M］．金海军，译．北京：北京大学出版社，2008：30.

❷ P. Goldstein.. Copyright and the First Amendment ［J］. 70 Columbia Law Review, 1970: 1989.

❸ Pamela Samuelson. Copyright and Freedom of Expression in Historical Perspective ［J］. 10 J. INTELL. PROP. L.319, 2003: 323.

❹ ［美］保罗·爱德华·盖勒．广重诉凡·高：版权侵权法律救济中版权保护范围悖论的解决［J］．张晓都，译．郑成思，校．环球法律评论，2000（3）：65.

❺ ［澳］彼得·达沃豪斯，约翰·布雷斯韦特．信息封建主义［M］．刘雪涛，译．北京：知识产权出版社，2005：4.

题。如果版权法则不太严厉，版权对于促进新作品向社会的反馈是没有效率的；如果这种法则过于严厉，对于所需要的反馈来说，版权就会变得事与愿违。❶

鉴于目前已有一些文献分析了版权与信息自由的这种双重关系，❷ 而未就版权与信息自由的冲突展开更深入的分析，本书则集中分析版权与信息自由的冲突的种种表现形态。

版权与信息自由的冲突至少表现出以下五种形态：

（1）权利客体之间的冲突。

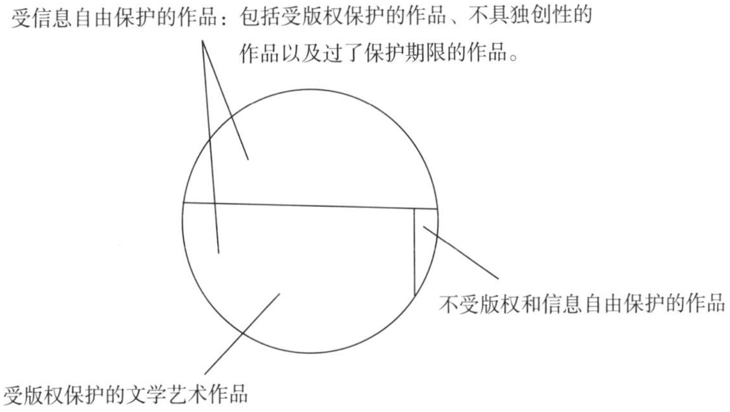

图 2-1　社会作品总量分布

图 2-1 显示了整个社会作品总量的分布情形。其中较小部分是不受版权和信息自由保护的作品，包括依法禁止出版、传播的作品，如宣扬淫秽的作品和宣扬暴力的作品。享受版权保护的作品则应满足独创性要求，包括文字作品，口述作品，音乐、戏剧、曲艺、舞蹈、杂技艺术作品，美术、建筑作品，摄影作品，电影作品和以类似摄制电影的方法创作的作品，工程设计图、产品设计图、地图、示意图等图形作品和模型作品，计算机软件。享受信息自由保护的作品除了受版权保护的作品外，还包括不具有独创性的作品；那些虽然具有独创性，但如果授予版权保护则会严重影响社会公共利益的作品，如法律、法

❶ ［美］保罗·爱德华·盖勒. 广重诉凡·高：版权侵权法律救济中版权保护范围悖论的解决［J］. 张晓都，译. 郑成思，校. 环球法律评论，2000（3）：65.

❷ 何贵忠. 论版权保护与表达自由的关系［D］. 北京：中国人民大学，2008. 宋慧献. 版权保护与表达自由之关系研究［D］. 武汉：中南财经政法大学，2009.

规，国家机关的决议、决定、命令和其他具有立法、行政、司法性质的文件及其官方正式译文、时事新闻、历法、通用数表、通用表格和公式以及那些已经过了版权保护期限的作品。

由于有些满足独创性要求的作品不仅是版权的客体也是信息自由表达的客体，因而同时受到二者的保护。正如罗森诺所言，规定信息自由的宪法和版权法针对的客体都是一致的，都是信息问题。[1] 但是，版权要求的是对这类作品的独占，未经版权人许可，任何人不得进行发表、修改、复制、传播等利用作品的行为。版权所要求的对作品的独占，一方面会为作者或者所有人带来可观的经济效益和社会效益，从而鼓励更多的人投入新作品的创作，不断创作出来的新作品不仅增加了整个社会的作品总量，同时也为公众接触和利用新作品提供了可能，就此而言，版权能够促进信息自由，增进社会公共利益。另一方面，作者对这类作品的独占自然也会阻碍公众接触和利用这些作品。这种对信息的垄断性权利有悖于宪法所保护的信息自由。[2] 如果考虑到版权权能界定的模糊性，即复制权、传播权等权利的边界的不确定性，一些较为复杂的利用行为，如滑稽模仿以及同时具有公私性质的利用作品的行为，则会游走于版权保护与信息自由之间的模糊区域。近年来美国的一些司法裁决印证了这一问题。在 Berkeley System[3] 案中，法院未经全面审理即作出了不利于出版商的认定，并强令该出版商从其计算机程序中删除滑稽模仿作品。法院的主要认定是，该出版商的虚构性使用——这是非版权人对版权资料的一种商业性使用——在很大程度上可以推定为是对版权材料的不合理使用。而在 Campbell[4] 案中，一审法院判决支持 2 Live Crew 乐队的主张，即滑稽模仿应当获得足够的空间，这不仅因为滑稽模仿艺术需要对原作品进行某种程度的复制，而且因为它服务于一个更高层次的文化目的——打破文化偶像。然而第六巡回上诉法院在 1992 年《哦，漂亮女儿》的 2 Live Crew 版本具有“极其明显的商业目的”，不符合以滑稽模仿作为抗辩理由。1994 年 3 月，美国联邦最高法院作出了一致性判决，撤销上诉法院所作的支持原告的判决，认为商业性质并不能作为排除信息自由的理由。虽然联邦最高法院肯定了信息自由抗辩，但个案审判中的分歧与

[1] [美] 约纳森·罗森诺，等. 网络法——关于因特网的法律 [M]. 张皋彤，等，译. 北京：中国政法大学出版社，2003：44.

[2] [美] 约纳森·罗森诺，等. 网络法——关于因特网的法律 [M]. 张皋彤，等，译. 北京：中国政法大学出版社，2003：44.

[3] Berkeley System，Inc. V. Delrina (U. S.) Corp. California Northern District Court (1994).

[4] Campbell v. Acuff-Rose Music，510 U. S. 569 (1994).

歧义，表明了版权的形而上学之谜依然存在：在相互竞争的创造性作品之间，版权的界限划在哪儿？[1]

与版权的独占相反，信息自由要求的是公众可以公开接触、修改、复制、传播等方式利用这类作品，宪法要确保的是信息的无阻碍的自由流动。然而信息自由的法则并不像它们看起来那么清晰，实际上它们包含了根本性的矛盾。[2] 几乎所有的人类活动都包含了某种信息表达，都会传达某种政治、经济、艺术等信息。因而不存在能够将不受保护的言论种类和受保护的言论种类区分开来的原则和标准，二者总是纠缠不清。[3] 这对于受到较低层次保护的商业言论而言，这一问题更为突出。信息自由自身的这一特性也决定了其与版权保护之间的复杂关系：一方面，由于版权保护可以促进新作品的创作，从而增进社会公共福利，具有促进信息的作用，因而信息自由必须在一定程度上容忍版权对独创性作品的独占；另一方面，版权保护还会阻碍公众接触和利用独创性作品，会阻碍公众信息自由的实现，因而版权保护与信息自由之间会不可避免地发生冲突。有学者以音乐作品为例，通过经济分析的方法所作的研究表明：版权宽度与音乐作品数量呈负相关，但在5%的统计水平上显著。版权法上保护的范围越宽，内容越多，越不利于作品数量的增加。[4] 也就是说，受保护的版权客体范围不断扩大，并不一定会增进整个社会的作品信息总量。这种冲突的协调不仅需要在版权法内部设立有效的限制版权独占的措施，如果考虑到版权不断扩张的势头，自然也应该在版权法外部运用信息自由法则来协调版权保护对信息自由的冲击，以避免版权法内部限制措施的失效。

由此可见，版权客体与信息自由客体的重叠与冲突决定了版权与信息自由内容的冲突以及权利保护期限、技术保护措施和权利救济措施所导致的冲突。

（2）权利内容之间的冲突。

根据我国《著作权法》第10条的规定，版权至少有着十七项权能，分别是：发表权、署名权、修改权、保护作品完整权、复制权、发行权、出租权、

---

[1] ［美］保罗·戈斯汀．著作权之道——从谷登堡到数字点播机［M］．金海军，译．北京：北京大学出版社，2008：28.

[2] ［美］戴维·凯瑞斯．法律中的政治：一个进步性批评［M］．信春鹰，译．北京：中国政法大学出版社，2008：146.

[3] ［美］戴维·凯瑞斯．法律中的政治：一个进步性批评［M］．信春鹰，译．北京：中国政法大学出版社，2008：147.

[4] 朱慧．激励与接入：版权制度的经济学研究［M］．杭州：浙江大学出版社，2009：140.

展览权、表演权、放映权、广播权、信息网络传播权、摄制权、改编权、翻译权、汇编权、应当由著作权人享有的其他权利。其中前五项是版权人身权，后十二项是版权经济性权利。

版权与以有体物为客体的其他财产权不同，如果是普通财产所有权，它就会有与特定有体物的物理接触相伴随的使用，并以此焦点为中心构建权利，权利的范围就不会无限地扩大。❶ 而版权是一种无形财产权，❷ 它没有物理上的限制，也没有场所上的限制，因而版权本身就具有不断扩张的天性。且版权是以制约他人行为为模式的。而信息自由权不仅包括表达信息的自由，也包括接受信息的自由。禁止他人表达信息，构成了侵犯他人信息自由权；妨碍他人接受信息，也同样构成了侵犯他人信息自由权。因此可以说，以制约他人行为为模式的版权及其不断地扩张意味着对人们行为的制约不断加强，这不仅会妨碍他人接受信息，更可能直接禁止他人自由地表达信息；不只影响国内，还有可能扩大到国际层面。❸ 上述版权的十七项权能当然也会呈现出不断扩张的趋势，并会不断强化对于人们的包括信息表达在内的行为的制约。但每项权能对信息自由制约的程度会有所不一。

在版权各项权能中，对公众信息自由的实现影响最大的应属复制权和演绎权。所谓复制权，是指采用印刷、复印、拓印、录音、录像、翻录、翻拍等方式将作品制作一份或者多份的权利。❹ 复制权是版权的核心，版权法就是以复制禁止权为中心的。❺ 在复制技术没有普及到私人领域之前，复制权对信息自由的影响主要涉及"引用""借用"以及非私人利用性质的复制。复制权禁止完全复制一部作品，特别是私人性质的复制行为，但公共机构如图书馆的单份复制行为例外，这种完全复制行为无论复制数量的多少，都可能会对信息自由产生影响，但为了激励更多新作品的产生，信息自由必须容忍这种负面影响。复制权并不禁止"引用"，但"引用"的数量范围受到限制，且必须注明作品

---

❶ ［日］田村善之．日本现代知识产权法理论［M］．李扬，等，译．白巴根，铃木敬夫，审校．北京：法律出版社，2010：10.

❷ 吴汉东，胡开忠．无形财产权制度研究（修订版）［M］．北京：法律出版社，2005：41-44，60-64.

❸ ［日］田村善之．日本现代知识产权法理论［M］．李扬，等，译．白巴根，铃木敬夫，审校．北京：法律出版社，2010：10.

❹ 参见《中华人民共和国著作权法》第 9 条。

❺ ［日］田村善之．日本现代知识产权法理论［M］．李扬，等，译．白巴根，铃木敬夫，审校．北京：法律出版社，2010：32.

的作者和来源。至于“借用”，其范围大于“引用”，但“借用”的数量和范围也有限制，且也必须注明作品的作者和来源。[1] 符合要求的“引用”和“借用”属于合理使用，不符合要求的则属于剽窃。合理使用作品是公众基于信息自由而享有的使用权，不仅仅是复制权人应承担的义务。由此可见，在复制技术没有普及到私人领域之前，版权主要是规制（与私领域相区别意义上的）公共领域的复制行为，对公众信息自由的介入程度很小。[2]

然而到了20世纪后半期，随着录音、录像等复制技术逐渐渗透到私人领域，私人利用作品不再是停留于过去的“引用”和“借用”，而是可以完全复制甚至可以多份复制。虽然这种复制品的质量不能与原版产品相比，但仍然会影响版权人的收益。例如录像技术的产生使得私人可以在家里将平时因时间原因不能收看的电视和电影预录下来，待有休息时间时来欣赏复制的电视和电影，这种复制行为可能会导致录制者不再去购买电影录像带或者买票到电影院观看电影，自然会影响到电影版权人的收益。这种新技术下的私人利用作品的行为也应为著作权法的复制禁止权原则所禁止，但这又显然已经对私人的信息自由造成了过度制约，从而令人怀疑著作权法的实效性。[3]

20世纪八九十年代，美国一系列司法判例和立法也印证了这一问题。在Sony Corp. of American[4] 案中，环球城市电影公司与沃特·迪士尼制片厂以侵犯著作权为由将美国索尼公司诉至洛杉矶的联邦地区法院，指控索尼公司通过销售其Bentamax录像机，帮助侵犯了环球公司在电视上所播放电影的版权。1979年10月，初审法院驳回环球公司的所有诉讼请求，但在1981年10月，联邦第九巡回上诉法院撤销了初审法院的判决，环球公司大获全胜。在1984年1月17日，联邦最高法院以5：4作出了终审判决，撤销了上诉法院的判决。法院认为，只有在涉讼产品没有任何实质性非侵权用途的情况下，才可以认定构成辅助侵权。而时间转换就是一种非侵权用途，而且电影公司也不一定因此受到损害。但法院没有再提及私人复制是一种制定法上的免责事由。然而，等美国联邦最高法院作出判决时，美国家庭拥有录像机的比例，已经从该

---

[1] 宋慧献. 版权保护与表达自由之关系研究［D］. 武汉：中南财经政法大学，2009：96.

[2] ［日］田村善之. 日本现代知识产权法理论［M］. 李扬，等，译. 白巴根，铃木敬夫，审校. 北京：法律出版社，2010：10.

[3] ［日］田村善之. 日本现代知识产权法理论［M］. 李扬，等，译. 白巴根，铃木敬夫，审校. 北京：法律出版社，2010：10.

[4] SONY CORP. OF AMER. v. UNIVERSAL CITY STUDIOS, INC., 464 U.S. 417 (1984).

案起诉之初的几乎为零，猛增至9%。[1] 这迫使电影公司转变方向，开始游说国会制定一部妥协法案，对录音设备与空白录音带征收法定使用费。然而国会也拒绝采取立法行动。电影公司在最高法院与国会连遭挫折，使唱片公司陷入了一个左右为难的窘境。[2]

1986年，数字磁带录音机的产生，不仅引起了唱片公司的高度关注，而且引发国会匆忙采取立法行动。数字磁带不仅能提供像数字压缩盘那样清晰的音质，而且为家庭用户提供了一种那时的CD所不具备的特质：能够进行复制。对唱片公司而言，这些可以反复录制但音质完美的复制品一旦扩散开来，就意味着唱片零售市场的灭顶之灾。[3] 唱片公司不仅威胁对数字磁带录音机的制造商提起诉讼，同时又和消费电子公司达成妥协，实施系列化复制管理系统（Serial Copy Management System，SCMS），这一方案随后为国会所采纳。设备制造商也与唱片业协会等达成协议，制造商或者接受法定许可费，或者支付一笔使用费。[4] 在此协议基础上，家庭录音法于1992年由国会通过。该法要求在美国出售的数字音频设备中加装SCMS控制，而且要求空白数字录音带和数字录音设备的生产商支付一种法定使用费，录音带按出售价格的3%支付，录音设备则按2%支付。这些使用费交存于版权局，并被分成两种基金，每年分配，其中的2/3是录音制品基金，1/3是音乐作品基金。然而，该法至少留下了“两条尾巴”：其一，根据该法的规定，虽然消费者出于私人的非商业用途可以“免费”复制一盘预先灌制的磁带，但却没有规定，这种复制不构成对著作权的侵犯，而只是根据该法不提起任何侵犯著作权的诉讼。[5] 但并不意味着以后立法不追究责任。其二，这种复制也不是“免费”的，生产商所支付的法定使用费最终转嫁给消费者了，构成了公众在家里或者其他私人场合的复制行为所应支付的成本。

---

[1] ［美］保罗·戈斯汀．著作权之道——从谷登堡到数字点播机［M］．金海军，译．北京：北京大学出版社，2008：129.

[2] ［美］保罗·戈斯汀．著作权之道——从谷登堡到数字点播机［M］．金海军，译．北京：北京大学出版社，2008：130.

[3] ［美］保罗·戈斯汀．著作权之道——从谷登堡到数字点播机［M］．金海军，译．北京：北京大学出版社，2008：130.

[4] ［美］保罗·戈斯汀．著作权之道——从谷登堡到数字点播机［M］．金海军，译．北京：北京大学出版社，2008：131-133.

[5] ［美］保罗·戈斯汀．著作权之道——从谷登堡到数字点播机［M］．金海军，译．北京：北京大学出版社，2008：131-134.

随着数字技术和网络技术的出现，作品的复制方式有了革命性的变革，网络复制的高效和优质，使得传统的复制权已经难以有效地禁止私人复制行为。正如戈斯汀所指出："相比于此后不出十年令唱片公司困扰不堪的各种难题，数字磁带录音只能算是一个普普通通的先兆。随着诸如CD刻录和互联网文件共享这类非正版复制数字工具的出现，这些难题接踵而来。"[1] 随着互联网技术而来的则是一种新的版权的产生，即信息网络传播权。由于这种权利主要涉及技术保护措施，下文将展开详细分析。

演绎权也与信息自由存在冲突。所谓演绎权，是指在保留原有作品基本表达的情况下，在原作品基础之上创作新作品并加以后续利用的权利。[2] 演绎权是一类权利的总称，包括翻译权、改编权、摄制权和汇编权。演绎权所禁止的行为包括两种：一是未经许可而借用原作品的基本表达的翻译、摄制、汇编和改编行为，这类行为由于基本借用原作品的基本表达，会损害原作品的市场价值，而且经这类行为创作的作品并没有为社会带来多少新的知识，因而禁止这类行为并不会对信息自由造成多大的妨碍，不禁止这种行为则会损害版权人的利益。

二是未经许可而借用原作品的部分表达的续写、改写和模仿行为，这类行为一方面借用了原作品的部分表达，构成了对原作品的侵权；另一方面这类行为在原作品的基础上创作了新的作品，新作品为社会带来了原作品中所没有的新知识，从而有益于公众接触、获取和利用这些新知识，这无疑会增加整个社会的公共利益。但现行立法并未对这类行为作出界定，而是由司法在个案裁判中作出权衡判断，而司法裁判也并未展现出统一的立场和态度。这类行为中最复杂的是模仿行为，模仿行为属于"转换性使用"（transformatvie use），它改变了原始作品而产生出一个新的作品。[3] 它不仅有普通的模仿行为，还有滑稽模仿行为。在我国，曾经闹得沸沸扬扬的《馒头案》就属于这一类。滑稽模仿行为又可分为两类：一类以被滑稽模仿的作品为目标；另一类以被滑稽模仿的作品为手段，并以之攻击或者批评其他事物，或者也许是为了创作出一个幽默作品。[4] 一般而言，是以被滑稽模仿的作品为目标还是为手段，会受到不同

---

[1] ［美］保罗·戈斯汀．著作权之道——从谷登堡到数字点播机［M］．金海军，译．北京：北京大学出版社，2008：131-134.

[2] 王迁．知识产权法教程［M］．北京：中国人民大学出版社，2007：172.

[3] Campbell v. Acuff-Rose Music，510 U.S. 569（1994）.

[4] ［美］廉·M. 兰德斯，查理德·A. 波斯纳．知识产权法的经济结构［M］．金海军，译．北京：北京大学出版社，2005：210.

的保护。实践也证明了这一点。在司法裁判中，占优势的都是作为目标的那一类：版权所有人在11起手段类案件中胜诉8起，占到了总数的73%；而在全部73起目标类案件中胜诉39起，占到了55%。[1] 这表明，虽然滑稽模仿创作了新的作品，但法院并未完全支持滑稽模仿创作者。据此可以得出一个初步的结论：无论是目标类的还是手段类的，滑稽模仿作品最终是否受到保护，还必须依据个案来裁量。

此外，续写行为也存在较大的争议。联邦第二巡回上诉法院在2010年4月30日判决的Salinger案[2]，涉及续写行为是侵犯版权还是合理使用的问题。在该案中，塞林杰起诉科尔丁创作的小说《六十年之后》侵犯了塞林杰《麦田里的守望者》一书的版权。《六十年之后》是对作家塞林杰的著名小说《麦田里的守望者》的续写，但这本续写小说的出版并没有获得原版权人塞林杰的许可。联邦第二巡回上诉法院最后判定科尔丁的续写行为不属于合理使用，并对其签发了诉前禁令。该案判决表明，即使续写行为创作了新的作品，但未经许可的续写行为对原作品的市场价值造成了损害。

由此可见，虽然续写、模仿等行为创作了新的作品，但法院在续写作品这一问题上支持版权所有人以及在滑稽模仿作品上的摇摆不定，表明了演绎权禁止续写、模仿行为与信息自由存在冲突。

（3）版权保护期限导致的冲突。

版权的发展历史实际上就是一部版权保护期限不断扩张的历史。1709年《安娜法案》最初所规定的版权保护期为14年以及续展期14年。《安娜法案》所规定的版权保护期限为1790年的美国版权法完全吸收。之后随着技术和经济的发展，版权保护期限不断扩张，1831年修订的美国版权法规定版权初始保护期限延长至28年，续展期在1909年美国版权法修订时延长至28年，1962年修订的美国版权法延长保护期限至47年，1976年修订的版权法案规定版权期限为作者有生之年加死后五十年，1998年通过的版权期限延长法案，则将这个期限延长到作者死后七十年。

伴随着版权保护期限不断扩张的历史，曾出现过两种争论：一是版权人是否在其著作权的作品上拥有永久性垄断权利。这一争论早在制定《安娜法案》时，书商公会就曾提出在其拥有著作权的作品上保持永久性垄断的请求，但被

---

[1] ［美］廉．M. 兰德斯，查理德．A. 波斯纳．知识产权法的经济结构［M］. 金海军，译．北京：北京大学出版社，2005：210-211.

[2] Salinger v. Colting. 2d Cir. N. Y.（2010）.

议会所拒绝。[1] 但出版商并未放弃自己的努力，转而寻求司法途径。在 1762 年的 Tonson[2] 案中，法院终于支持了原告的诉求，判决支持文学财产作为永久性普通法上权利。出版商获得了短暂的胜利。然而在七年之后的 Millar [3]案中，英国上议院否认了作者享有永久性普通法上权利，从而只承认作者享有有限的权利。但这一争论并未停止。虽然 1787 年制定的美国宪法第 8 条明确规定："为促进科学和实用技艺的进步，对作家和发明家的著作和发明，在一定期限内给予专利权和版权的保障"。但美国的出版商也转而寻求司法的支持。在 1834 年的 Wheaton[4] 案中，美国联邦最高法院宣称，版权在美国只是一种制定法上的特权，不存在书面普通法上版权。从而为这一争论画上了句号。自此之后，版权保护期限是有限的观念得以明确下来。但版权保护期限的"有限"的界限却并未予以明确，这为另一场争论埋下伏笔。

另一场争论是版权保护期限的不断延长是否违反了美国宪法第 8 条所规定的"有限期限"。随着技术的发展和社会经济的进步，版权保护期限从版权产生之初的 28 年保护期限到 1976 年修订的版权法案规定的作者有生之年加死后五十年，这之间并未引起多大争议。但到了 1998 年版权期限延长法案将这个期限延长到作者死后七十年时，这个争议在美国出现了，而之前欧洲立法规定这一期限时却没有这么大的争议。1999 年，埃尔德里德向华盛顿地区联邦地区法院提起诉讼，控告版权期限延长法案违反美国宪法第一修正案。[5] 初审法院判决原告败诉。华盛顿地区联邦上诉法院在上诉审中维持了原判，在诉至美国联邦最高法院后，仍然认定版权期限延长法案合乎宪法第一修正案，1998 年版权期限延长法案所确认的版权期限延长从而有效。然而，围绕着版权期限延长法案的争论还远远没有结束。在通过法庭挑战版权期限延长法案的道路被美国联邦最高法院堵死后，版权期限延长法案的反对者又动员其在公共政策界的资源，在国会与版权期限延长法案的支持者再次较量，以促进国会最终推翻版权期限延长法案。[6] 但迄今为止，版权期限延长法案并未得到修正。

---

[1] [美] 保罗·戈斯汀．著作权之道——从谷登堡到数字点播机 [M]．金海军，译．北京：北京大学出版社，2008：131-135.

[2] Tonson v. Collins, 1 Black W. 321 (1762).

[3] Millar v. Taylor, 4 Burr. 2303 (1769).

[4] Wheaton v. Peters, 33 U. S. 591 (1834).

[5] Eldred v. Ashcroft, 537 U. S. 186 (2003).

[6] 郑文通．宪法和知识产权：美国最高法院"米老鼠案"述评 [M]//吴敬琏．比较（第 8 辑）．北京：中信出版社，2003：108-113.

上述争论实际上涉及版权期限延长法案所规定的版权保护期限对版权人和公众到底会带来什么影响，不断延长的保护期限是否会打破版权人与社会公众的利益平衡。版权保护期限的不断延长固然与版权作品拥有一定的市场有一定关系，但这种不断延长的保护期限实际上是在延长版权人的出版垄断权保护期，❶ 美国国会之所以通过版权期限延长法案，主要就是考虑到保护版权人的垄断利益，以及保护美国在经济全球化背景下的版权垄断利益的因素，能够使美国在版权作品的生产与销售领域之中成为世界的领头人。❷ 从这一点来看，版权人的利益要求可能会决定版权保护期限的不断延长。用原美国电影协会主席杰克·瓦伦蒂的话来说就是，版权对作品拥有绝对控制权，其保护期限只比“永远”少一天。❸

版权人所拥有的版权垄断保护期限不断延长，却意味着公众获取受版权保护的作品的成本越来越高。通常情况下，如果有人想利用版权，就只有先寻找著作权人（包括继承人或受让人），并获得其许可，但当该版权期间已久远而致版权消灭时，即不需再耗费成本追溯版权人。如果版权的保护期限越来越长，则他人获得版权授权的追溯成本就会非常高。❹ 而且，由于现代知识的高速发展，信息量急剧增多，如果所有作品都必须在一一征得权利人许可的基础上才能使用，必然会造成信息的迟延，加大社会交易成本。❺ 公众获取版权作品的成本越来越高，就会造成公众利用知识和信息的可能性越来越小。

延长版权保护期限实际上也是在贬损公共领域，由于公共领域包含不同时代积累的知识和信息，新作品往往就是从公共领域中来获取创作的源泉。因而贬损公共领域也就是在阻碍新作品从旧作品中提取精华，这会严重影响新作品的创作。而且贬低公共领域还忽视了一个基本的经济原则，即自由竞争使价格下降、质量提高。而激励对于版权所有者来讲，也存在边际效益递减。而且版

---

❶ 徐瑄，袁泳．从 Eldred v. Ashcroft 诉讼案看美国版权法价值转向——美国 200 年来首次对“版权扩张”法案进行违宪审查［J］．中外法学，2003（6）：750.

❷ 赖洪川，赵瑞华：论版权保护与言论自由的平衡与冲突——从 Eldred v. Ashcroft 案看美国版权扩张法案（CTEA）对宪法第一修正案的冲击［J］．暨南学报：哲学社会科学版，2005（4）：49.

❸ ［荷］约斯特·斯米尔斯，玛丽克·范·斯海恩德尔．抛弃版权文化产业的未来［M］．刘金海，译．北京：知识产权出版社，2010：1.

❹ 毕竞悦．版权保护期限的合宪性之争——从美国 1998 年《松尼·波诺版权期限延长法案》谈起［J］．公法研究，2005（01）：337.

❺ 毕竞悦．版权保护期限的合宪性之争——从美国 1998 年《松尼·波诺版权期限延长法案》谈起［J］．公法研究，2005（01）：338.

权所有者的支付意愿和支付能力决定着作品受保护的实际期限，当复制作品、注册版权的成本高于其版权收益时，版权所有者就会自动放弃版权，版权也就形同虚设。[1]

虽然有研究表明，版权期限的延长并不会对作品的生产造成多大影响，但这一结论仅建立在对音乐作品的实证研究上，缺乏足够的说服力。[2]

总而言之，版权保护期限的不断延长，固然有着能激励新作品的创作一面，但漫无限制做不合理的延长，又将失去其激励的作用和效益，终究会导致公共领域受到贬损，社会公众获取信息的成本将会越来越高，公众接受信息和发表自由也会受到严重威胁。[3]

（4）技术保护措施导致的冲突。

所谓技术保护措施，是指版权人为控制其作品可否被接触（access）、复制（copy）或传播（transmit），而以有效的科技方法所采取的保护措施。[4] 其方式可能包括插销（Keyplugs）、智慧卡（Smartcards）、密码（Password）、浮水印（Water-marking）、多次复制管制系统（Serial Copy Management System，SCMS）、锁码（Encryption）或电脑程式（Content-scrambling system，CSS）等。

技术保护措施是数字技术的产物。数字技术从根本上说就是一种复制型生产技术。[5] 与之前的机械复制、模拟复制技术相比，其复制效率极高且复制品质完美无缺。任何作品经过数字化处理后，都可以轻易通过互联网散布与传播。如果没有相应的技术措施，则势必会严重影响版权人的经济收益，从而难以达到激励创作的目的。反之，如果对技术保护措施予以立法保障，则技术保护措施可以用来为版权服务，确保从版权使用的每一个角落获得收入。[6] 正因为如此，在强大的利益集团的游说下，各国及知识产权国际组织纷纷就技术保护措施进行立法。

最早为技术保护措施立法的是世界知识产权组织。在美国因国内技术保

---

[1] 毕竞悦．版权保护期限的合宪性之争——从美国1998年《松尼·波诺版权期限延长法案》谈起［J］．公法研究，2005（01）：337.

[2] 朱慧．激励与接入：版权制度的经济学研究［M］．杭州：浙江大学出版社，2009：140.

[3] 贺德芬．文化创新与商业契机［M］．台北：月旦出版社股份有限公司，1994：186.

[4] 章忠信．著作权法制中“科技保护措施”与“权利管理资讯”之探讨（上）［J］．万国法律，113：34.

[5] ［澳］普拉蒂普·N. 托马斯，简·瑟维斯．亚洲知识产权与传播［M］．北京：清华大学出版社，2009：4.

[6] ［美］保罗·戈斯汀．著作权之道——从谷登堡到数字点播机［M］．金海军，译．北京：北京大学出版社，2008：131-170.

护措施立法遇到挫折后，转而极力推动国际立法的背景下，1996 年世界知识产权组织（World Intellectual Property Organisation，WIPO）各缔约方代表谈判并签订了《世界知识产权组织著作权条约》（WCT）与《世界知识产权组织表演与录音制品条约》（WPPT）。《世界知识产权组织著作权条约》第 11 条和《世界知识产权组织表演与录音制品条约》第 18 条分别规定了技术保护措施，要求各缔约方应规定适当的法律保护和有效的法律补救办法，制止规避由作者为行使该条约或《伯尔尼公约》所规定的权利而使用的、对就其作品、表演或录音制品进行未经该有关作者许可或未由法律准许的行为加以约束的有效技术措施。这两条的规定只是要求各缔约国制定有关技术保护措施的法律，而未规定技术保护措施的具体内容，缔约各方采取何种方式来确保“有效地法律补救”，则主要取决于其法律制度的特殊传统和原则。[1]

在《世界知识产权组织著作权条约》和《世界知识产权组织表演与录音制品条约》之后，美、欧各国先后为技术保护措施进行立法。1998 年 10 月 28 日美国第 105 届国会第 2 次会议提供通过了数字千年版权法案。该法案第 12 章中关于规范技术保护措施的条款有三：

第一个条款是 § 1201（a）（1）（A），该条禁止他人规避“有效的控制接触（access）受 DMCA 保护的作品的技术措施”。这一条款又称为“反规避条款”。

第二个条款和第三个条款又称为“反交易条款（anti-trafficking provisions）”。分别规定在 § 1201（a）（2）和 § 1201（b）（1），其中 § 1201（a）（2）规定任何人不得制造、进口、向公众要约、提供，或者以其方法交易具有下列情况之一的任何技术、产品、服务、装置、零件，或者前述的一部分：①其设计、生产的主要目的是规避有效控制受数字千年版权法案保护作品之访问的技术措施；②除了规避有效控制受数字千年版权法案保护作品之访问的技术措施，只有有限的商业意义及用途；或③明知被用来规避“有效的控制接触受 DMCA 保护的作品”的技术措施而行销。§ 1201（b）（1）与前款内容相似，但该条款是规定禁止交易被用来规避保护“DMCA 所保护的权利”的技术措施。数字千年版权法案中的 § 1201（a）（1）（A）规定的反规避条款同

[1] ［匈］米哈依·菲彻尔. 版权法与因特网［M］. 郭寿康，万勇，相靖，译. 北京：中国大百科全书出版社，2009：803.

时涵盖了“控制接触作品”的技术措施和“控制保护权利的”技术措施,❶ 这一类属于直接规避行为。后两个条款则为直接规避行为前的“准备行为”，这超出了《世界知识产权组织著作权条约》和《世界知识产权组织表演与录音制品条约》所要求的规范要求。❷ 其所具有的高度模糊性和宽泛性，容易导致信息自由受到影响之类的问题。❸

2001 年 5 月 22 日制定的欧盟《关于信息社会版权和邻接权的指令》第 6 条也规定了反规避条款。这一规定除了措辞上有稍许改动外，几乎和美国数字千年版权法案的规定完全一样。❹ 不仅禁止规避“接触控制”技术措施的行为，也禁止规避“权利控制”技术措施的行为，同时还禁止与这两类技术措施有关的“准备行为”，对未经授权实施的规避行为提供了全方位的保护。❺

此外，日本、澳大利亚、我国大陆以及我国台湾地区也均对技术保护措施进行立法规范（见表 2-1），其中欧盟、日本和我国台湾地区立法不仅禁止直接规避行为，同时还禁止与这两类技术措施有关的“准备行为”，与美国的规定几乎完全相同。而我国的反规避条款仅禁止“接触控制”技术措施的行为以及故意的“准备行为”，相比美、欧的反规避条款规定，不是那么严格。

---

❶ ［匈］米哈依·菲彻尔．版权法与因特网［M］．郭寿康，万勇，相靖，译．北京：中国大百科全书出版社，2009：803.

❷ ［匈］米哈依·菲彻尔．版权法与因特网［M］．郭寿康，万勇，相靖，译．北京：中国大百科全书出版社，2009：808.

❸ Pamela Samuelson. Intellectual Property and the Digital Economy：Why the anti-circumvention regulation need to be revised. Berkeley Tech&Intell. Prop. L.1992（2）：524.

❹ 张世柱．著作权法反规避条款与言论自由［J］．法令月刊，2004（10）转引自：海外法学（人大复印资料），2005（6）：17.

❺ 张世柱．著作权法反规避条款与言论自由［J］．法令月刊，2004（10）转引自：海外法学（人大复印资料），2005（6）：17.

表 2-1 《世界知识产权组织著作权条约》《世界知识产权组织表演与录音制品条约》及各国有关“技术保护措施”之规定

	规避行为	准备行为	保护范围	有无例外	应否明知	刑罚	民事责任
《世界知识产权组织著作权条约》及《世界知识产权组织表演与录音制品条约》草案		规范	仅限于保护著作权等科技措施	各成员方自行规定	各成员方自行规定	各成员方自行规定	各成员方自行规定
《世界知识产权组织著作权条约》及《世界知识产权组织表演与录音制品条约》	规范		包括保护著作权等及限制接触著作等科技措施	各成员方自行规定	各成员方自行规定	各成员方自行规定	各成员方自行规定
欧盟指令草案		规范				各国自行规定	各国自行规定
欧盟指令	规范	规范	包括著作权等及限制接触著作等之科技措施	自行规定	知为必要		各国自行规定

续表

	规避行为	准备行为	保护范围	有无例外	应否明知	刑罚	民事责任
美国	规范	规范	包括保护著作权等及限制接触著作等科技措施	有规定	不以明知为必要	应五年内起诉；初犯，处50万美元以下罚金或处五年以下徒刑或并科；累犯，处以100万美元以下罚金，或处十年以下之徒刑或并科	禁令；赔偿不少于2 500美元
澳大利亚		规范				应于六年内起诉；科60 500澳币或处或并处五年以下徒刑	举证责任转换
日本	规范	规范	包括保护著作权等及限制接触著作等科技措施			处以一年以下有期徒刑，或100万日元以下之罚金	无
中国台湾地区	规范	规范		有规定	不以明知为必要	处一年以下有期徒刑，并科新台币十万元以下罚金	无
中国	规范		仅限于保护著作权等科技措施	有规定	以明知为必要	处以十万元以下的罚款	

这一系列立法行动，标志着通过“技术保护措施+合同+法律”来保护版权的综合保护模式的形成，[1] 将技术解决方案和严格法律规定相结合构成了对版权保护的深度防御，几乎使版权扩张达到了极致，过去的版权已经变成了“超版权（para-copyright）”。[2] 但这一超强保护模式也产生了五个不利的后果：损害了消费者的隐私，减少了创新的可能性，损害了内容的保真性，增加

[1] 易建雄．技术扩展与版权保护［M］．北京：法律出版社，2009：221.

[2] *See* H. R. Rep. No. 105-551, pt. 2, at 24.

了由于商业盗版引起的司法紧张以及扩大了版权持有者与版权内容使用者的矛盾。[1] 其中备受诟病的是，反规避措施导致版权人对版权作品甚至非版权作品的近乎绝对的控制和垄断，严重阻碍公众信息自由的实现，也“严重地阻碍了数码技术对人类应有的贡献”。[2]

技术保护措施对信息自由的影响表现在两个方面：第一，由于技术保护措施禁止的破解技术可能含有设计者或者散布者的思想或其欲传达的理念（自我实现理念或利用技术本身与他人沟通意见和研究上的成果），因此限制破解技术的散布，[3] 会对一些有用的产品和服务的开发产生“寒蝉效应”的不利影响，[4] 存在限制信息自由的问题。实际上，所有破解技术保护措施的技术实际上都是电脑软件技术，由一连串指令所组成。电脑程式码包含原始码、目的码和可执行码三种类型。不管是原始码、目的码还是可执行码，都可以传达程式设计师的理念，只不过原始码是由人类可以逐一阅读每一指令，了解软件设计师的逻辑思考流程；目的码配合适当的操作手册可被运用；可执行码可以让使用者籍由软件执行过程，知道软件设计师所欲达到的功能，间接知道软件设计师之设计理念。[5] 虽然电脑软件要执行一定的功能，但功能本身固着（inherent）于表达，表达与功能无法分离。若将功能从表达中分离出来，则该表达亦不存在。此外，如果某项表达不能产生一定的功能，也无人会从事该项表达。[6] 事实上，任何言论皆有一定的功能与目的，该功能或目的是透过言论所传达的思想或观念，籍由书写、口头说明或其他方式，并通过适当媒介予以具体化和传播。[7] 简言之，电脑软件除了用来指示电脑完成特定工作，同时亦

[1] ［澳］普拉蒂普·N. 托马斯，简·瑟维斯. 亚洲知识产权与传播［M］. 高蕊，译. 北京：清华大学出版社，2009：172.

[2] ［法］蒲吉兰. 21 世纪的黑金［M］. 贾春娟，李玉平，苏启运，译. 北京：社会科学文献出版社，2006：6.

[3] 张世柱. 著作权法反规避条款与言论自由［J］. 法令月刊，2004（10）转引自海外法学（人大复印资料），2005（6）：14.

[4] ［美］约纳森·罗森诺，等. 网络法——关于因特网的法律［M］. 张皋彤，等，译. 北京：中国政法大学出版社，2003：29.

[5] Junger v. Daley，209 F. 3d 481（2000），at 484-485.

[6] Rachel Simpson Shockley. The Digital Millenium Copyright Act and the First Amendment：Can They Coexist? 8 J. Intell. Prop. L.275，2001：292-293.

[7] 张世柱. 著作权法反规避条款与言论自由［J］. 法令月刊，2004（10）转引自：海外法学（人大复印资料），2005（6）：14，25.

传达软件设计者之理念，受宪法信息自由条款所保护。❶ 这种保护不应因其功能性的一面而受较低等级的言论审查。若以可被电脑执行作为判断受宪法保障的标准，可能会造成：一旦一般言论可透过电脑语音辨识系统完成一定动作，该言论可能会变成受到较低程度的保护。❷ 因此，技术保护措施及其立法规范在某种程度上会妨碍电脑设计师的信息表达自由。

第二，技术保护措施跨越了版权的许多安全阀——思想与表达的区别、合理使用、法定免责事由，❸ 妨碍了社会公众对版权作品甚至非版权作品的接触和利用。这些安全阀本身也是版权的组成部分，正是这些安全阀才使得版权免于受到第一修正案的抨击，由于缺乏这些安全阀，使得保护技术保护措施的数字千年版权法案成为言论自由派抨击的一个天然目标。❹ 其实早在《世界知识产权组织著作权条约》《世界知识产权组织表演与录音制品条约》制定的过程中，就有代表对技术保护措施的这种影响提出了担忧："图书馆或一般公众原先享有的合理使用空间不因数字化科技的发展而受影响"，"原草案文字或将造成禁止利用人接触公共领域之著作，或遏制利用人于合理使用或《伯尔尼公约》所允许下，对著作之接触"。❺

技术保护措施对合理使用的影响甚大。目前，合理使用是侵犯版权的一个抗辩。如果侵权问题不再被触及——因为权利管理（rights-management）技术在侵害行为发生之前就将其阻止了——那么合理使用问题就不会再出现。❻ 而且合理使用是一个复杂的法律机制，它的结果有赖于每个案例的独特情况。显而易见，这样具体的针对个案的决定，是无法用算法被定义进数字版权管理系统程序中的，想要把合理使用原则贯彻到数字版权管理系统中几乎是不可能的。如果数字版权管理系统取消这些版权特例的话，则有可能会降低消费者合

---

❶ Junger v. Daley, 209 F. 3d 481（2000）, at484-485.

❷ Recent case：Constitutional Law-Free Speech Clause-Second Circuit Classifies the Posting and Linking of Computer Code as Expressive Conduct Rather than Pure Speech［J］. 115 Harv. L. Rev. 2042, 2002：2045.

❸［美］保罗·戈斯汀．著作权之道——从谷登堡到数字点播机［M］．金海军，译．北京：北京大学出版社，2008：131-170.

❹［美］保罗·戈斯汀．著作权之道——从谷登堡到数字点播机［M］．金海军，译．北京：北京大学出版社，2008：181.

❺［匈］米哈依·菲彻尔．版权法与因特网［M］．郭寿康，万勇，相靖，译．北京：中国大百科全书出版社，2009：806.

❻ Development in the Law：The Law of Cyberspace：IV. Internet Regulation through Architectural Modification. The Property Rule Structure of Code Solutions［J］. Harvard Law Review, 1999（112）：1653.

理使用权利的实践能力，从而进一步加剧版权失衡并对消费者不利。[1] 美国著名学者帕梅拉·萨缪尔森在评论数字千年版权法案时更是明确指出，控制访问措施的使用及其反规避条款使公众获取合理使用版权作品的能力减弱，表达自由则是首当其冲。[2]

由此可见，技术措施保护导致原有的许多安全阀失去了应有的平衡作用，公众不仅难以合理使用版权作品，甚至接触和利用未受著作权保护之信息也受到威胁。[3] 例如，一个版权作品中可能含有不被版权法保护的或者不能享有版权法保护的实质性因素，本来版权所有人是不能禁止他人复制或使用这些因素的，但是，通过运用立法议案中所支持的先进（加密）技术，他反倒能够有效地阻止对这些因素的使用了。[4] 技术保护措施无疑迎合了版权人的利益，强化了其私人对表达自由的审查能力，导致了版权私有优先于政治性权利的表达自由，技术措施保护产生的长臂效应将表达权限制为最狭窄的范围。[5] 版权的利益平衡机制受到了严峻的挑战。不仅如此，它们也在挑战着各类知识产权所共有的、更加根本性的前提：相比于构筑围栏和禁止推翻围栏的法律，财产法是所有人与使用人之间的一个成本较低但效率较高的协调机制。[6]

（5）权利救济措施导致的冲突。

权利救济措施所导致的版权扩张与信息自由的冲突主要涉及禁止令措施对信息自由的影响。

禁令措施包括临时禁止令和永久禁止令。在诉讼进行中，为阻止可能发生的损害或保护有争议的财产，法院可签发临时禁止令，并为此目的而存在一定的期间。永久禁止令则由法院在对案件进行审理之后，根据对当事人的权利所

---

[1] ［澳］普拉蒂普·N. 托马斯，简·瑟维斯．亚洲知识产权与传播［M］．高蕊，译．北京：清华大学出版社，2009：175.

[2] Pamela Samuelson. Intellectual Property and the Digital Economy：Why the anti-circumvention regulation need to be revised［J］. Berkeley Tech&Intell. Prop. L，1992（2）：146-147.

[3] Melissa A. Kern. Paradigm Shifts and Access Controls：An Economic Analysis of the Anticircumvention Provisions of the Digital Millennium Copyright Act［J］. 35 U. Mich. J. L. Reform 891，2002：893.

[4] ［美］约纳森·罗森诺，等．网络法——关于因特网的法律［M］．张皋彤，等，译．北京：中国政法大学出版社，2003：29.

[5] 梁志文．技术措施版权保护：立法现状、制度冲突与解决［M］//郑成思．知识产权文丛（8）．北京：中国方正出版社，2002：327-328.

[6] ［美］保罗·戈斯汀．著作权之道——从谷登堡到数字点播机［M］．金海军，译．北京：北京大学出版社，2008：170.

作的最终判定来作出，并构成法院判决的一部分。[1] 禁止令主要是英美法系国家的一种法律救济措施。但随着 TRIPs 的制定和实施，其第 50 条规定的包括禁止令在内的临时措施开始在全球范围内得到广泛实施。

这种禁止令可以赋予版权人在权利受到侵犯时以有效的救济。版权包含具有市场价值的信息和思想，版权人有权控制任何未经授权而使用其作品的行为，而禁止令可以增强版权人控制其作品使用的能力，同时考虑到包括知识产权在内的版权所具有的非物理性，禁止令无疑是一种适当的救济方式。[2] 特别是临时禁止令，它在许多情况下对于制止正在或即将实施的版权侵权行为、保存重要证据、防止损害后果进一步扩大和导致无法弥补的损失是至关重要的。[3] 而永久禁止令则对版权人已遭受了不可挽回的损害而通过其他法律途径难以获得足够的补偿时，给予其有效的补救。永久禁止令对制止版权侵权行为及保护版权人利益也有着非常重要的作用。当然，它同样也为版权人或潜在的版权人生产和传播作品提供了某种激励，最终会促进整个社会知识产权总量的增加。[4]

同时，这种禁止令有可能妨碍公众的宪法上的信息自由权利。包括版权在内的知识产权禁止令，其目的是要限制知识产权的传播，而知识产权包含思想、信息、创意和表达形式，通常含有一个传播要素，知识产权传播性要素决定了任何限制知识产权传播的禁止令措施都可能会与宪法所保障的信息权利相冲突。[5] 在知识产权法体系中，版权法主要规定言论和其他讯息的财产权地位，因而与专利法不同，其主要关注的是限制版权作品的使用行为，据此，在

---

[1] 薛波．元照英美法词典［D］．北京：法律出版社，2003：696.

[2] Andrew Beckerman-Rodau. Prior Restraints and Intellectual Property: The Clash between Intellectual Property and the First Amendment from an Economic Perspective. Fordham Intellectual Property［J］. Media & Enter tainment Law Journal/Fall, 2001: 19.

[3] 王迁．知识产权法教程［M］．北京：中国人民大学出版社，2007：16.

[4] Andrew Beckerman-Rodau. Prior Restraints and Intellectual Property: The Clash between Intellectual Property and the First Amendment from an Economic Perspective. Fordham Intellectual Property［J］. Media & Enter tainment Law Journal/Fall, 2001: 39.

[5] Andrew Beckerman-Rodau. Prior Restraints and Intellectual Property: The Clash between Intellectual Property and the First Amendment from an Economic Perspective. Fordham Intellectual Property［J］. Media & Enter tainment Law Journal/Fall, 2001: 19, 69.

版权侵权诉讼中发布禁止令可能会存在妨碍信息自由的问题。❶ 即使考虑到版权法中内置的各种安全阀，禁止令仍将可能会限制在某些情形下宪法所保护的合法信息或言论。❷ 对临时禁止令而言，由于其往往在案情未经审理的情况下发布，如果版权人不能有效证明其遭受了不可弥补的损害或其损害难以获得其他有效救济，所发布的临时禁止令则势必会对信息自由造成先行制止的后果。而且无论是临时禁止令还是永久禁止令，往往与复制权等权利主张同时提出，法院准许禁止令，其结果必定是导致受诉作品撤出市场，具有表达价值的作品可能因此而销声匿迹。❸

无论是技术保护措施还是禁止令措施，都意味着版权保护的强度越来越大，如果考虑到版权保护是一个多维度的体系，包括客体不断扩大、期限不断延长、权利内容不断增多以及技术保护措施和禁止令，这种多维度的高强度的综合保护将可能导致版权人在市场的信息垄断地位，版权人将获得越来越多的经济利益，公众获取信息的自由则自然会受到影响。而且这也可能会造成"越严格的版权法越不利于版权作品的出现"❹ 的情景，最终会导致版权法走向其促进社会文化和科学发展与繁荣的反面。

2.2.2.2 商标权保护与信息自由的权利冲突论

商标权保护与信息自由之间也存在双重关系。商标本身就是一种符号，无论是文字、数字、图形还是其他标志，其本身就是人们用来表达和传播信息的一种符号工具。"商标就是产品的标志，它向消费者传达他或她所将购买的商品的信息"，❺ 本质上是一种商品信息的"代码"或者"编码器"，❻ 它"不同于一般意义上的财产，是用于识别、广告和销售产品或服务的文字或符号，本

---

❶ Andrew Beckerman-Rodau. Prior Restraints and Intellectual Property: The Clash between Intellectual Property and the First Amendment from an Economic Perspective. Fordham Intellectual Property [J]. Media & Enter tainment Law Journal/Fall, 2001: 41.

❷ Andrew Beckerman-Rodau. Prior Restraints and Intellectual Property: The Clash between Intellectual Property and the First Amendment from an Economic Perspective. Fordham Intellectual Property [J]. Media & Enter tainment Law Journal/Fall, 2001: 44.

❸ 宋慧献. 版权保护与表达自由之关系研究 [D]. 武汉: 中南财经政法大学, 2009: 97.

❹ 朱慧. 激励与接入: 版权制度的经济学研究 [M]. 杭州: 浙江大学出版社, 2009: 139-141.

❺ [苏丹] 卡米尔·伊德里斯. 知识产权: 经济增长的工具 [M]. 李明德, 乔德喜, 张亚宁, 译. 北京: 知识产权出版社, 2008: 122.

❻ 王太平. 知识产权客体的理论范畴 [M]. 北京: 知识产权出版社, 2008: 199.

质上是一种纯粹的商业性言论”。❶ 与非商标符号不同的是，商标作为一种表达符号传递着两种信息：一是商标符号所承载和传递的产品、服务和经营信息等商业信息，即从商业的角度、以表明或暗示的方式，使一个商标标识语与特定的商品或服务相联系，❷ 它体现了商家的商誉，即第二性、第二意义，这种信息往往是起到一种来源标识性的作用。在商标符号所承载的这一信息上，至少存在三方利益关系人：对商标拥有者而言，法律必须保障其所拥有的商标权，保证该商标所承载的商业信息可以有效地流通和传播，商标权人以期获取更多的商业利益，同时商标权人又对这些商业信息享有专有权，他人未经许可不得使用。而消费者和其他竞争者也有权获取、使用和传播商标上的商业信息，因为只有赋予消费者对商业信息的权利，才能保证其不被误导，商标权人的利益也可得以实现；而赋予其他竞争者对商业信息的权利，也可以促进该商业信息的有效传播，并最终会促进一个良好的竞争秩序的形成。

二是商标所具有的指示商品来源、保证商品质量和投资（广告）三大基本功能❸就是源于商标上所承载的商业信息。从消费者的角度来说，商标指示商品来源的功能是工具，商标的质量保证功能才是关键。对商标权人来说，商标的质量保证功能是手段，商标的指示商品来源功能才是目的。如果强调商标的质量保证功能，将有利于保护消费者利益，而强调商标的来源指示功能以及商标的投资和广告功能，则有利于维护商标权人利益。❹ 从信息自由的角度来说，保证商标上所承载的商业信息的有效流通和传播，就是保障商标权人的商业信息表达自由，同时也是保障消费者和其他竞争者的商业信息接受自由，因此可以说运用法律手段保护商标权就是保障信息自由的一种表现。但商标权人所享有的商标权专有权在某种程度上也可能会造成对该商业信息的垄断，存在妨碍消费者接受、利用和传播信息的自由，特别是利用和传播该信息的自由，因为这种信息利用和传播可能会损害商标权人的商业利益。

商标作为一种表达符号所传递的另一种信息则是该商标符号本身所具有和

❶ Patrick D Curran. Diluting the Commercial Speech Doctrine: Noncommercial Use and the Federal Trademark Dilution Act [J]. 71U Chi. L Rev, 2004: 1078.

❷ 宋慧献．商标保护与艺术表达自由——评“Barbie（芭比）”玩具商标侵权纠纷案［J］．中华商标，2007（3）：37.

❸ W. R. Cornish. Intellectual Property: patents, copyright, trade marks and allied rights (4th ed) [M]. Sweet&Maxwell: London, 1999: 612.

❹ Jennifer Davis. To Protect or Serve? European Trade Mark Law and the Decline of the Public Interest [J]. E. I. P. R. 2003, 25 (4): 180-187.

传递的非商业信息，即从公共领域的角度，将一个作为商标的标识用作公共性评论，❶ 也就是所谓第一性、第一意义，这种信息是起到一种表达性的作用。如“黄鹤楼”既是武汉烟草公司的商标，同时也是人们常用的一种表达符号/表达词语。商标符号所承载的这一非商业信息特征意味着公众可以自由地使用该商标符号，这属于公众享有的信息自由权。而赋予商标权人以商标专有权，在某种程度上会妨碍他人使用受保护的商标标示，因为这种使用本身可能不会对商标权人造成多大的损害，但也会造成消费者对商标权人商标的混淆。因此，商标标识上所承载的这种非商业信息传播与其所承载的商业信息传播之间是有冲突的，其实质即是商标权保护与公众非商业信息自由表达的冲突。

不同类型的商标保护与信息自由之间所存在的冲突程度是不一样的。商标识别性的强弱对信息自由有不同的影响。根据商标识别性的强弱程度，可以把商标分为四类：①随意性或者臆造性商标（arbitrary mark 或者 fanciful mark）；②暗示性或者提示性商标（suggestive mark）；③描述性或者说明性商标（descriptive mark）；④通用性或者种属性商标（generic mark）。❷ 由于不同商标所传递的信息含量是不同的，其传递的信息越大，其识别性越强；反之则识别性弱。这决定了商标识别性的强弱与商标受保护的范围成正比例关系。识别性越强的商标，商品或服务之相关消费者的印象越深，他人稍有攀附，即可能引起购买人产生混淆误认，故需要保护的范围愈广。反之，识别性越弱，其区别商品或服务来源的功能有限，其所受保护的范围亦相对缩小。❸ 而商标受保护范围的大小则与信息自由的冲突的可能性呈反比例关系，受保护的范围愈广，与信息自由的冲突的可能性则越小；受保护的范围越小，与信息自由的冲突的可能性则越大。

具体而言，通用性商标则是由常用来称呼某种货物或者服务的商业词汇构成，通常不能得到保护，不仅因为它不能起到识别货物或者服务来源的作用，更是因为一旦赋予通用性词汇以专有权，则会严重威胁商业信息的自由流通和传播，阻碍着消费者接受和自由传播商业信息权利的实现。各国商标法之所以都对通用性标示不给予商标权的保护，应该是与其蕴含着信息自由的价值有

---

❶ 宋慧献．商标保护与艺术表达自由——评“Barbie（芭比）”玩具商标侵权纠纷案［J］．中华商标，2007（3）：37.

❷ ［美］约翰·G. 斯普兰克林．美国财产法精解［M］．2 版．钟书峰，译．北京：北京大学出版社，2009：64.

❸ McGregor-Doniger Inc.，v. Drizzle Inc. 599 F. 2d 1126（2d Cir. 1979）.

关。暗示性商标和描述性商标都是由普通词汇乃至叙述性词汇构成的,❶ 如果赋予商标所有人享有普通词汇专有权,则可能会导致商标权的行使妨碍这些普通词汇在一般叙述意义上的使用,因为这些普通词汇都具有传播非商业信息的功能,即在非商标意义上使用这些普通词汇。这种使用属于典型的信息自由表现形式。因此,对于暗示性商标和描述性商标而言,它们也存在威胁信息自由实现的问题,但与通用性商标而言,这种威胁程度则要小得多。至于随意性商标,其受到保护的标示或词汇具有原创性,都是社会上以前所没有的,其使用也基本上是传播其所承载的产品或服务之类的商业信息,尚不具有公共表达之类的情形。因而其与信息自由发生冲突的可能性最小。当然,如果随意性商标被赋予驰名商标的保护标准,则该商标往往会成为公众批评的对象,这种情况下,二者之间不仅会发生冲突,而且冲突的程度还会比较严重。

非商标权人不同性质地使用商标与信息自由也存在不同程度的冲突。商标权保护与信息自由间的冲突主要发生在非商标权人使用受保护商标的情况下。从商标使用的角度来看,可以分为商标权人使用与非商标权人使用。非商标权人使用又可以分为非商标权人商业性质的使用、非商标权人非商业性质的使用和混合性质的使用。非商标权人商业性质的使用包括两类:一是非商标权人使用商标权人的商标或类似标示来描述自己的产品或服务。这种使用一般称之为仿冒、假冒或混淆,通常都为商标法所禁止。因为在这种使用中,非商标权人并没有向社会传播真实的商业信息,不仅误导了消费者,而且还损害了商标权人的利益。正是由于其具有非真实性或误导性,因而这种表达行为也不可能享受信息自由权利的保障。换言之,非商标权人使用商标权人的商标或类似标志来描述自己的产品或服务,不是传播一种表达性的信息而是商业信息,这种使用不能享受信息自由权利的保障。❷ 与这种使用方式完全不同的是,商标权人使用自己的商标来描述别人的产品或服务。这种行为在商标法上称为“反向假冒”,它与假冒行为的性质是完全一样,即传播的是非真实的或误导的商业信息,因而所造成的后果也完全相同,同样也不可能享受信息自由权利的保障。二是非商标权人使用商标权人的商标来描述商标权人的产品或服务。这种使用固然可能存在非商标权人“搭便车”的情形,但这种使用传播的商业信息是真实的,并没有误导消费者。既然是真实的信息传播,其本质是在给消费

---

❶ 黄晖. 驰名商标和著名商标的法律保护 [M]. 北京:法律出版社,2001:189.

❷ Richard B. Biagi al. The Intersection of First Amendment Commercial Speech Analysis and the Federal Trademark Dilution Act: A Jurirsprudential Roadmap [J]. 91 Trademark Rep. 867:874.

者做广告，会鼓励消费者去购买商标权人的产品或服务。因而能够促进商标权人利益的实现。而且既然不是误导性的传播商业信息，也应当属于信息自由所保障的范畴。

最为复杂的是一种“混合”性质的使用，即非商业性与商业性的混合使用。这种混合性质的使用不仅可以传递商标上所承载的商业信息，同时还属于非商标权人的一种表达性使用，传递着非商业性质的公共信息，例如滑稽模仿、讽刺、编辑性等方式来使用商标权人的商标。❶ 它一方面可能会导致消费者对商标来源识别性的混淆，这应该属于商标法禁止的范畴；另一方面，也会促进非商业信息的传播和交流，这对社会进步和发展具有极为重要的作用。这种混合性使用所传递的信息相互对立、相互矛盾，其实质是商标权保护与信息自由间的对立和冲突。这种混合性的使用较之纯粹的商业性使用和非商业性使用所造成的商标权保护与信息自由的冲突要复杂得多，❷ 因为人们很难对两种不同信息中所含有的私人利益与公共利益的轻重作出准确的判断和选择，它大大增加了对这种冲突进行协调和平衡的难度。在对驰名商标予以反淡化保护以及网络技术出现之后，商标权受保护的范围和强度不断提高，已经开始对信息自由造成了越来越大的威胁。

至于非商标权人非商业性质的使用，则发生在通用性商标、描述性商标和暗示性商标非商业性使用的场合，这种使用纵然可能会发生某种混淆，但由于传播的是非商业信息，其享受信息自由保障的程度更高。

不同程度的商标保护与信息自由也存在不同程度的冲突问题。从商标受保护的程度而言，商标可分为驰名商标和普通商标。驰名商标至少具有三个特征：①商标的显著性足以代替注册的优先性。②知名性足以弥补显著性之缺陷，著名之使用事实足以影响商标权的效力。③受保护范围因具有著名性而扩大。❸ 普通商标禁止在同类产品上使用相同或相似的标识，而驰名商标则禁止在所有产品上使用相同或相似的标示。无论商标是由何种词汇构成的，一旦其成为商标法所保护的驰名商标，将会享受高强度的保护。驰名商标之所以受到高强度的保护，是因为商标权人进行了长期经营投入，如果不对该商标予以扩大性保护，则势必会导致社会上诸多的“搭便车”行为。驰名商标之显著性

❶ 141 Cong Rec S19310 (daily ed December 29, 1995) (Orrin Hatch, R-Utah).

❷ Richard B. Biagi al. The Intersection of First Amendment Commercial Speech Analysis and the Federal Trademark Dilution Act: A Jurirsprudential Roadmap [J]. 91 Trademark Rep. 867: 874.

❸ 曾陈汝明．商标法原理［M］．北京：中国人民大学出版社，2003：183-184.

可以向消费者有效地传递商业信息，并最终会促进工商业经济自由而又公平的发展。然而，普通商标保护都可能会威胁到公众信息自由的实现，而驰名商标的强保护则可能会对公众信息自由权利的行使带来更大的负面影响。

其一，与普通商标不同，随着消费社会和消费文化的到来，驰名商标已经不仅仅是一个普通的商业信息承载的标识，而是一种消费符号，具有日益突出的社会属性和文化属性，在人们更加注重商品所呈现出的符号意义的时代里。❶ 正是驰名商标所具有的这一属性，使它成为公众批评和讽刺的对象，这种批评和讽刺等自然会随着驰名商标之显著性而广泛地向消费者传递，影响消费者心理和选择。另一方面，“这些著名的商标是使人联想起所有人的强有力的工具，因此，它们成为公共语汇中重要的、有时甚至是不可或缺的组成部分”。❷ 商标在公共语言中的重要角色（商标所有人迫切取得的角色）使它们自然成为滑稽模仿的目标，❸ “商标已经自然成为评论整个民族文化的讽刺作家的一个目标”。❹ 由此可见，商标不仅是一种承载和传递商业信息的工具和媒介，也是人们用以交流和传递非商业信息的一种重要工具，同时其本身也“属于社会文化的一部分，成为人们思想交流和观点表达的工具，甚至成为公众取笑嘲讽的靶子”。❺ 商标特别是驰名商标的这一特性意味着，限制公众使用驰名商标的法律规则有可能限制了信息和思想的流通，❻ 因为具有进攻性的商标滑稽模仿也的确在传播对社会有益的非商业信息。❼

其二，随着知识资本的不断介入，商标权保护也呈现出不断扩张的趋势，特别是反淡化保护的出现。商标的反淡化保护是商标权扩张的里程碑。❽ 反淡化保护允许通过特定商标标识来表达“作者化”的理念，使得“淡化性质的

---

❶ 徐聪颖．略论符号消费背景下商标功能的拓展［J］．河北法学，2010（2）：134.

❷ Robert C. Denicola. Trademarks as speech：Constitutional implications of the emerging rationales for the protection of the trade symbols［J］. 1982 Wis. L. Rev. 158.：195-196.

❸ 罗伯特·P. 墨杰斯，彼特·S. 迈乃尔，马克·A. 莱姆利，等．新技术时代的知识产权法［M］. 齐筠，等，译．北京：中国政法大学出版社，2003：607.

❹ Dorsen. Satiric Appropriation and the law of libel，trademark and copyright：Remedies without wrongs［J］. 65 B. L. Rev. 923，1986：939.

❺ 邓宏光，周园．滑稽模仿对商标权的限制［J］．重庆工学院学报：社会科学版，2008（3）：26.

❻ Robert C. Denicola. Trademarks as speech：Constitutional implications of the emerging rationales for the protection of the trade symbols［J］. 1982 Wis. L. Rev. 158.：195-196.

❼ 罗伯特·P. 墨杰斯，彼特·S. 迈乃尔，马克·A. 莱姆利，等．新技术时代的知识产权法［M］. 齐筠，等，译．北京：中国政法大学出版社，2003：607.

❽ 冯晓青．知识产权法利益平衡理论［M］．北京：中国政法大学出版社，2006：283.

使用被排除依附于商标的一组特定的含义中，不论是商业性的还是不断增长的非商业环境中”，这样一来，在实体公共领域的自由表达规范与商标专有权中的财产规范的冲突就不可避免了。❶ 而马拉·卡普兰则特别强调了作为商业言论的商标与信息自由之间存在冲突。他认为，作为商业言论的商标，只要不是欺骗性和误导性的，就应该受到宪法保护。然而混淆可能性却并不是淡化保护的一个必需的要素，这样一来，依据反淡化法，商标的使用既不是误导性也不是欺骗性的也会构成侵权。因此，很明显，反淡化法与宪法所保障的信息自由之间存在冲突。❷

总而言之，商标权保护与信息自由的冲突表现在三个方面：商标权保护与商业信息自由的冲突，商标权保护与非商业信息自由的冲突以及驰名商标权保护与信息自由的冲突。

2.2.2.3 不正当竞争规制与信息自由的权利冲突论

不正当竞争规制与版权、商标权息息相关。版权作品通常含有有市场价值的信息和思想，其本身就是市场上的一件商品。当某些作者以不正当的方式利用他人作品的声誉时，当作品的使用者以不正当的方式与他人竞争时，就会出现不正当竞争规制的问题。❸ 而那些过了版权保护期限以及没有达到版权保护标准且仍在市场上传播的作品，同样也会出现不正当竞争规制的问题。在知识产权各法中，商标法与不正当竞争规制的联系更为密切。在美国，主要是通过审查《兰哈姆法》第 43（a）条❹来规制不正当竞争行为。由此可见，不正当竞争规制与版权、商标权保护一样，也会出现与信息自由相冲突的问题，只不过多会引发与商业信息自由的冲突。

不正当竞争规制与商业信息自由的冲突源于不正当竞争规制的宽泛性和商业言论自由的有限性（参见本书第 1 章第 1.2 节）。

---

❶ 冯晓青．知识产权法利益平衡理论［M］．北京：中国政法大学出版社，2006：284.

❷ Marla Kaplan. Andilution statues and the First Amendment［J］. 21 Sw. U. L.Rev. 1139：1167.

❸ 李明德，许超．著作权法［M］．2 版．北京：法律出版社，2009：9.

❹ 该条规定：“任何人伪称商品来源或说明，不论用文字或符号标示，不论是粘附于商品、商品容器上或用作服务标志，以从事商业经营者；以及明知商品产区或说明属于虚假，仍然从事承运、商业经营或转手他人承运或经营者，均应对下列民事诉讼承担责任：由在被冒称为原产地的地区从事商业经营的人提起的诉讼，或由那些认为此种虚假说明或描述会损害其利益的人提起的诉讼。”

不完备法律理论[1]认为，现实中任何法律都是不完备的——这或是因为法律存在空白（即法律不能处理特定的损害行为），或是因为法律条款的开放性质（即法律的边界未清晰地加以限定）。某些领域的法律因环境因素影响，如受社会经济及技术的快速变革所影响的领域，相对于不受外因变化影响的领域更不完备。因此，只要法律不能准确地概括所有可能的违法行为，不能明确地对可能的违法行为作出惩罚，法律也就丧失了对违法行为的吓阻作用。

为了解决这一吓阻失灵，理论上存在三种解决方案：一是频繁修改法律以适应变革；二是设立监管机构，行使剩余立法权和主动执法权；三是制定法律的一般条款，赋予法庭剩余立法权及私人和法庭共享执法权。第一种方案成本太高，不具可操作性；第二种方案非常适合证券市场立法；第三种方案为各国竞争领域立法所采用。美国在竞争领域也设立了联邦监管机构。

不完备法律理论可以解释不正当竞争及其规制。宪法上的信息自由权利保护的是意见表达，而不是事实主张。而反不正当竞争法属于一般法律，它并不指向意见表达本身，而是为了保护某些不考虑特定的意见而无论如何必须保护的法益。[2] 反不正当竞争法所禁止的商业性意见表达及经济广告，只要包含了意见表达的评价性的内容，就属于信息自由或意见自由的保护范围。[3] 考虑到反不正当竞争法也是以禁止他人行为为模式的这一特点，信息自由权利保护与反不正当竞争规制所指向的对象之间有交叉关系，二者之间存在发生冲突的可能。事实上，各国反不正当竞争法禁止市场参与者从事种种不正当行为，而如果这些所谓的“不正当行为”同样也能为社会传递有用的商业信息或其他信息，那么这种行为属于基本权利特别是信息自由的保护范畴。由此可见，反不正当竞争法禁止市场参与者从事某种行为，意味着对信息自由基本权利的侵害。[4]

而且，由于受社会经济及技术的快速变革影响，在不断变化的竞争世界中，不正当竞争所表现出来的形式复杂多变，这使得即使最有预见力的立法者也无法预测未来不公平市场行为的所有形式，因而不正当竞争立法不可能准确

---

[1] 许成钢．法律、执法与金融监管——介绍“法律不完备性”理论［J］．经济社会体制比较，2001（3）：1-12.［美］卡塔琳娜·皮托斯，许成钢．不完备法律（上）［M］//吴敬琏．比较（第3辑）．北京：中信出版社，2002：111-138. ［美］卡塔琳娜·皮托斯，许成钢．不完备法律（下）［M］//吴敬琏．比较（第4辑）．北京：中信出版社，2002：97-130.

[2] 范长军．德国反不正当竞争法研究［M］．北京：法律出版社，2011：22.

[3] 范长军．德国反不正当竞争法研究［M］．北京：法律出版社，2011：22.

[4] 范长军．德国反不正当竞争法研究［M］．北京：法律出版社，2011：18.

地列举出足够具体的不正当竞争行为。正如德国联邦宪法法院指出，竞争方式不可预见的多样性及变化性，导致难以穷尽列举所有的不正当行为并从而规定其构成要件。[1] 换言之，不正当竞争的边界是模糊的，这种模糊性决定了对不正当竞争行为的规制必须具有充分的涵盖性，具体列举不正当竞争行为的类别显然难以穷尽复杂多变的不正当竞争行为，而频繁地修改不正当竞争法以适应竞争世界变化的成本太高。只有在设立规制某些市场行为的明确条款的同时，补充了一条一般原则允许法院将不公平竞争行为的新形式概括到一般制度中，才可能有效地将所有不正当竞争行为纳入其规制范围内。《巴黎公约》及许多发达国家立法几乎毫无例外地选择了这种规制方式。

《巴黎公约》第 10 条之二对不正当竞争采用了列举+概括的立法模式，其第 10 条之二（3）列举了“特别”应予禁止的三个范例：产生混同行为、毁誉行为及误导行为。鉴于这些范例绝不可能穷尽所有情况，事实上，除了这三种行为外，还有侵犯商业秘密、不当利用他人成果、比较广告、干扰广告、利用恐惧心理、不当施加心理压力、不当促销等不正当竞争行为，第 10 条之二（2）将不公平竞争定义为在工商业活动中违背诚实惯例的竞争行为，即一般条款。该定义把“商业诚信”这一概念留待成员方法院和行政管理机关决定，即使相关当事人之间没有竞争，《巴黎公约》组织的成员方也可以自由地制止某些行为。这一模式也为各国立法所遵从。大部分对不公平竞争制定专门立法的国家，在其一般条款中采用了相同或类似的定义，如使用“诚实交易习惯”（比利时和卢森堡）、“诚信原则”（西班牙和瑞士）、“职业道德”（意大利）和“善良风俗”（德国、希腊和波兰）之类的词语。在没有专门立法时，法院用诸如“诚实和公平的交易原则”或“市场道德”（美国）等表达定义公平竞争。

由于上述一般条款中词语的含义不太固定，内涵和外延均不确定，甚至连可能的文义也没有，到底哪些行为违反了一般条款尚难以直接确定。即使那些特别列举的不正当竞争范例也有某种程度的不确定性。因而，必须依赖法院对该一般条款的解释。换言之，必须容忍法官在不正当行为的判断中有一定的自由度。虽然法院的解释至少在一定程度上能缓解不公平竞争边界模糊性的问题，并能够对不公平竞争行为产生吓阻作用，但法院解释的社会的、经济的、道德的和伦理的概念标准可能会因时间变化而变化。这仍然会导致法院裁量的

---

[1] BVerfGGRUR 1972，360-Grabsteinwerbung。

不确定性。由此可见，不正当竞争行为边界的模糊性决定了不正当竞争规制的宽泛性，特别是不正当竞争法一般条款所具有的宽泛性。

这种不正当竞争规制的宽泛性，一方面有利于克服对不正当竞争行为进行确定的列举式立法所带来的不周延性和滞后性等局限，具有灵活性，[1] 有利于保护经营者、消费者的利益和维护市场经济秩序；另一方面，由于绝大多数不正当竞争行为都是以商业言论形式表现出来的，如误导、毁誉、惊怵、比较广告等行为，当某种商业言论行为同时涉及不正当竞争与社会公共利益时，这种宽泛性的规制就可能会导致不正当竞争规制与商业言论自由的冲突。换言之，对以商业言论形式表现出来的不正当竞争行为的规制可能会损害表达者宪法上的商业言论自由权。由此可见，反不正当竞争法对市场竞争中行为的规制，具有潜在的限制自由的特征，可能导致对受宪法保障的基本权利的限制。从信息自由的视角观之，在一般条款及其他构成要件的解释中，必须加入基本权利所确立的价值秩序考量。[2]

如果考虑到商业言论的非确定性以及在目前仅受到宪法的有限保护，不正当竞争规制的宽泛性与商业言论自由之间所发生的冲突则更为复杂，而不仅仅是不正当竞争规制损害了商业言论自由的问题，商业言论则不仅要受到不正当竞争规制的审查，同时也和不正当竞争规制一样要受到宪法言论自由的审查。

2.3 知识产权保护与信息自由的价值冲突论

2.3.1 价值冲突论的一般原理

2.3.1.1 价值冲突的含义和原因

所谓法律价值是指法律对社会主体的需要和利益的满足，即法律对社会主体生存和发展所具有的积极作用和意义。[3] 法律价值实际上也是指权利价值。

---

[1] 郑友德，范长军．反不正当竞争法一般条款具体化研究——兼论我国《反不正当竞争法》的完善［J］．法商研究，2005（5）：124.

[2] 范长军．德国反不正当竞争法研究［M］．北京：法律出版社，2011：18.

[3] 贺海仁，杨保军．法律价值：效力与功效［J］．法律科学，1991（2）：15.

法的基本价值至少包括生命、秩序、自由、平等、人权、公正，这些价值是人对于法的最基本的需要，也是其他任何价值准则的基础。[1] 在这些价值中，人的全面发展则是其最高价值，它是法的终极价值追求，也是一切价值准则的目标和极致。[2]

在上述价值中，每一种价值目标都不是孤立和自足的，不同的价值目标不仅需要其他价值目标的配合与促进，同时不同的价值目标之间又总是存在相互抵触和相互冲突的复杂关系，即各种法律价值目标的相互对抗、相互排斥和相互抑制。[3] 在法律价值目标这个多层次的复杂结构中，性质相异的价值目标总是处在一系列冲突之中（如公平与效率）；性质相似的价值目标比较容易产生一致，但它们之间的冲突也是时时可见的（如在平等与公平之间，追求一律平等，结果反而不公平）。[4] 由于性质相异的价值目标多分别存在于不同法律体系、法律制度和法律规范中，法的价值冲突自然也多存在于不同法律体系、法律制度和法律规范之间。当然，在同一法律制度中也会有价值冲突。[5]

不同价值之间的冲突最终会表现为不同权利之间的冲突，因为权利是经过价值选择和价值评价以后被认为是正当的利益，[6] 权利位阶反映了价值上的轻重关系，权利冲突必然意味着价值的冲突，其实质就是利益的冲突和价值的冲突。

2.3.1.2　价值冲突的类型

价值冲突可分为规范价值与社会价值之间的冲突，工具价值与目的价值之间的冲突。

“规范价值是指法作为一种社会规范对于人所具有的意义”，[7] 法的人格价值、财产价值都属于法的规范价值，规范价值具有工具价值的特性。“社会价值是指法通过其社会作用，通过对人与人关系的作用，而产生的对于人的意义，是对于人的社会生产和社会生活需要的满足。从社会意义上讲，法的经济

---

[1] 卓泽渊．法的价值论［M］．3 版．北京：法律出版社，2006：133.
[2] 卓泽渊．法的价值论［M］．3 版．北京：法律出版社，2006：133.
[3] 秦策．法律价值目标的冲突与选择［J］．法律科学，1998（3）：39，40.
[4] 秦策．法律价值目标的冲突与选择［J］．法律科学，1998（3）：40.
[5] 卓泽渊．法的价值论［M］．3 版．北京：法律出版社，2006：587，588.
[6] 任广浩，叶立周．论权利冲突——以利益冲突为线索的考察［J］．河北法学，2004（8）：72.
[7] 卓泽渊．法的价值论［M］．3 版．北京：法律出版社，2006：140.

价值、政治价值、文化价值、科技价值等都属于法的社会价值的范畴”,❶ 社会价值具有目的价值的特性。由于两种价值分别要满足个人和社会主体的不同需要，而个人和社会主体的利益需要同时又存在一定的相互对抗或排斥，因而规范价值与社会价值之间必然存在冲突。

从价值之间的作用关系来看，价值体系中有手段价值和目的价值之分，前者可以被称为手段价值或过渡性价值、工具性价值，后者可以被称为目的价值或目标性价值。❷ 工具价值应当服从目的价值。❸ 工具价值属于规范价值，目的价值属于社会价值。正如前述，规范价值与社会价值之间存在冲突，那么分别属于规范价值的工具价值与属于社会价值的日的价值之间自然也存在冲突。

2.3.1.3 价值冲突的解决方法

无论是规范价值与社会价值之间的冲突，还是工具价值与目的价值之间的冲突，涉及的是不同的个人与社会主体之间的利益需要。不同主体利益需要之间的对抗或排斥，并非意味着不同主体的利益需要均不符合法律的规范要求，而是“因为缺乏一个由所有法益及法价值构成的确定阶层秩序，由此可以像读图表一样获得结论”❹，因而需要对不同主体的利益需要进行价值选择和价值评价来判定何种利益“正当”。这种价值选择和价值评价实际上就是对不同主体的利益需要进行衡量，即司法依据具体情况赋予某种利益需要的重要性，来从事法益的衡量,❺ 以确定何种利益具有较大的社会价值和意义，从而以牺牲其他利益需要来满足具有重大社会价值的利益需要。这种价值选择和价值评价的方法，学界称之为“利益衡量”或“法益衡量”。

这种利益衡量的方法多适用于司法个案，其最大的优点在于它的实用性。因为这种方法赋予法官以足够的权威，无论多么复杂的案件都可以通过法官作出判断。❻ 正如拉伦茨所指出，“利益衡量是法的续造的一种方法，它有助于答复一些——法律未明定其解决规则之——规范冲突的问题，对适用范围重叠的规范划定各自的适用可见，借此使保护范围尚不明确的权利得以具体化。”❼

---

❶ 卓泽渊. 法的价值论［M］. 3版. 北京：法律出版社，2006：133.

❷ 卓泽渊. 法的价值论［M］. 3版. 北京：法律出版社，2006：141.

❸ 卓泽渊. 法的价值论［M］. 3版. 北京：法律出版社，2006：143.

❹ ［德］拉伦茨. 法学方法论［M］. 陈爱娥，译. 北京：商务印书馆，2004：279.

❺ ［德］拉伦茨. 法学方法论［M］. 陈爱娥，译. 北京：商务印书馆，2004：279.

❻ 张翔. 基本权利冲突的规范结构与解决模式［J］. 法商研究，2006（4）：99.

❼ ［德］拉伦茨. 法学方法论［M］. 陈爱娥，译. 北京：商务印书馆，2004：286.

正因为如此，这种方法在欧美司法实践中有广泛的运用。

鉴于权利冲突实质上就是价值之间的冲突，因而无论是权利之间的冲突还是价值之间的冲突，二者的解决方法或模式最终都会走向利益平衡模式。

当然，利益衡量也天生存在一定缺陷。由于个案利益衡量无法给出一个相对客观的标准，因而这种方法显得难以琢磨，容易导致司法裁判服从法官的主观判断。对此，拉伦茨表达了自己的担忧：“倘若如此，对于依‘在个案中之法益衡量’所作的裁判即无从控制，法官也可以堂而皇之依自己的主观见解来裁判。”❶ 而博登海默则基于该方法的不足而强调应对该方法进行限制，“因为以主观的司法价值偏好为基础的判决，通常要比以正式或非正式的社会规范为基础的判决表现出来更大程度的不确定性和不可预见性”，所以“先进的法律制度往往倾向于限制价值论推理在司法过程中的适用范围”。❷

2.3.2 知识产权保护与信息自由的价值冲突论

知识产权保护与信息自由的冲突实质上是两种权利价值之间的冲突。作为法律制度的知识产权，其立法目的在于保护智力创造者的权利，维系社会正义；促进知识广泛传播，有效配置智力资源。❸ 换言之，知识产权的法律保护有着二元的价值和目标：一方面要保护知识创造者的利益，这是知识产权保护的直接价值目标；另一方面要保障知识信息的传播和利用，从而促进经济发展和科学文化繁荣，这表明知识产权法还担负着实现在一般的社会公众利益基础之上更广泛的社会公共利益方面的重任，具有重要的公共利益价值目标。❹ 知识产权的各项基本制度，围绕着上述法律价值目标，发挥着保护权利、平衡利益、促进科技进步和经济增长的社会功能。❺ 上述知识产权保护的二元价值和目标即是正义与效率的双重价值目标，同时也是其工具价值/手段价值与目的价值的双重目标。知识产权保护与信息自由的冲突不仅包括正义与效率双重价值目标之间的冲突，而且也涉及工具价值与目的价值之间的冲突。

---

❶ ［德］拉伦茨．法学方法论［M］．陈爱娥，译．北京：商务印书馆，2004：279.

❷ ［美］E. 博登海默．法理学——法律哲学与法律方法［M］．邓正来，译．北京：中国政法大学出版社，1999：504.

❸ 吴汉东．知识产权本质的多维度解读［J］．中国法学，2006（5）：97.

❹ 冯晓青．知识产权法的价值构造：知识产权法利益平衡机制研究［J］．中国法学，2007（1）：68.

❺ 吴汉东．知识产权本质的多维度解读［J］．中国法学，2006（5）：97.

知识产权保护是为了提高知识资源使用的效率。因此，对知识的排他性权利创设的成本，是为了在知识产权使用环节上取得更大的收益，这样才符合对知识产权制度进行成本收益分析的要求。[1] 因此，可以说知识产权制度产生的基础是效率价值，这也是知识产权制度追求的重要价值目标。知识产权制度的效率价值体现在版权法、商标法以及反不正当竞争法的许多制度中，版权法中的有限保护期限、合理使用都体现了效率价值，而商标权的设立本身就是效率价值的体现，商标法中的禁止仿冒、混淆乃至淡化都是为了保障商标中所包含的商业信息的合法和有效传播。而与商标法关系密切的反不正当竞争法中的禁止误导、虚假陈述等，其目的也是促进商业信息的合法有效流动。

正义价值是知识产权制度的首要价值。知识产权制度的正义价值要求知识产权法应对等设定当事人之间的权利和义务，权利义务的分配符合正义原则，知识产权权利人与权利人之外的其他人应公平、合理分享社会知识财富。虽然知识产权制度的效率价值鼓励知识创新和促进知识扩散，授予专利权人、著作权人等知识产权人以专有权。但另一方面，知识产权所保护的知识信息具有公共产品的特征，权利人以外的其他人也有接触、使用和传播的合理权利和利益。从社会知识财富利用的角度来说，知识产权制度的许多设计就是为了确认、保障和促进知识资源的公平分配，以实现社会分配正义。[2]

知识产权制度的正义价值与效率价值是存在冲突的。知识产权的效率价值侧重鼓励授予知识产权人以专有权，以鼓励知识创新和传播。而正义价值则强调知识信息在权利人与社会公众之间的公平分配。如果不授予知识产权人以专有权/垄断权，则会造成他人对知识的无偿利用，导致搭便车的行为，短期来看这是有利于公众参与知识信息的公平分配的，但另一方面却会让知识信息创造者或持有者投入的智力劳动或经济费用得不到相应的回报，知识信息创造者或者持有人继续投入智力劳动和经济费用的积极性会受到严重打击，长期则可能会导致严重阻碍知识创新和传播的后果。由此可见，没有效率的知识产权制度最终会影响知识产权制度正义价值的实现，二者之间呈现出相互促进相互矛盾的关系。相反，如果授予知识产权人以知识信息专有权或垄断权，也会影响知识的创新和传播。由于知识产权和财产权一样是私权，知识产权权利人完全可以按自己的意志来决定知识信息的占有和传播，而不是按公众的意志来决定知识信息的占有和传播。显而易见，这种知识信息的私人占有会阻碍公众参与

---

[1] 和育东．知识产权法的效率价值及其实现［J］．电子知识产权，2006（7）：21.

[2] 冯晓青．知识产权法的公平正义价值取向［J］．电子知识产权，2006（7）：18.

知识信息的接触、利用和传播，二者之间存在相互冲突的关系。事实上，知识产权制度的效率价值本身也内含着这种冲突关系。知识产权中的效率通常包括占有规则和传播规则。过分强化的知识产权保护将导致知识产权过度垄断而带来的成本问题。而削弱知识产权保护则会引起过度自由搭乘现象，以及由此引起的在创新领域减少投资的情况。任何立法的难点都在于在占有规则和传播规则之间找到一种平衡。[1]

知识产权制度的正义价值呈现出与效率价值相互冲突和相互促进的关系。一方面，知识产权制度正义价值的实现必须依赖于一个有效率的知识产权制度，没有一个有效率的知识产权制度就不可能真正实现公众参与知识信息的公平分配，二者之间相互依赖、相互促进。另一方面，知识产权制度的效率价值必须以促进知识创新和传播为目的，为公众参与知识信息的公平分配创造良好的条件。换言之，作为工具价值的知识产权制度的效率价值应服从作为目的价值的知识产权正义价值，并服务于正义价值；同时，也才能更好地促使知识产权制度的价值全面实现，避免在知识产权制度的价值追求上的随意偏颇。否则，过于强调知识产权制度的效率价值将会影响公众参与知识信息的公平分配。

知识产权制度的正义价值与效率价值之间的双重关系，决定了二者之间必须和谐相处，也就是说在知识产权制度的立法和司法实践中要合理地设计正义价值和效率价值，应让知识产权权利人和公众在知识产权立法和司法中都能发出自己的声音。然而，从知识产权产生和发展的历史来看，在技术发展和资本介入的作用下，知识产权制度一直呈现出不断扩张的发展趋势，知识产权权利人享有的权利范围和内容以及侵权时受救济的程度不断扩展，而知识产权制度正义价值的空间被不断地压缩。如何有效协调二者之间的冲突，使知识产权制度的正义价值与效率价值统一起来，不仅是知识产权制度的价值取向，也是现代社会正面临的一个重大问题。

2.3.2.1 版权保护与信息自由的价值冲突论

版权保护与信息自由的冲突最为突出，这种冲突源于版权制度的正义价值与效率价值、工具价值与目的价值之间的冲突，也与版权保护的客体属于文学、艺术和科学作品有关。

---

[1] ［澳］彼得·达沃豪斯，约翰·布雷斯韦特．信息封建主义［M］．刘雪涛，译．北京：知识产权出版社，2005：13.

版权的法律保护也有二元价值目标。一方面是版权制度要保护文学、艺术和作品创作者或者持有者的利益，这是版权保护的直接价值目标，但不是版权保护的首要价值目标。另一方面版权保护也要保障文学、艺术和科学信息的传播和利用，从而促进科学文化繁荣的社会公共利益，这表明版权法还担负着实现社会公共利益方面的重任，这既是版权保护的首要价值目标，也是版权保护的终极价值目标，它包括增加新兴创作的质与量和增加公众接触新兴创作的机会两个方面。❶ 在版权法的这二元价值中，前者属于版权制度的效率价值、工具价值，后者属于版权制度的正义价值、目的价值。对于正义价值而言，版权制度的工具价值具有动态性、权宜性和可替代性。❷

版权制度的二元价值之间既相互促进又相互冲突。版权制度赋予文学、艺术和科学作品创作者或者持有人以专有权，是对创作智慧的努力赋予充分的报酬，以此激励有才能的人从事创作，❸ 从而为整个社会提供更多的文学、艺术和科学作品，也为公众接触、利用和传播新作品提供了可能。因而，版权制度的效率有促进其正义价值实现的积极作用。从信息自由的角度来看，赋予创作者以版权专有权，至少在两个方面可以保障信息自由：其一，允许作者独立自主地表达自己的思想、观念、看法等，而不受国家和社会精英的控制，有助于表达多样性和多元性的形成。❹ 这本身就属于信息自由的内容和表现。其二，增加了社会作品总量，为公众自由接触、利用和传播文学等知识信息提供了条件。

赋予版权以专有权，这种具有私人性质的财产权使得版权人可以依据自己的意志来决定作品的占有和传播，而且这种专有权受到保护的期限越来越长，受到损害时获得救济的程度也越来越强，公众利用作品的自由受到权利人意志的制约。版权制度的效率价值阻碍着其正义价值的实现。

就版权制度的正义价值而言，版权制度的终极目标并非仅为使著作权人获得应有的报酬，而是为了文化与知识的传播与创新。❺ 美国版权立法充分印证了这一点。从其立法背景来看，美国版权法的制定并非著作权人寻求报酬之最

---

❶ Julie E. Cohen. Copyright and the perfect Curve［J］. 53 VAND. L.REV，2000：1799、1801.

❷ 宋慧献. 版权保护与表达自由之关系研究［D］. 武汉：中南财经政法大学，2009：28.

❸ Sony Corp. of Am. v. Universal City Studios，Inc.，464 U.S. 417，431-432（1984）.

❹ 胡光志，雷云. 版权、表达自由与市民社会［J］. 法学评论，2008（2）：45.

❺ Wendy J. Gordon. Fair Use as Market Failure：A Structural and Economic Analysis of the Betamax Case and Its Predecessors［J］. 82 COLUM. L. REV，1989：1600-1601.

大化，亦非为促进创作数量之最大化，而是为了促进知识与学习的进步。[1] 虽然版权法赋予版权人以专有权，但版权人的这种独占利益是附带的、协助性的、并限缩于可提供必要诱因的范围内。[2] 而且赋予版权人以专有权，以作为个人成就的鼓励，实乃是促进公共福利的最佳方法。[3]

版权制度的正义价值还要求版权法设立多种对版权专有权予以限制的制度，以保证寻求创作诱因与一旦信息被创造后，接触该信息的各方利益之间的平衡。[4] 例如，合理使用、思想与表达二分法等。这些版权限制制度使得公众可以在一定范围内自由地利用作品，版权专有权受到有力的约束。如合理使用的目的，即在于保障公众免于因著作权的独占过度扩张，反而窒息了版权本欲促进的知识与学习进步的危机。[5] 因此，版权制度的效率价值必须服从和服务于正义价值。

版权制度二元价值的双重关系要求二者之间应统一协调，版权制度的效率价值必须以正义价值为目标，版权专有权必须受到公共利益的约束，这是版权制度得以产生和发展的基础，并由此设计多种限制措施。由此推之，一个不断扩张的版权是与版权制度的正义价值相违背的，因为它扩展了版权人的权利范围、内容和强度，妨碍了公众获取版权信息的自由，这可能意味着版权制度的效率价值开始背离了版权制度的目的和宗旨，本应服从和服务于正义价值的效率价值（工具价值）本身可能变成了目的价值。而深受技术发展影响的版权制度在知识资本介入后，正呈现出不断扩张的趋势，作为追求利益公正分配的版权这一工具正在演变为制约公众获取知识信息的资本工具。

2.3.2.2 商标权保护、不正当竞争规制与信息自由的价值冲突论

商标权保护也有二元的价值目标：一方面，它可以保证消费者不被误导或者混淆货物或者服务的真正来源；另一方面，它通过允许商标所有人“收获”

---

[1] Lydia Pallas Loren. Redefining the Market Failure Approach to Fair Use in An Era of Copyright Permission Systems [J]. 5 J. INTELL. PROP. L, 1997: 24.

[2] Niva Elkin-Koren. Copyright Policy and the limits of freedom of contract [J]. 12 BERKELEY TECH. L.J, 1997: 101.

[3] Mazer v. Stein, 347 U. S. 201 (1954), p. 219.

[4] Glynn S. Lunney, Jr.. Reexamining Copyright's Incentives-Access Paradigm [J]. 49 VAND. L. REV, 1996: 485.

[5] Lydia Pallas Loren. Redefining the Market Failure Approach to Fair Use in An Era of Copyright Permission Systems [J]. 5 J. INTELL. PROP. L, 1997: 24.

商标所带来的“经济、声誉回报”，可以鼓励商标所有人提供优质货物或者服务。❶ 这种“经济、声誉回报”主要体现在提高产品的销售量和市场份额，占据产品价格优势以提高边际利润，利用品牌延伸以降低新产品促销成本三个方面。❷

在这二元价值目标中，商标法所保护的商标凝结了商标权人的智慧设计及长期的资本投入和经营。商标权人的这种投入必须获得有效的回报，商标法必须为商标权人获得有效的回报提供良好的制度激励。赋予商标所有人以商标权是一种有效率的制度安排，它降低了消费者的寻找成本，其制度收益在生产者、消费者、商标审查及管理机构和社会之间进行分配，抵消了商标制度的成本之后有剩余，符合效率原则。❸ 具言之，通过赋予商标所有人以商标专有权所产生的激励效应和所降低的寻找成本是一种有效的价值安排，实现了商标信息资源的有效配置。反之，如果不对这种投入和经营予以保护，则势必导致商标权人所设计和经营的商标上凝结的商誉为他人“免费使用”，商标权人就无法收获先期的智慧设计和经营所带来的经济回报和商誉回报。由此可见，维护商标权人的利益是商标法的基础价值目标。

如果说保护商标权是商标法的基础价值，那么维护消费者利益是商标法的基本价值追求。赋予商标所有人以商标权，不仅可以对商标侵权者形成威慑和惩罚，从而使商标的标识功能得以持久强化，进而使商标权能够得以顺利实现其自然功能和社会功能，这也是商标制度构建的基本逻辑。❹ 正是由于商标所具有的标识功能，从而延伸出商标保护的另一重要价值，即保护消费者利益。维护消费者利益是商标保护的基本价值追求，体现在商标法的各项具体制度之中。

对商标保护而言，虽然上述二元价值在制止假冒和仿冒行为、防止消费者发生混淆方面，由于目标的一致性而不会发生冲突。❺ 然而，对于商标权人而言

---

❶ ［美］约翰·G. 斯普兰克林. 美国财产法精解［M］. 2版. 钟书峰，译. 北京：北京大学出版社，2009：63.

❷ Julie Manning Magid，Anthony D. Cox，Dena S. Cox. Quantifying Brand Image：Empirical Evidence of Trademark Dilution［J］. 43 Am. Bus. L.J. 9：90.

❸ 吴汉东. 知识产权制度基础理论研究［J］. 北京：知识产权出版社，2009：196.

❹ 罗晓霞. 论商标法的多元价值与核心价值——从商标权的“行”与“禁”谈起［J］. 知识产权，2010（2）：64.

❺ 邓宏光. 论商标法的价值定位——兼论我国《商标法》第1条的修改［J］. 法学论坛，2007（6）：89.

言，其所享有的商标专有权必须完全服务于其利益，而对消费者而言，则要求商标权人的商标必须有效地传达其所承载的商业信息。二者间存在不同的利益冲突。这种冲突随着商标权保护的不断扩张而愈发突出。这种冲突在比较广告上表现得较为明显，比较广告一方面有助于降低消费者寻找相关信息的成本，另一方面也会导致竞争者通过比较广告用该受保护商标的声誉吸引顾客，损害该商标在市场上的商誉。[1] 当二者发生冲突时，商标保护的效率价值目标应服从于其基本价值目标，优先保护消费者利益。这不仅是因为保护公众/消费者利益是商标保护最重要的价值目标，而且还因为保护商标权人利益也是为了保护公众/消费者利益，通过为商标权人提供保持和提高其产品质量的激励，商标保护最终惠及公众。[2]

商标的识别功能还决定了商标法应以促进有效竞争为其核心价值。[3] 商标的识别功能要求必须有效地传递商标所承载的商业信息，这不仅有利于消费者获取相关商业信息，促进相关产品和服务的质量提高和市场发展，而且还有利于其他竞争者获取、利用相关商业信息。但对商标权人而言，在市场竞争中，其所享有的商标是商品分配不可替代的服务工具，[4] 成为垄断顾客的合法权利，[5] 市场上的其他竞争者未经许可是不可以利用其商标的。由此可见，维护商标权人的利益与促进有效竞争是有冲突的。如果不维护商标权人的利益，则不可能会有一个有效竞争的市场；相反，无限扩张的商标权，必将限制其他竞争者的活动范围，可能会损害市场的竞争机能，遏制市场经济的发展，扭曲、阻挠市场的正常运作功能，不仅消费者的利益将因此而受到损害，[6] 显然也不可能促进一个有效竞争的市场。实际上，在商标保护的诸价值中，维护商标权人的利益是其基础价值目标，而保护消费者利益、促进有效竞争则是其终极价值目标，即最高价值，两者之间的关系是目的与手段的关系。法律为促进有效竞争而必须赋予商标所有者以商标权，[7] 同时赋予商标所有者以商标权最终的

---

[1] 许明月，邓宏光．论比较广告的法律规制［J］．法学，2005（10）：60-67.

[2] H. R. Rep. No. 76-944, at 2 (1939).

[3] 罗晓霞．论商标法的多元价值与核心价值——从商标权的“行”与“禁”谈起［J］．知识产权，2010（2）：64.

[4] 黄晖．驰名商标和著名商标的法律保护［M］．北京：法律出版社，2001：3.

[5] ［日］富田彻男．市场竞争中的知识产权［M］．廖正衡，等，译．北京：商务印书馆，2000：13.

[6] 许明月，邓宏光．论比较广告的法律规制［J］．法学，2005（10）：61.

[7] 罗晓霞．论商标法的多元价值与核心价值——从商标权的“行”与“禁”谈起［J］．知识产权，2010（2）：64.

目的是保护消费者利益并促进有效的市场竞争。也正是基于这一目标价值，有学者提出应当确立考虑了商标所有人、消费者和其他竞争者系列需求的显著性统一标准，并将政策因素作为评价商标显著性的核心，以确保商标注册的效果达到最佳状态。❶

商标法保护与不正当竞争规制之间存在非常密切的关系。商标是表彰或服务的标志，商标权人借保护其物美价廉之信誉，并以之作为商业竞争的武器。所以，不正当竞争规制对于商标保护有直接影响。但不正当竞争的立法并无替代商标法的目的，仅于后者无特别规定或不完美时，具有辅助作用而已。❷ 最典型的是美国，美国商标法是其反不正当竞争法的一个组成部分，主要是源于普通法中的假冒行为侵权法。因此，商标保护的历史基础是各州普通法。❸ 1946 年后，商标法的普通法基础已被《兰哈姆法》所取代。美国《兰哈姆法》第 43 条第（1）款规定，商标保护可以适用于在州际商务活动中针对某人自身产品作虚假主张的行为。1988 年，该条款扩展到对他人商品或服务的虚假陈述和误导陈述。美国之所以将不正当竞争行为纳入商标法来规范，其原因主要在于，侵犯商标权的行为基本上都属于不正当竞争行为，而不正当竞争行为也常常是包括商标权在内的知识产权的一种侵权行为。❹ 商标权保护与不正当竞争规制不仅都以保护作为经营者的商标权人的利益为基本价值目标，同时也都以保护消费者利益和促进有效竞争为其核心价值目标。正如有学者强调，“反不正当竞争法应该规制整体市场行为，保护全体消费者，不管消费者是否已经与经营者签订合同或缔结了法律行为。”❺ 正是基于二者间的这种密切关系，上述商标权保护与信息自由之间的价值冲突分析也适用于不正当竞争规制与信息自由之间的价值冲突。

---

❶ Michael Handler. The Distinctive Problem of European Trade Mark Law. E. I. P. R. 27（9）：312.

❷ 曾陈汝明．商标法原理［M］．北京：中国人民大学出版社，2003：147，150，152.

❸ ［美］约翰·G. 斯普兰克林．美国财产法精解［M］．2 版．钟书峰，译．北京：北京大学出版社，2009：63.

❹ 吴汉东．知识产权制度基础理论研究［M］．北京：知识产权出版社，2009：359.

❺ 范长军．德国反不正当竞争法研究［M］．北京：法律出版社，2011：66.

2.4　知识产权保护与信息自由的冲突的协调论

知识产权和信息自由都属于受宪法保护的基本权利，知识产权属于受宪法保障的财产权利，而信息自由属于受宪法保障的政治权利。知识产权保护一方面可以促进整个社会的信息自由，另一方面却因其对有价值的信息产品的垄断而威胁到信息自由的实现。二者之间不仅相互联系、相互促进，同时又彼此矛盾、存在冲突。这种冲突不仅是基本权利之间的冲突，同时也是二者权利价值之间的冲突。对于这种冲突，理想的立法和司法目标是通过协调二者之间的冲突，促进二者之间的和谐共存。其协调的原则是：其一，对于权利冲突的协调，应确定基本权利的位阶秩序，奉行“法益优先保护”。其二，对于价值冲突的协调，应实行“利益衡平”。[1]

2.4.1　法益优先原则

对于权利之间的冲突，应确定基本权利的位阶秩序，奉行“法益优先保护”的原则。信息自由是最基本的人权，是“构成民主社会的根基之一，构成社会进步和每个人的发展的基本条件之一”[2]。虽然知识产权对于社会的科技、文化进步和发展也具有相当的地位和作用，但信息自由对社会发展所起到的作用更为重要，其地位也更为突出。信息自由应当具有优越地位和优先性的法价值。奉行法益优先保护的原则，就要求对知识产权采取有限的保护制度，对知识产权的权利范围、客体范围、保护期限以及保护强度作出必要的限制，知识产权保护必须对信息自由作出最大的克制和包容。这意味着现代知识产权制度不仅要符合国际知识产权公约的规定，而且不应与国际人权标准相冲突。知识产权保护应符合其必须遵守的国际人权义务。[3]

事实上，现行各国立法和国际知识产权条约均在一定程度上体现了这一原则。如，在版权法中设置了思想与表达二分法、合理使用等限制版权的“安

---

[1] 吴汉东．知识产权 VS. 人权：冲突、交叉与协调［N］. 中国知识产权报，2004（1）：6.

[2] Handyside v. The United Kingdom Judgement，07/12/1976，A24，para. 49。

[3] 吴汉东．知识产权 VS. 人权：冲突、交叉与协调［N］. 中国知识产权报，2004（1）：6.

全阀”，在商标法中也设置了商标合理使用制度，等等。其中最典型的是版权合理使用制度。如前所述，版权法的首要目的在于确保社会大众得以享用适当供应量的作品。因此，只要版权法是以公众利益为中心，则依作品公共财产的特性，版权法必须采用合理使用原则以平衡与版权权益相关的公共利益与损失。❶ 而合理使用制度的目的即在于保障社会大众免于因版权之独占过度扩张，反而导致了版权法本欲促进的知识与学习进步的危机。❷ 具言之，对版权及其扩张进行限制，从公众的角度来看是规定了使用者的接触权利，❸ 其实质是为了不至于妨碍公众的信息自由，从而在版权人获取报酬应与合理使用所生的公共利益——接触作品、传播信息以及通过多样化的利用方式而促进学习等——之间审慎地取得平衡。❹

如果考虑到知识产权制度发展的动态性，特别是随着技术发展和知识资本的介入，知识产权呈现出急剧扩张的趋势，而对知识产权予以限制的合理使用等制度却并未同步扩大其使用范围，信息自由面临着知识产权不断扩张所带来的前所未有的压力。因此，必须奉行“法益优先保护”的原则，对信息自由予以优先保护，协调和平衡现有知识产权保护与信息自由之间的冲突和矛盾，缓解其因知识产权不断扩张所带来的压力。

2.4.2 利益衡平原则

对于权利冲突的协调，应遵循“利益衡平”原则。虽然知识产权保护与信息自由之间存在某种冲突，但二者本质上可以达到一致。利益衡平原则强调二者之间的协调共处，它不仅依据法益优先的原则，而且还依据个案考量知识产权保护与信息自由之间的冲突，其一方面强调出于社会公共利益，在一定情况下对知识产权进行必要的限制，以保证公众对知识信息的合理利用；另一方面也强调信息自由应对知识产权保持必要的尊重和容忍，以激励创造更多的有价值的知识信息，从而增加社会福祉。

---

❶ Glynn S. Lunney, Jr.. Fair Use and Market Failure: Sony Revisited [J]. 82 B. U. L. REV., 2002: 996.

❷ Lydia Pallas Loren. Redefining the Market Failure Approach to Fair Use in An Era of Copyright Permission Systems [J]. 5 J. INTELL.PROP. L. 1: 22.

❸ Niva Elkin-Koren. Copyright Policy and the limits of freedom of contract [J]. 12 BERKELEY TECH. L.J. 93: 99.

❹ 蔡岳勋，胡心兰. 从法律与经济学的角度分析美国著作权法之科技保护措施及合理使用原则[J]. 中原财经法学，14: 63.

利益衡平原则是在司法中多依据个案考量，即依个别案例作不同判断，在禁止系争利用知识信息的方式与允许使用方式所产生的不同价值中比较、选择。对司法机关而言，仅需考虑单一利用知识信息的方式对系争知识信息所产生的影响，将比排列比较所有可能之使用方式容易得多。而且，利益衡平原则也比较符合知识产权合理使用的本质——“理性均衡之衡平法则”。[1] 由此可见，利益平衡原则既可促进配置效率又实际可行，符合版权法等之终极目标。

虽然利益平衡原则并没有一般性的规则可循，但有学者依据利益平衡理论和司法实践，提出了一项具体的三阶段“利益平衡模式”：[2] 首先，法院需决定知识产权人是否能提出“压倒性的证据证明，其知识信息产品的现有或未来的市场价值将可能（因为被告之行为而）受到严重损害”。利益平衡之第二阶段“要求知识产权人证明，其知识信息产品的现有或未来的市场价值将可能（因为被告之行为而）受到损害，与其未来的知识信息的生产之间有密切的关系”。利益平衡模式的最后一个步骤，是为辨识出若允许系争未经授权的利用知识信息的方式得以继续，则所生的公共利益为何。在这一模式中，知识产权为具体的、积极性的权利，而信息自由权则是抽象的、消极性的权利，强调知识产权人能否提出压倒性的证据证明其利益，不仅反映了两种权利的具体性质和特征，而且也体现了这一模式对信息自由某种程度的倾斜保护。

2.5 小　　结

包括劳动财产理论、人格财产理论在内的独占论为知识产权的产生和发展提供了理论支撑，但独占论的前提条件被人们忽略了。工具论也为知识产权的产生和发展提供了理论支撑，但工具论的推理过于直线，在技术发展和资本的推动下，工具论也变成了知识产权不断扩张的依据。在此基础上，笔者提出，应重塑知识产权理念。

知识产权保护因知识产权客体的抽象性、公共性以及以禁止他人行为为模

---

[1] 蔡岳勋，胡心兰．从法律与经济学的角度分析美国著作权法之科技保护措施及合理使用原则［J］．中原财经法学，14：69．

[2] Glynn S. Lunney，Jr.．Fair Use and Market Failure：Sony Revisited［J］．82 B. U. L. REV.，2002：1000-1023.

式导致了其与信息自由的冲突。版权保护与信息自由间的冲突表现在客体范围、权利内容、保护期限和保护强度等全方位。商标权保护与信息自由之间因商标不同而呈现出不同程度的冲突，这包括描述性商标保护与描述性词汇表达自由间的冲突，指示性商标保护与商标商业意义上的表达间的冲突以及反淡化保护与信息自由间的冲突。反不正当竞争法则因其规定的抽象性，特别是一般条款的抽象性而导致的不正当竞争规制与信息自由的冲突，主要是指不正当竞争规制与商业信息自由的冲突。

知识产权与信息自由权利的冲突源于二者价值上的冲突。知识产权保护知识产权人的利益与促进公共利益的价值目标之间存在冲突。版权保护版权人的利益与保障权利信息自由以促进文学艺术进步的价值目标之间存在冲突。商标权保护商标权人的利益与保障商业信息的自由流动以保护消费者和促进竞争秩序的价值目标之间存在冲突。反不正当竞争规制保护竞争者的利益与保障商业信息的流动以保护消费者和促进竞争秩序的价值目标之间存在冲突。

对于知识产权与信息自由权利的冲突，要奉行权利位阶、法益优先的原则。对于知识产权保护与信息自由的价值冲突，则要进行法益衡量。无论是法益优先还是利益衡量，都应当通过知识产权法和宪法双重路径来进行，仅有知识产权法的内部平衡措施尚不足以缓解和平衡二者间的矛盾。

3

知识产权保护与信息自由冲突的历史分析

知识产权自产生以来，一直呈现出不断扩张的发展趋势，这种扩张不仅包括其权利客体范围和权利内容的扩大、保护期限的延长、保护强度的增强，而且还包括地域上的不断扩展。导致这种不断扩张趋势的原因，客观上是由于技术的快速发展导致知识产品或知识信息的复制或传播变得更加容易，知识产权人控制其知识产品或信息的难度越来越大。知识产权只有随着技术的发展而不断扩展其保护内容和强度，才可能使得知识产权人在新技术条件下获得应有的经济回报。技术的发展同时也促进了知识产品的市场化，知识产品较其他产品有着更大的市场价值，这又为资本的介入提供了动力，并最终形成了知识资本主义，知识资本主义的本性又决定了其独占知识信息或知识产品的贪婪欲望。正是由于这两方面的原因，受知识产权保护的知识信息日益呈现出为知识资本家垄断占有的局面，这严重威胁到公众获取、利用、传播知识信息的能力。知识产权自产生以来，几乎一直伴随着知识产权保护与信息自由的冲突，而晚近以来，伴随着传播领域和其他领域革命性科技的不断发展，产生了新的利益分配和新的权利要求，这些新的利益分配和新的权利要求又都会引起知识产权产业的扩大，[1] 其结果则是知识信息不断趋于集中和垄断，知识产权变成了知识资本主义谋求超额利润的一个工具，而公众的信息自由则成为牺牲品。

---

[1] Signund Timberg. A Modernized Fair Use Code For Visual Auditory And Audiorisual Copyrights. Fair Use And Free Inquiry，1980. 吴汉东．现代传播技术中的合理使用制度［J］. 南京大学法律评论，1996：159.

3.1 版权保护与信息自由冲突的历史分析

“版权制度的产生与发展史，也就是复制技术和传播技术进步的历史”。❶技术发展不仅带来了版权法的产生和发展，同时也为版权的扩张带来了客观上的动力。如果没有印刷术的产生就不会有版权的产生，因为只有印刷术才首次大大提高了作品的复制与传播的效率，❷ 使得人人都能接触文字，并且随着一些王室、贵族或者富人的赞助偏好被大众消费者越来越集中的需求所取代，就有必要采用一套法律机制，对作者、出版者与读者的关系作出商业性调整。❸如果没有模拟技术和网络技术的出现，就不会有现今社会的版权法的发展，也就不会有版权扩张到极致，因为数字技术和网络技术不仅实现了作品复制的无纸化，更使得其传播效率惊人。因此，完全可以说“版权本身就是技术革新的副产品”。❹

关于版权产生与发展历程的划分方法，本书采用日本学者田村善之的划分标准，依据版权制度产生的技术基础，即技术发展对版权的产生与发展的影响，将印刷技术的普及称作第一次浪潮，复制技术向私人领域的普及则是版权制度遭遇的第二次浪潮。而互联网时代的到来，给版权法赖以存在的前提带来了与（依然未解决的）第二次浪潮实质不同的第三次浪潮的变化。❺ 据此，版权的产生和发展可以分为三个阶段：①印刷技术时代的版权；②模拟技术时代的版权；③数字和网络技术时代的版权。下文将从这三个阶段来考察技术发展是如何推动版权扩张的，以及这种扩张会对公众的信息自由造成何种影响。

---

❶ 吴汉东．现代传播技术中的合理使用制度［J］．南京大学法律评论，1996：151.

❷ 郑成思．信息传播与版权历史［J］．韶关学院学报：社会科学版，2003（2）：27.

❸［美］保罗·戈斯汀．著作权之道——从谷登堡到数字点播机［M］．金海军，译．北京：北京大学出版社，2008：22.

❹［英］R.F. 沃尔，东里米·菲利普斯．版权与现代技术［J］．王捷，译．国外法学，1984（6）：17.

❺［日］田村善之．日本现代知识产权法理论［M］．李扬，等，译．白巴根，铃木敬夫，审校．北京：法律出版社，2010：33.

3.1.1 印刷技术时代的版权

3.1.1.1 前版权时期

“著作权从一开始就是技术之子”。❶ 在1450年德国人古登堡发明活版印刷之前，书籍的复制与传播只能靠抄写，这种抄本的成本很高，作品难以普及，文学及艺术也就成了富裕的名士骚客、封建地主及贵族国王的专利，❷ 远未形成与“书籍”相分离的作品观念。这表明：手稿时代的法权关系有所有权就够了，版权既没有存在的必要，也没有生存的土壤。❸ 而古登堡活版印刷的发明，则大大改变了过去手稿时代的复制方式，复制不仅变得容易、快捷，而且相对准确，使得大规模的发行、传播成为可能，大规模化的传播又使得信息的获得者从贵族教士扩大到一般的民众，扩大了读者群体。❹

1476年，活版印刷技术传入英国。起初，英王查理三世颁布法令，鼓励印制及进口图书。而且还任命彼得·阿克达斯为皇家印刷商，未对其作任何限制。彼得·阿克达斯成为英国历史上第一个皇家印刷商。❺ 此后，印刷特权逐渐授予更多的印刷商，推动了印刷出版业的繁荣。此时又适逢文艺复兴时代，文艺发展朝气蓬勃，在人类对文化作品的渴求和印刷术的双重推动下，书籍得以大量生产和传播。❻ 在当时政治不稳定、新教派和旧教派之间冲突不断的背景下，书籍的大量生产和传播带来了思想上的解放，一些“宗教异端思想、煽动叛乱的言论”也得以更便捷地流传。❼ 由此引起当时的都铎王朝极大的不安。自亨利八世开始，都铎王朝不断颁发控制出版的命令：❽ 1528年，颁布管

---

❶ ［美］保罗·戈斯汀．著作权之道——从谷登堡到数字点播机［M］．金海军，译．北京：北京大学出版社，2008：22.

❷ 贺德芬．文化创新与商业契机［M］．台北：月旦出版社股份有限公司，1994：271.

❸ 易健雄．技术发展与版权扩张［M］．北京：法律出版社，2009：7.

❹ 徐言．中英两国早期版权保护的比较研究［M］//郑胜利．北大知识产权评论．北京：法律出版社，2004：182.

❺ L.Ray Patterson，Copyright in Historical Perspective，Vanderbilt University Press，1968，p. 81.

❻ 贺德芬．文化创新与商业契机［M］．台北：月旦出版社股份有限公司，1994：271.

❼ 易健雄．技术发展与版权扩张［M］．北京：法律出版社，2009：10.

❽ 杨会永．版权保护与表达及信息自由的冲突与协调：基于欧洲法的分析［M］//冯军，等．版权保护法制的完善与发展：基于欧盟经验与中国实践的视角．北京：社会科学文献出版社，2008：108-109.

制外国印刷商令，不允许外国出版商在英国设立新厂，限制外国出版商学徒人数不得超过二人。1529 年，颁布禁书目录，正式对出版印刷业进行控制。1530 年，首次实行出版登记。1534 年，颁布保护国内出版商的命令，取消图书进口的自由，英国出版商获得了禁止外国出版物进口的皇家特许。1538 年，正式建立皇家出版登记制度，规定所有出版物须经事先许可方能出版。1557 年，玛丽女王通过皇家特许状将出版同业公会改造成为“皇家出版公司”，规定一切图书在出版之前，必须在该公司登记，非该公司成员无权从事印刷出版活动，同时该公司还被授予搜查、销毁违反法律和命令而印刷书籍的权力。1586 年，颁布星座法院命令，对违反法令的出版行为予以严厉惩办。1662 年，颁布许可法，规定：凡印刷出版图书，必须在出版商公司登记并领取印刷许可证；凡取得许可证者，均有权禁止他人翻印或进口有关图书。这部法律在 1679 年和 1685 年两次被延续。在这一系列的举措中，成立皇家出版公司最能体现英王朝的意图——即通过赋予印刷商印刷特权，来控制社会言论，从而使得出版特权制度与出版审查制度紧密而巧妙地结合在一起。封建统治者通过许可证制度，限制言论自由，禁止危及自己统治的作品出版，甚至通过书籍审查获取“罪证”来迫害作者。❶ 通过建立皇家出版公司，王室的政治利益与印刷商和官方办报人的经济利益完美地统一起来了，由此大大加强了王室对新闻印刷出版事业的控制强度。❷

这种管制制度一直持续到英国的“光荣革命”。1688 年的“光荣革命”宣告了议会对王权的胜利，专制主义的倾向受到决定性的遏制，自由与宽容成为时代的呼声。❸ 1689 年，英国议会颁布权利法案，建立了君主立宪政体，保障了公民的基本权利和自由。在此背景下，本应当在 1694 年再度续展的许可法未能够在议会通过，一个多世纪以来的印刷出版管制制度寿终正寝。❹ 随之终结的还有支持书商公会垄断的主要制裁手段（从 1695 年开始，英国王室寻

---

❶ 吴汉东. 著作权合理使用制度研究［M］. 北京：中国政法大学出版社，1996：3.

❷ 杨会永. 版权保护与表达及信息自由的冲突与协调：基于欧洲法的分析［M］//冯军，等. 版权保护法制的完善与发展：基于欧盟经验与中国实践的视角. 北京：社会科学文献出版社，2008：109.

❸［英］安东尼·阿巴拉斯特. 西方自由主义的兴衰［M］. 曹海军，等，译. 长春：吉林人民出版社，2004：219.

❹ 杨会永. 版权保护与表达及信息自由的冲突与协调：基于欧洲法的分析［M］//冯军，等. 版权保护法制的完善与发展：基于欧盟经验与中国实践的视角. 北京：社会科学文献出版社，2008：110.

求以对煽动性诽谤行为施以刑事指控的手段来控制异己分子)。[1] 许可法的最终失败是一座界碑：它铭刻了出版前审查制度的终结，宣告了政府与书商公会合作机制的解体，开启了印刷自由的新时代。[2]

虽然之后书商公会曾向议会请愿，但在扩张其审查权方面仍然徒劳无功，书商们开始转向他们在立法上的策略：不再声称自己的利润受损，而是将作者与读者的利益推向前台。[3] 他们声称：印刷和销售图书都要花费一定的时间和金钱，而国内外的盗版行为却严重危及这种投入；如果不对这些投入予以财产权保障，作者的原稿将无人购买，作者的利益也就得不到实现，这会极大地挫伤作者的创作热情，从而危及公共利益；为了鼓励作者写作，应该保护作者及其原稿购买者的文学产权。[4] 在这一策略下，书商公会以保护作者的名义强烈要求通过一部不再需要续展的、长期有效的成文法。另一方面，由于出版商公司的制度突然被搁置起来，开放的媒体市场也需要一些法律以避免出现“无政府主义的出版物”。[5] 于是，在经过书商公会三年密集的立法游说之后，[6] 1710 年 1 月 11 日，一份名为《促进知识、保护图书原稿之正当所有者的财产权》的议案提交到下议院审读，并于 4 月 4 日在上议院通过，4 月 5 日获得批准，并于 1710 年 4 月 10 日生效。至此，世界上第一部版权法《安娜法案》诞生，它被视为现代知识产权法的渊源。[7]

纵观版权产生的历史，至少可以得出以下四点结论：①版权是印刷技术的产物，没有印刷技术所带来的高效率复制和传播，就不可能有版权产生。②版权是由出版特权发展而来的。早期的版权与出版权关系密不可分，有赖于出版权的保护，版权概念才得以慢慢衍生而成。[8] ③版权的产生与信息自由密切相

---

[1] [美] 保罗·戈斯汀. 著作权之道——从谷登堡到数字点播机 [M]. 金海军，译. 北京：北京大学出版社，2008：34.

[2] 易健雄. 技术发展与版权扩张 [M]. 北京：法律出版社，2009：25.

[3] [美] 保罗·戈斯汀. 著作权之道——从谷登堡到数字点播机 [M]. 金海军，译. 北京：北京大学出版社，2008：34-35.

[4] 易健雄. 技术发展与版权扩张 [M]. 北京：法律出版社，2009：34.

[5] [美] 保罗·爱德华·盖勒. 版权的历史与未来：文化与版权的关系 [M] //郑成思. 知识产权文丛 (8). 北京：中国方正出版社，2002：259.

[6] [美] 保罗·戈斯汀. 著作权之道——从谷登堡到数字点播机 [M]. 金海军，译. 北京：北京大学出版社，2008：35.

[7] [澳] 布拉德·谢尔曼，[英] 莱昂内尔·本特利. 现代知识产权法的演进 [M]. 金海军，译. 北京：北京大学出版社，2006：246.

[8] 贺德芬. 文化创新与商业契机 [M]. 台北：月旦出版社股份有限公司，1994：270.

关。从信息自由的发展史看，版权的初始形态（出版特权）似乎是与压制信息自由相伴而生的。欧洲各国封建专制者和教会通过赋予出版商出版的垄断地位，保护其专有的商业利益，来为出版商帮助政府控制言论提供利益激励。❶但对信息自由的呼唤推动了《安娜法案》的产生。④“版权的历史表明了在资本主义的崛起、商品关系在知识和艺术领域的延伸、印刷媒介的出现之间存在重要的联系”。❷ 版权的产生与利益集团息息相关。在《安娜法案》的产生过程中，书商公会一直都扮演着非常重要的角色。❸ 在某种程度上讲，如果没有书商公会的不断努力，《安娜法案》的产生可能还会推迟相当长的一段时间。与书商的强大经济实力相比，作者一直处于孱弱的地位，不得不受制于书商。在《安娜法案》的立法过程中，书商任意增减作者的权利，作者毫无讨价还价的余地。❹ 这种地位和作用的巨大差异使得《安娜法案》虽然要求促进知识和保护作者权利，但该法案也为出版商保留了若干权利。在利益集团影响版权立法乃至知识产权立法的历史长河中，这还仅仅是个开始。

3.1.1.2 安娜法案

《安娜法案》揭开了人类社会运用版权保护知识信息或知识产品的序幕。该法案的条款不多，除序言外，共有 11 段，其主要内容包括：

（1）该法案在其序言中明确宣布其是“为了防止印刷者不经作者同意就擅自印刷、翻印或出版作者的作品，以鼓励有学问、有知识的人编辑或写作有益的作品”。“鼓励有学问、有知识的人编辑或写作有益的作品”，首次成为版权立法保护的目的，授予作者版权只是为了促进更多有益作品的创作和传播。这表明：《安娜法案》在保护作者版权与促进社会进步二者之间的平衡上，采取了功利主义的立场。从信息自由的角度看，该法案不仅保障作者的创作及发表作品的信息自由，而且还力图激励更多的人创作更多的作品，有着促进信息自由的一面。

（2）规定了版权的保护期限：版权人及出版人能继续享有自 1710 年开始计算 21 年的版权；尚未出版的，享有 14 年的出版专有权。同时还规定受让人

---

❶ 杨会永. 版权保护与表达及信息自由的冲突与协调：基于欧洲法的分析［M］//冯军，等. 版权保护法制的完善与发展：基于欧盟经验与中国实践的视角. 北京：社会科学文献出版社，2008：108.

❷［美］贝帝格. 版权文化：知识产权的政治经济学［M］. 沈国磷，韩绍伟，译. 北京：清华大学出版社，2009：10.

❸ 郑成思. 版权法［M］. 北京：中国人民大学出版社，1997：10-11.

❹ 易健雄. 技术发展与版权扩张［M］. 北京：法律出版社，2009：42.

及版权的购买人也可适用此期限利益。这一方面规定了版权人的版权，“将原先的特许专有权转化成可转让的法定财产权”，[1] 极大地改变了作者、出版商与读者之间的权利上的配置。[2]《安娜法案》上的这种法定财产权主要考虑了复制的权利，版权保护是为了对抗印刷作品的盗用，法案并没有触及作者创造性或者道义上的权利。[3] 另一方面又对版权予以保护期限的限制。对版权作品予以 21 年或者 14 年的保护期是相对较短的。这意味着这一限制期限很快就会结束，那么其他人可以不受限制地接触、使用、传播该作品。这一规定有益于宪法上信息自由权利的实现。但自《安娜法案》之后，版权保护期限引起了不小的争议，之后则是一直不断地延长，几近达到上百年的保护期。

（3）规定了书价控制制度和样书的交存制度。要求作者或书商在图书出版前应交存于该法案指定的 9 家图书馆。这两项制度都是对版权人的权利进行的限制。对书价进行控制，可以保证公众获取书籍不至于付出过高的成本，有益于公众接触和利用该作品信息。而要求样书必须交存指定的图书馆，可以保证公众免费获取所需要的图书。这两项限制制度显然蕴含着信息自由的价值目标。

上述两项规定实际上创设了公共领域（public domain）的概念[4]，使版权不再永久存续，版权人也必须缴存印刷的作品于特定机构，确保任何人均有权自由利用作品，[5] 这使得该法案成为承认版权服务于公共利益的转折点[6]。此外，该法案还规定图书登记制度和刑事处罚制度。

总而言之，作为近代第一部版权法——《安娜法案》的产生至少具有以下重大意义和作用：其一，从主要保护印刷出版者转为主要保护作者，这是《安娜法案》的一个飞跃，也是版权概念近代化的一个突出标志。[7] 纵观整个

---

[1] 蔡惠如. 著作权之未来展望——论合理使用之价值创新［M］. 台北：元照出版公司，2007：96.

[2] ［美］保罗·戈斯汀. 著作权之道——从谷登堡到数字点播机［M］. 金海军，译. 北京：北京大学出版社，2008：35.

[3] ［美］贝帝格. 版权文化：知识产权的政治经济学［M］. 沈国磷，韩绍伟，译. 北京：清华大学出版社，2009：22.

[4] ［美］莱曼·雷·帕特森，［美］斯坦利·W. 林德伯格. 版权的本质：保护使用者权利的法律［M］. 郑重，译. 北京：法律出版社，2015：26.

[5] 蔡惠如. 著作权之未来展望——论合理使用之价值创新［M］. 台北：元照出版公司，2007：95-96.

[6] ［美］莱曼·雷·帕特森，［美］斯坦利·W. 林德伯格. 版权的本质：保护使用者权利的法律［M］. 郑重，译. 北京：法律出版社，2015：26.

[7] 郑成思. 版权法［M］. 北京：中国人民大学出版社，1997：10.

《安娜法案》，虽然仍不脱某些旧的色彩，但自此，出版人与版权人的关系开始有了转变，版权法首度以版权人为保护重心，[1] 其保护核心为作品的“复制”。[2] 事实上，《安娜法案》仅11段的文字中就规定了版权主体、价值目标、权利限制和期限限制等措施来保障作者的权利，并予以诸多限制，[3] 从而大大改变了原本存在于作者、出版商以及读者之间的利益分配状态，从书商公会所享有的特权中抽出了“文学产权”，从而“打开了文学及思想的自由市场”。[4]

其二，版权所具有的辅助政府管制言论和出版的政治功能被分离出去。[5]“该法将出版商版权从过去的垄断工具和审查手段转变为一个促进学习的贸易规则概念，且剥夺了出版商的垄断权”[6]，“创立了将言论自由价值纳入版权概念的理论基础，诸如接触权等价值，也体现在该法所创设的公有领域中”[7]。换言之，该法案改变了封建出版特权时期“求知受到压制，出版受到控制，作者无任何权利的”的状况，既着力保护作者权利，防止出版商对书籍贸易的垄断；又着眼于杜绝思想审查，鼓励作者发表思想和公众使用作品的自由。这一转变深刻体现了促进作品传播、保障信息自由的法律价值。正是在这个交汇点上，具有财产意义的版权原则与显示政治意蕴的信息自由得以共存。[8]

然而，《安娜法案》虽然赋予作者以版权，但实际上是赋予书商们一种法定的垄断权。正如帕特森所言，“尽管《安娜法案》表面上规定了作者的版权，主要的受益人仍然是书商”[9]，因为《安娜法案》通过确认版权一般可以转让给受让人，从而延续了出版商公司的利益。这样，复杂的出版商公司的制

---

[1] 贺德芬. 文化创新与商业契机［M］. 台北：月旦出版社股份有限公司，1994：274.

[2] 蔡惠如. 著作权之未来展望——论合理使用之价值创新［M］. 台北：元照出版公司，2007：96.

[3] Pamela Samulson, Copyright and Freedom of Expression from a historic perspective, Journal of Intellecutal Property Law, Vol 10, Spring. pp. 324-325.

[4] ［美］保罗·戈斯汀. 著作权之道——从谷登堡到数字点播机［M］. 金海军，译. 北京：北京大学出版社，2008：35.

[5] 杨会永. 版权保护与表达及信息自由的冲突与协调：基于欧洲法的分析［M］//冯军，等. 版权保护法制的完善与发展：基于欧盟经验与中国实践的视角. 北京：社会科学文献出版社，2008：111.

[6] ［美］莱曼·雷·帕特森，［美］斯坦利·W. 林德伯格. 版权的本质：保护使用者权利的法律［M］. 郑重，译. 北京：法律出版社，2015：24.

[7] ［美］莱曼·雷·帕特森，［美］斯坦利·W. 林德伯格. 版权的本质：保护使用者权利的法律［M］. 郑重，译. 北京：法律出版社，2015：102.

[8] 吴汉东. 著作权合理使用制度研究［M］. 北京：中国政法大学出版社，1996：85-86.

[9] ［美］莱曼·雷·帕特森，［美］斯坦利·W. 林德伯格. 版权的本质：保护使用者权利的法律［M］. 郑重，译. 北京：法律出版社，2015：24.

度就由一种更简洁的法律所取代。[1] 因而，作者虽然享有版权，但作者对其创作的作品唯一的权利就是手稿，他并没有任何权利来实现这些文本自身的价值，因为只有出版商才被允许印刷图书。[2] 所以，实际情况是书商通常从作者那里一次性付款，买断印刷与发行某一作品的权利，作者的版权变成了书商们的版权。《安娜法案》只不过是“将书商们早先享有的一些额外津贴重新分配给了公众与作者”。[3] 由此可见，《安娜法案》建立了以出版为保障要件的双轨制度，带有浓厚的重商色彩，以保护出版利益为重心，多少承袭了出版钳制言论的余孽。[4]

正是由于受到了书商公会的影响，作为近代意义上的第一部版权法——《安娜法案》虽然对版权进行了保护期限限制、书价控制和要求交存样书，但该法案没有对公众在版权保护期限内复制作品作出规定，即未能顾及协调作品创作者与传播者、使用者之间关系的基本规范，即合理使用制度。[5] 合理使用制度的功能在于，在法律允许的范围内，自由而无偿地利用信息、接受信息。[6] 这意味着在版权保护期限内，公众不能采用复制的方式接受、利用和传播该作品，因为对版权作品的任何复制都将构成侵权，这会严重威胁到公众信息自由权利的实现。正是由于《安娜法案》漏掉了合理使用制度，之后不久英国法院就开始了弥补这一漏洞的司法实践。

3.1.1.3 安娜法案之后的版权扩张与平衡

版权扩张保护与公众合理使用作品之争在《安娜法案》之后仍然得以持续。在模拟技术到来之前，这些争论主要是围绕是否存在普通法上的永久文学产权，版权期限的延长、客体范围的扩展和权利范围的扩张以及公众是否可以合理使用版权作品等来进行的。

（1）普通法上文学财产权之争。

《安娜法案》第 9 段规定：“本法所含条款不得延展适用或者解为延展适

---

[1] ［美］保罗·爱德华·盖勒. 版权的历史与未来：文化与版权的关系［M］//郑成思. 知识产权文丛（8）. 北京：中国方正出版社，2002：259.

[2] ［美］保罗·戈斯汀. 著作权之道——从谷登堡到数字点播机［M］. 金海军，译. 北京：北京大学出版社，2008：33.

[3] ［美］保罗·戈斯汀. 著作权之道——从谷登堡到数字点播机［M］. 金海军，译. 北京：北京大学出版社，2008：35.

[4] 易健雄. 技术发展与版权扩张［M］. 北京：法律出版社，2009：64.

[5] 吴汉东. 论合理使用［J］. 法学研究，1995（4）：43.

[6] 吴汉东. 著作权合理使用制度研究［M］. 北京：中国政法大学出版社，1996：93.

用，致妨碍或致确认前述大学或任何人享有或主张享有印刷、重印业经印刷或嗣后行将印刷之书籍或稿本之权利。”本段中的表述采用了“不妨碍也不确认”的措辞，表明了议会既不愿明确承认王室的印刷特权，也不愿明确否认王室印刷特权。因而议会选择了采取这种含蓄的表述方式，在印刷特权问题上保持中立，维持现状。[1] 然而，正是这一模棱两可的表述为之后的“文学产权”之争埋下了伏笔。

虽然《安娜法案》所规定的版权保护的有限期限，使得书商公会在图书出版上的权利和控制受到了破坏，但书商公会从来就没有放弃过其所主张的普通法上权利，即在普通法上，作者（及其受让人）都对其创作的东西享有永久的权利。[2] 因为“书商将永久版权视为其生存的基础，他们并不愿意仅仅因为法律意图剥夺其财产而甘愿沦为公共利益的牺牲品”[3]。正是在这种背景下，发生了1761年的汤森诉柯林斯[4]案，在该案中，书商公会成员汤森因另一成员柯林斯未经授权擅自重印1711年首次出版的《旁观者》一书而向王座法院提起诉讼。在该案审理过程中，原、被告双方展开了激烈的辩论，支持与反对文学产权的小册子也在社会上流传，双方都试图扩大己方的影响。[5] 而该案的审判法官则是大名鼎鼎的曼斯菲尔德，他也是文学财产的坚持者。这样，文学产权作为“永久性普通法权利”通过此案得以确立，书商公会得到了自己想要的结果。[6] 但该案中的原、被告都是事先串通好了的，这样即使判决被告败诉，被告也不会上诉。但在法官们最终拒绝继续审理该案后，书商们的如意算盘落空。

1769年的米勒诉泰勒[7]案则拉开了第二场“文学产权”之争的大幕。在该案中，被告泰勒是一位非书商公会成员，在1763年自行印刷出版米勒所拥有版权的《四季》后，遭到了原告的起诉。在初审中，王座法院以3∶1的多数作出了支持文学产权的判决。该判决也得到了衡平法院的支持，并发布禁令禁

---

[1] L.Ray Patterson, Copyright in Historical Perspective, Vanderbilt University Press, 1968, p.149.

[2] ［澳］布拉德·谢尔曼，［英］莱昂内尔·本特利. 现代知识产权法的演进［M］. 金海军，译. 北京：北京大学出版社，2006：9.

[3] ［美］莱曼·雷·帕特森，［美］斯坦利·W. 林德伯格. 版权的本质：保护使用者权利的法律［M］. 郑重，译. 北京：法律出版社，2015：27.

[4] Tonson v. Collins, 1 Black W. 321 (1762).

[5] 易健雄. 技术发展与版权扩张［M］. 北京：法律出版社，2009：64.

[6] 易健雄. 技术发展与版权扩张［M］. 北京：法律出版社，2009：65.

[7] Millar v. Taylor, 4 Burr. 2303 (1769).

止泰勒销售其出版的《四季》。在该案最终诉至上议院后，双方达成和解，不让上议院就文学产权问题表态。但该案还没有结束。1769 年，米勒的后人将《四季》的版权卖给了贝克特等 15 名书商。而另一位苏格兰的书商亚历山大·唐纳森故意未经许可出版《四季》。由于之前的判决已经确认禁止令，唐纳森遂诉至上议院。在经过长时间的辩论后，上议院于 1774 年 2 月召开会议，判定亚历山大·唐纳森在出版未经授权而发表《四季》时，没有侵犯在该作品上可能存在的任何权利。在作出唐纳森可以自由出版《四季》的判决中，上议院不仅反对永久性的普通法文学财产，它还有效地结束了这场关于文学财产的争论。[1]

而在大西洋彼岸的美国，同样也展开了激烈的文学产权之争。在 1834 年的 Wheaton[2] 案中，原告威桐起诉皮特斯，声称皮特斯出版的“浓缩版”判例集未对威桐的判例集作任何实质性改动，不仅侵犯了原告的制定法上的版权，而且侵犯了原告的普通法上的版权。初审法院认定，不存在什么普通法上版权，原告也不享有制定法上的版权。美国联邦最高法院根据多数派的意见，支持了初审法院的判决。Wheaton 案的终审判决表明：版权在美国只是一种制定法上的特权，不存在什么普通法上版权。[3] 至此，英美两国几乎同时都否认了普通法上版权，有关版权的性质之争尘埃落定。

这场文学财产之争的主要推动力源于 17 世纪末在图书交易管制方式上发生的变化。在那之前，是通过对印刷机和出版的作品种类实施控制，来对图书的制作和发行进行管制。这种管制旨在阻止煽动性、宗教异端、淫秽和亵渎上帝材料的传播，而书商公会根据该体制取得了对印刷业和印制特定图书的一般性垄断。这些权利的配置方式所导致的结果之一，就是个人出版商在事实上取得了一种对特定图书出版的永久性垄断。[4] 因此，普通法上版权之争的最终结果标志着书商的永久性垄断彻底结束，公众获取作品、利用作品和传播作品的权利占据了上风。

普通法上版权之争的败北，使得书商们改变了原有的策略，不再一味争取永久性垄断权利，而是逐步地延长其版权保护期。这种策略让书商们赢得了成

[1] ［澳］布拉德·谢尔曼，［英］莱昂内尔·本特利. 现代知识产权法的演进［M］. 金海军，译. 北京：北京大学出版社，2006：11.

[2] Wheaton v. Peters，33 U. S. 591（1834）.

[3] 易健雄. 技术发展与版权扩张［M］. 北京：法律出版社，2009：99.

[4] ［澳］布拉德·谢尔曼，［英］莱昂内尔·本特利. 现代知识产权法的演进［M］. 金海军，译. 北京：北京大学出版社，2006：11.

功，从 19 世纪初到 20 世纪末，版权保护期的延长几乎从未停止过，几近上百年的保护期限。

1814 年，基于作者“促进知识”的社会功能及其在版权中主体地位的巩固，英国议会通过了延长版权保护期限的立法：已出版的版权保护期延长至 28 年或者作者终生，以长者为准。自此，揭开了版权保护期限不断延长的序幕。1842 年，迫于法国、普鲁士等国保护国际版权的压力，英国将版权的保护期限进一步延长为自作品出版之日起 42 年或者作者终生加死后 7 年，以长者为准。同期，美国版权保护期也在延长。1790 年的美国版权法完全吸收《安娜法案》的保护期的规定。而 1831 年美国版权法则将版权初始保护期限延长到 28 年，续展期仍保持 14 年。虽然这一时期延长的版权保护期相对来说不是很长，但是也能达到版权法激励创作的目的。然而，版权保护期的延长，本身就意味着版权人在延长的保护期内通过独占作品的复制和传播可以获得更大的利益；对公众而言，却是剥夺了其利用作品的自由。❶

（2）版权客体范围和权利内容的扩张。

在延长保护期的同时，版权人也开始谋求复制以外的权能，并促使版权法保护更多的对象，以获取更多的利益。

1831 年，以传统音符谱写的音乐作品开始受到版权法保护。❷ 1833 年，英国议会通过了戏剧版权法，规定作家可以“专有其戏剧作品的表演之特许”，其保护期与作品的保护期相同；而且，未经明确约定，戏剧作品复制权的转让，并不包括该作品表演权的转让。1842 年，表演权又从戏剧作品延伸至音乐作品。至此，借助“可读可演”的戏剧作品，版权实现了从复制到表演的跨越。❸ 1862 年，英国在其参加的《国际版权法》中增加了翻译权的规定。而 1886 年《伯尔尼公约》更是大大扩展了保护对象，将书籍、小册子和其他文字作品，戏剧或音乐作品，配词或未配词的乐曲，素描、颜料画、雕塑、版刻和石印作品，与地理、地形、建筑或科学有关的图解、地图、设计图、草图和立体作品等都纳入作品范围予以保护，同时也规定了翻译权、表演权。

---

❶ 贺德芬. 文化创新与商业契机［M］. 台北：月旦出版社股份有限公司，1994：186.

❷［美］保罗·戈斯汀. 著作权之道——从谷登堡到数字点播机［M］. 金海军，译. 北京：北京大学出版社，2008：53.

❸ W. R. Cornish, Intellectual Property: patents, copyright, trade marks and allied rights. 4th ed. Sweet&Maxwell: London, 1999, p. 150.

同一时期，美国版权保护对象和权利范围也不断扩展。1790 年美国版权法所保护的对象是地图、图表及书籍；保护权利内容为版权所有人有印刷、重印、出版及出售的权利，侵害行为包括擅自印刷、重印、出版、出售他人有版权的作品以及进口有版权的作品。1802 年美国版权法修正案规定，版画及印刷品的复印亦属于版权人独占的范围。1856 年，版权法将版权人的权限扩展到音乐表演，1865 年又扩展到摄影或负片的冲洗。1873 年，则将绘画、素描、彩色印版、小雕塑、雕刻、模型或设计等美术作品纳入其保护对象，而权利内容则增加了歌剧本的公开表演权，作者本人所享有的原作翻译权和改编权等。❶ 1897 年版权法还保护音乐作品的公开表演权，虽然当时此项权利很难实现。❷ 至此，版权的保护对象和权利内容已得到了非常大的扩展，印刷技术所能复制的所有“作品”及其权利内容几乎全部被囊括其中。

版权保护对象和权利内容的不断扩展，是印刷技术、作者和资本在背后推动的结果，这不仅意味着作者收益可能性的增加，而且也意味着资本在技术和作品市场的不断扩张。正是在三重推力的作用下，特别是技术和资本的推动下，“从所有权到版权，我们目睹了激烈的利益冲突与理论争辩；从复制权到表演权，我们却只感到一种平静的超越：有相关的利益考虑，但无须更多的理论支撑”，版权的扩张之路也将会不断地持续下去。❸

版权保护对象和权利内容的不断扩展，使得版权人对作品的控制能力大大加强，虽然这也有一定激励创作的作用。但同时，公众获取作品的难度却在不断增加，《安娜法案》所没有规定的针对版权内容的合理使用等制度使得版权保护与信息自由之间所应有的平衡正在向版权保护倾斜，这势必会破坏版权法旨在激励作品创作和文艺进步的价值目标。建立版权合理使用等限制制度势在必行。

（3）版权的国际化。

19 世纪以来，版权保护在地区贸易的推动下，开始逐渐突破原有的国家和主权限制，呈现出版权保护在地域上的不断扩张。其早期集大成者当属 1886 年《伯尔尼公约》。

《伯尔尼公约》的产生有一个较长的历史发展过程。在 19 世纪，英国和

❶ 贺德芬. 文化创新与商业契机［M］. 台北：月旦出版社股份有限公司，1994：276-277.

❷ ［美］保罗・戈斯汀. 著作权之道——从谷登堡到数字点播机［M］. 金海军，译. 北京：北京大学出版社，2008：55.

❸ 易健雄. 技术发展与版权扩张［M］. 北京：法律出版社，2009：78.

法国是当时主要的文化出口大国，因而两国成为推动版权国际保护的主要力量。❶ 19 世纪 30 年代，英、法等国开始寻求版权的国际保护。1838 年英国通过了《国际版权法》，这是《伯尔尼公约》签订之前第一个具有跨国保护性质的版权公约。该法首次规定了互惠制度：如果某国对首次在英国出版的图书的作者提供保护，则英国也将对首次在该国出版的图书的作者提供保护。但该法并未产生实际效果——所有以该法为基础的双边谈判都失败了。因为各国对外国作品提供的保护不对等，其中英国依据该法对外国作品所提供保护极为有限。❷ 但版权保护国际化的步伐并未停止下来，在法国等国家强烈要求国际版权保护的压力之下，英国不得不提高其国内法的保护水平，1844 年，英国又对 1838 年《国际版权法》进行了修订，通过了 1844 年《国际版权法》，授权女王以枢密院君令的形式对外国作者的文学作品和艺术作品均提供保护，不仅将版权保护对象扩展到文学、戏剧作品、音乐作品、素描、油画、雕塑、版画、平版画以及任何其他文学、艺术作品，而且保护期延长为自作品出版之日起 42 年或者作者终生加死后 7 年，同时也增加了表演权。之后，作为主要版权出口国的英国，在同欧洲大陆国家签订版权双边协议方面取得了重大进展，先后与普鲁士、法国、萨克森、比利时、西班牙等签订了双边协议。双边协议包含了双边互惠的内容，互惠的形式主要包括实体性的双边互惠和国民待遇形式的双边互惠。❸ 1862 年，在和法国达成双边协议之后，英国又对 1844 年《国际版权法》进行修订，增加了关于翻译权的国际义务。

双边协议虽然为文学和艺术作品版权保护的国际标准提供了一种模式，但总体而言起其作用还是有限的：其一，双边协议的条款比较简单，经简要宣告即可使协议无效，可谓变化无常；其二，此类协议都含有一个最惠国条款，因此双边协议的一方每与其他国家签订一个新的版权双边协议，其版权保护水平就会发生一次变化。❹ 这使得双边与多边之间的保护水平很不一致，各国之间的关系变得微妙而复杂。各国共同签订一个一般的多边国际条约逐渐成为时代

❶ ［美］保罗·爱德华·盖勒. 版权的历史与未来：文化与版权的关系［M］//郑成思. 知识产权文丛（8）. 北京：中国方正出版社，2002：269.

❷ 易健雄. 技术发展与版权扩张［M］. 北京：法律出版社，2009：80.

❸ ［美］保罗·戈尔斯坦. 国际版权原则、法律与惯例［M］. 王文娟，译. 北京：中国劳动社会保障出版社，2003：16-17.

❹ ［美］保罗·戈尔斯坦. 国际版权原则、法律与惯例［M］. 王文娟，译. 北京：中国劳动社会保障出版社，2003：18.

的呼声，[1] 并广泛开展了版权保护统一化进程的活动，1858 年在布鲁塞尔召开的世界作者和艺术家大会则是这一活动的起始性标志。[2] 1878 年由维克托·霍格主持的巴黎世界文学大会又使这一统一化进程取得了长足进展，并最终促成了世界文学艺术联合会的成立。[3] 1882 年世界文学艺术联合会罗马大会采纳德国出版联合会的建议，于 1883 年 9 月在瑞士伯尔尼召开了统一版权立法的大会，并形成了一个由 10 个条款组成的协议。后又各方协商，1886 年 9 月 9 日，英国、法国等 10 个国家签订了《伯尔尼公约》，该公约于 1887 年 12 月 5 日生效。

1886 年《伯尔尼公约》的实体内容采纳了早期版权双边协议以及各国国内版权立法的基本原则，如规定了国民待遇为公约的基本原则，承认了各国所保护的翻译权和表演权，将书籍、小册子和其他文字作品，戏剧或音乐作品，配词或未配词的乐曲，素描、颜料画、雕塑、版刻和石印作品，与地理、地形、建筑或科学有关的图解、地图、设计图、草图和立体作品等都纳入版权保护范围。另外，《伯尔尼公约》还就保护期限作了规定，版权的保护期限为版权人终生加死后 50 年，但翻译权的最低保护期为 10 年。值得注意的是，该公约还首先通过列举的方式规定了合理使用制度。1886 年《伯尔尼公约》文本第 4 条将“受保护的文学和艺术作品”的范围定义为“文学、科学或艺术类的、可以以任何形式印刷或复制出版的作品”，但其第 7（2）条却明确规定报纸或期刊中的“政治性讨论文章”和“新闻”不在公约的保护范围之内。

1886 年《伯尔尼公约》最有意义的是其所表现出来的与以往双边协议不同的永久性和统一性，突出表现在它形成了一个保护文学和艺术作品作者权利的同盟，而且还可以根据情况的不断变化进行修改。[4] 这标志着版权保护国际化的初步形成，也意味着版权保护的国际化趋势不可逆转。而且因其规定的是版权国际保护的最低标准，任何国家一经加入该公约，则必须修改其国内立法。随着该公约的影响日益扩大，其版权国际保护的最低标准将会对各成员国的版权保护立法产生深刻的影响。更重要的是，版权保护国际化的形成是在地

---

[1] 易健雄. 技术发展与版权扩张［M］. 北京：法律出版社，2009：85.

[2] ［美］保罗·戈尔斯坦. 国际版权原则、法律与惯例［M］. 王文娟，译. 北京：中国劳动社会保障出版社，2003：18.

[3] ［美］保罗·戈尔斯坦. 国际版权原则、法律与惯例［M］. 王文娟，译. 北京：中国劳动社会保障出版社，2003：18.

[4] ［美］保罗·戈尔斯坦. 国际版权原则、法律与惯例［M］. 王文娟，译. 北京：中国劳动社会保障出版社，2003：19.

区和国际贸易推动下完成的，这也标志着资本寻求对版权作品或知识产品市场的控制开始跨过了国家主权的限制，正在大踏步地走向世界市场。

（4）合理使用规则和思想与表达二分法的形成。

《安娜法案》之后，英国法院已认识到未经允许使用他人作品的合理性，[1]遂开始了其弥补《安娜法案》漏洞的司法之旅。1740 年的 Gyles[2] 案是历史上首个探索合理使用制度的案例。在该案中，法院认为被告未经允许而节略使用他人作品的权利，不是一种法定权利，但由此创造的新作品，可以给予《安娜法案》的保护。因为“合理节略”（fair abrigement）和使用具有创新、学习和评论的意义。当然，这种节略必须是真实和合理的。这一判例为公众节略、缩写版权作品提供了基本的保障，使得在之后半个多世纪里没有发生类似的纠纷。

1803 年的 Cary[3] 案首次提出了“合理使用”一词。在该案中，被告指控原告剽窃其《道路指南》一书，而法院却裁定该被告的行为属于合理使用，第一次用“合理使用”（used fairly）概念取代“合理节略”的说法，并指出后者表述的只是对作品节略、缩写的基本含义，而前者意味着对他人作品提供的材料有着完全的崭新的创造，由此而产生对公众有益的新作品。在 1807 年的 Roworth[4] 案中，法院认定合理使用必须以尊重作者权益为前提，引用他人作品而创制的新作品不得损害原作品的市场价值。在 1836 年的 Bramwell[5] 案中，法院强调了合理使用应当受到一定的限制，即引用他人作品必须有数量的限制和价值的考虑。而在 1839 年 Lewis[6] 案中，法院开始采用“fair dealing”的概念，认为引用他人的版权作品而进行的新创作具有合理性，反对简单的复制，从而完全脱离了“合理节略”的原意。至此，英国法院逐渐完善了合理使用的思想，并提出了思想与表达二分法的思想。

英国法院有关合理使用以及思想与表达二分法的思想和实践也影响到了美国。在 1841 年的 Folsom[7] 案中，约瑟夫·斯托里（Joseph Story）法官在美国历史上第一次对合理使用原则作了系统化和理论化的表述，将上述英国判例法

---

[1] 吴汉东. 著作权合理使用制度研究［M］. 北京：中国政法大学出版社，1996：14.

[2] Gyles v Wilcox, 26 ER 489 (1740).

[3] Cary v. Kearsley, 4 Esp. 168 (1803).

[4] Roworth v. Wilkes, 170 Eng. Rep. 889 (1807).

[5] Bramwell v Halcomb, 2 My & Cr 737 (1836).

[6] Lewis v Fullarton, 48 Eng Rep, 1080 (1839).

[7] Folsom v. Marsh (1841), Cir. Ct. Mass.

中有关合理使用的思想和规则创造性地运用于该案，提出了著名的合理使用三要素：其一，使用作品的性质和目的。使用他人作品的目的是为了促进科学文化进步并有益于社会公众，其新作品必须付出创造性的智力劳动而不是简单的摘抄。其二，引用作品的数量和价值。大量地引用原作或原作的精华部分，不能视为适当。其三，引用对原作市场销售及存在价值的影响程度。由于新作与原作往往是同一题材的创作，新作的出现有可能影响原作的销售市场减少其收益，甚至有可能取代原作。因此必须考虑使用的经济后果。❶

在斯托里大法官的影响和推动下，美国法院不断深化合理使用规则。在1842年的Campbell❷案中，法院裁定，仅单纯复制、大量引用他人的作品而未加以解释、评价，不能视为合理使用。在1867年Scott❸案中，法院也强调使用他人作品不得出于有损于原作价值或销售市场的营利动机和目的。在1869年的Lawrence❹案中，法院明确了合理使用的对象限于对他人作品材料的使用，而不能使用他人创作中的构思、风格和结构。1896年的Simms❺案中，法院在Lawrence案的基础上，进一步阐述了合理使用限于作品所表述的思想、概念，作品的表达方式不能以“合理”为由而任意使用。1899年，美国联邦最高法院通过Holmes❻案发展了思想与表达二分法，参与该案审判的布朗大法官对思想与表达二分法作了明确的表述。他认为，“版权法授予的权利并不是对某些词使用的权利，因为它们属于人类的共同财产，不能归于私人所有。版权也不是思想本身的权利，因为缺乏交流手段，除作者之外，没有人知道它的价值。相反，版权保护的是作者为表达思想而对词汇的组织安排。”“是作者著述中词汇的顺序，不是词汇本身——这些词汇是文章的元素，它们在被组织起来以前不能被专有；也不是词汇所表达的思想，它们只存在于心中，不能被专有。”自此，思想与表达二分法开始成为美国版权理论的重要组成部分，并广泛运用于司法实践。

至此，英美法院从18世纪到19世纪有关合理使用规则的司法实践，不仅逐渐完善了合理使用的思想和规则，而且还初步提出和发展了思想与表达二分

---

❶ Lawrence, Copyright Law, Fair Use, and the Academy: An Introduction, in. Fair Use and Free. Inquiry 3, J. S. Lawrence & B. Timberg, eds. 1980, p. 10.

❷ Campbell v. Scott (1842), 6 Jur. 186 1741.

❸ Scott v. Stanford (1867), L.R. 3 Eq. 718.

❹ Lawrence v. Dana, 15 F. Cas. 26, 61 (C. C. Mass. 1869).

❺ Simms v. Stanton, 75 F. 6, (C. C. N. D. Cal. 1896).

❻ Holmes v. Hurst, 174 U. S. 82 (1899).

法。这些规则基本上弥补了《安娜法案》中的漏洞，而且连同《安娜法案》中已作规定的其他限制制度，共同构筑了对版权的多维度限制体系或“安全阀”，即权利内容、保护期限等限制。直到19世纪末20世纪初，对版权有着深刻影响的复制技术基本上还停留在印刷技术阶段，这一背景意味着，上述合理使用规则基本上可以有效地保障公众接触、利用和传播版权作品，版权保护与信息自由之间呈现出较为协调的关系。

但需要注意的是，直到19世纪末，合理使用规则仍停留在判例法这一层次，而版权保护自《安娜法案》以来就一直是以成文法的形式出现的。合理使用规则尚需以成文法的形式纳入版权法的体系中，以便更好地协调版权保护与信息自由之间的平衡。

总而言之，伴随着工业革命，在版权保护的客体范围、保护期限得以扩大的同时，版权也开始了其在全球的传播。[1] 但总的来说，除了早期的文学产品之争涉及版权保护与信息自由的冲突外，这一时期尚未出现其他有关版权保护与信息自由的冲突纠纷。其中原因有二：其一，版权的扩张并未对公众利用作品的私人复制行为产生影响。这一时期的印刷技术并未出现革命性的变革，私人大规模复制作品的成本非常高昂，私人复制行为仍不可能对版权保护造成多大的损害；而且版权的扩张也仅仅体现在客体范围的扩展和期限的延长上。可见，在当时的技术背景下，版权人一般不会禁止公众个体性质的利用作品、传播信息。其二，合理使用制度逐步形成了较为完善的判例法规则。对于公众而言，即使有些改写、借鉴、续写等复制行为会损害版权人的合法利益，为版权人所禁止。但为保障这种合法利用行为的判例法规则从1803年以来逐渐形成并完善，这不仅可以有效地保障公众合理地利用作品、传播信息，同时也弥补了《安娜法案》的漏洞。

3.1.2 模拟技术时代的版权

19世纪末到20世纪初，各种复制和传播技术开始得到了迅速发展：照相机、留声机、自动钢琴、电影、磁带录音机、无线电发射机、家用收音机、机械电视机、有线电视、人造卫星、静电复印机、家庭录像机等新技术不断涌现，这些新技术一方面造成了这些新技术下的复制和传播行为与原有的版权保

[1] ［美］保罗·爱德华·盖勒. 版权的历史与未来：文化与版权的关系［M］//郑成思. 知识产权文丛（8）. 北京：中国方正出版社，2002：263.

护体系所控制的行为有很大的差异，甚至是本质上的区别，这使得原有的版权保护体系无法控制和禁止这些新兴复制和传播行为，一些新形式下复制的版权产品游离在版权的控制范围之外。另一方面又大大提高了作品复制和传播的效率，并逐渐形成了较大的市场规模，这又使得资本不断地介入进来，并在资本的推动下，对原有的版权保护体系进行变革，逐步形成了模拟技术时代的版权保护体系。

3.1.2.1 技术发展与版权扩张

（1）照相机与照片版权保护。

照相术是挑战美国版权法的第一项新技术。[1] 所谓照相术（photography）是指在玻璃片上涂抹化学药品，利用光线折射的原理产生影像。1839 年，当法国人路易·达盖尔发现了新的感光材料碘和水银显影技术与定影技术时，照相技术被宣告得到彻底解决。[2] 到 19 世纪 60 年代，照相术在美国已经实现了商业化运营。[3] 照相术的广泛运用势必会导致版权侵权问题，因为照相复印必然涉及文学、音乐、戏剧及美术作品的复制。这意味着，复印中每个行为都是侵犯版权法所列作品的版权的行为，除非该作品不是版权对象或复制行为属于法定例外。[4] 对此，版权法必须要回答：通过光线反射到一块经过化学处理的感光板上所形成的一幅图像，它能够有资格成为按照版权法所规定的、由“作者”所完成的“作品”吗？[5] 1865 年美国版权法似乎没有多大争议即将照片纳入版权保护范围。然而，照片毕竟不同于文学艺术作品，其是否属于版权保护的作品范围，仍在司法上引起了争论。1884 年所发生的 Burrow Giles Lithographic Company [6]案则揭开了这起争论的大幕。在该案中，原告起诉被告侵犯了其摄影作品“王尔德”的版权，被告则质疑摄影仅为实体人物或物品的机械式再现，并无任何原创性思想或创新，不应享受版权法的保护，有违宪之

---

[1] ［美］保罗·戈斯汀．著作权之道——从谷登堡到数字点播机［M］．金海军，译．北京：北京大学出版社，2008：48.

[2] 博言．发明简史［M］．北京：中央编译出版社，2006：143.

[3] 易健雄．技术发展与版权扩张［M］．北京：法律出版社，2009：119.

[4] ［英］R.F. 沃尔，东里米·菲利普斯．版权与现代技术［J］．王捷，译．国外法学，1984（6）：18.

[5] ［美］保罗·戈斯汀．著作权之道——从谷登堡到数字点播机［M］．金海军，译．北京：北京大学出版社，2008：48.

[6] BurrowGiles Lithographic Company v. Sarony，111 U.S. 53（1884）.

嫌疑。而法院则判定该摄影作品具有宪法所保障的独创性。法院认为，摄影是一种艺术，该案中的原告将其心中所浮现的原创性想法，调整为王尔德的姿势，挑选、安排其服饰、配件，展现其优雅的气质与外貌，特地选择拍摄的角度、光线，这体现了作者的个性和创意表达。由此可见，在该案中，美国联邦最高法院仅仅是对照相作品的独创性进行了分析说明，并未涉及照相技术对版权保护的影响，却不经意地让新技术下的作品纳入了版权保护的范围。

（2）电影技术与电影作品版保护。

电影是由美国著名发明家汤姆森·爱迪生所发明。1888 年，爱迪生发明了“获得电影摄影机”。1891 年发明第一放映机“显像器”并于 1893 年申请专利权。1896 年，连续影像第一次出现在银屏上。1894 年，世界上第一个活动电影放映营业室在纽约开业。[1] 之后，电影技术继续发展、完善，电影作为娱乐或科学的新奇方式得到广泛的传播与接受。[2]

电影技术的出现同样也引发了电影作品是否属于版权保护的对象之争，因为电影技术也涉及作品复制行为，而这些复制行为同样属于版权所界定的侵权行为。由于之前版权法已将照片作品纳入版权保护的范围，这为电影制作人在早期保护提供了帮助，即，电影制作人可以通过照片系列注册版权来保护电影作品，事实上这也是电影制片人早期保护电影作品常用的方法，这种做法也得到了美国法院的肯定。在 1903 年的 Edison[3] 案中，美国联邦第三巡回法院认为，美国国会于 1865 年修正 1831 年版权法时，已将照相术纳入版权保护的范围，这表明当时国会已经预见以后照相技术的发展，而电影为单张照片的集合，属于照相术的进阶技术，将电影列为版权保护范围并未违反国会的立法旨意，且所争议的影片本身已经表现出制片者的艺术观念与表达，属于艺术作品，符合版权法所要求的作品的构成要件。

在这判例中，有两点值得注意：其一，虽然司法上对电影作品给予照片的版权保护待遇，但值得注意的是，美国 1909 年版权法并没有将电影作品纳入其版权保护范围。这可能与有声电影当时还没有出现有关这一背景有关。第一部有声电影是于 1927 年开始上映的，这之后电影业市场才开始蓬勃发展起

---

[1] 蔡惠如. 著作权之未来展望——论合理使用之价值创新［M］. 台北：元照出版公司，2007：100.

[2] ［英］帕斯卡尔·卡米纳. 欧盟电影版权［M］. 籍之伟，俞剑红，林晓霞，译. 北京：中国电影出版社，2006：7.

[3] Edison v. Lubin，112 F. 240（3rd Cir.，1903）.

来。[1] 所以，在1909年版权立法时，国会不仅没有向电影业征求意见，电影业也没有主动参加相关的立法听证会。[2] 其二，但这种保护仅仅是把电影作品作为照相作品来保护，而不是作为独立的作品类型来保护。版权法对电影技术的回应仍不彻底。

电影技术还引发了另一项版权之争——这与小说翻拍成电影有关，即未经小说作者许可，将其小说翻拍成电影，是否侵犯其版权。[3] 在1911年的Kalm[4]案中，被告未经许可而将原告小说翻拍成电影，原告诉称被告侵犯了1865年版权法所赋予他的“戏剧化”权利。而美国联邦最高法院也坚持这一观点，最终判决该拍电影者和电影院侵犯了原告的“戏剧化”权利。

在历经上述判例之后，1912年版权法修订时将电影作品作为单独的作品类型加以保护。

（3）留声机、自动转轴钢琴与音乐版权。

1877年，第一台留声机问世，世界上第一首录制的音乐“Mary Had a Litte Lamb”也得以成功播放。1876年，自动转轴钢琴在美国面世，其音效效果远远优于当时的留声机，发展迅速。经过二十多年的快速发展，到1900年之后，自动转轴钢琴成为美国音乐的主流。[5] 随后不久就引发了自动转轴钢琴版权之争。在1908年的White-Smith[6]案中，美国联邦最高法院认为，自动转轴钢琴因操作者机械式地转动机器而发出声音，只要技巧熟练，即可操作此设备原本录制在音乐纸片上的乐曲，所发出的声音非人类双眼所能察觉，而当时版权法保护的对象限于视觉复制物，并未包括音乐声响的复制。故判定：自动转轴钢琴所演奏的音乐声响不属于版权法所定义的作品重制物。这一判决对于音乐作曲家及新萌芽的留声机产业立即产生了重大的冲击，因而招致恶劣众多的批评。[7] 此案也凸显了美国法院无意将版权保护扩张至新兴科技。[8]

然而，在留声机产业和音乐作曲家的推动下，美国国会不顾法院的不同意见，于1909年修改版权法禁止对音乐作品未经版权人授权的机械式复制行为，

---

[1] 蔡惠如. 著作权之未来展望——论合理使用之价值创新［M］. 台北：元照出版公司，2007：100.

[2] 易健雄. 技术发展与版权扩张［M］. 北京：法律出版社，2009：125.

[3] 蔡惠如. 著作权之未来展望——论合理使用之价值创新［M］. 台北：元照出版公司，2007：101.

[4] Kalm Co. v. Harper Bros, 222 U.S. 55（1911）.

[5] 蔡惠如. 著作权之未来展望——论合理使用之价值创新［M］. 台北：元照出版公司，2007：104.

[6] White-Smith Pub. Co. v. Apollo Co., 209 U.S. 1（1908）.

[7] 蔡惠如. 著作权之未来展望——论合理使用之价值创新［M］. 台北：元照出版公司，2007：105.

[8] 蔡惠如. 著作权之未来展望——论合理使用之价值创新［M］. 台北：元照出版公司，2007：106.

同时将自动转轴钢琴及留声唱片纳入版权保护范围，且为了保持平衡，也设计了“强制授权制度”。至此，自动转轴钢琴及其音乐版权之争落下了帷幕。

（4）影印机与复制权。

1938年，新式印制流程“影印术”（xerography）在美国问世，该影印技术通过利用静电原理，使影像的阴影部分带有负电子，明亮部分则以曝光方式而带有电荷，再以带有正电子的碳粉加热使阴影部分显像。[1] 到20世纪60年代之后，施乐公司将此技术开发成“施乐914影印机”并予以上市，由于该技术与以前的活版印刷技术相比，复制的效果更好、效率也更高，可以轻易地（不被发现）复制受版权保护的作品，这将会对版权保护产生重大影响。[2] 影印机对版权的影响与先前技术对版权的影响不同，先前的技术主要是推动了新型版权的产生，而影印机只是复制技术的提高，并不构成对复制本身的考验，经受考验的是复制权。[3]

影印机的出现对作品的学术、研究的复制利用带来了很大的便利。由于影印机非常之普及，图书馆可以大量使用影印机复制作品，造成了版权人收益减少，最终因影印机而引发了版权保护冲突。[4] 在1975年的Willians[5]案中，原告诉称被告利用大量复制作品，将会影响公众的订阅数量，不仅不合理，甚至可能将被告驱离该作品市场。而被告则以合理使用抗辩。在一审法院判决被告败诉之后，二审法院认定被告的行为属于合理使用，联邦最高法院也支持了二审法院的判决。这一判决对于图书馆馆藏的版权合理使用具有非常重要的意义。然而，原告则转而寻求国会修订版权法，要求对危及出版商经济利益的私人复制行为进行规制。[6] 在图书业界的游说之下，国会下属委员会不久就提出了一系列关于图书馆复印作品的议案，这些议案经过反复讨论和妥协，最终写进了1976年版权法第108条之中。其主要内容有：公众可以接触图书馆、历史典藏，影印行为仅限于小部分作品或基于保存、安全、取代先前受损、失窃影本或研究之目的而无法以合理价格取得作品，且图书馆可以在无人监督的情形下设置影印机，并应张贴告示，提醒使用者影印可能违反版权法之规定。至

---

[1] 蔡惠如. 著作权之未来展望——论合理使用之价值创新［M］. 台北：元照出版公司，2007：108.

[2] 蔡惠如. 著作权之未来展望——论合理使用之价值创新［M］. 台北：元照出版公司，2007：109.

[3] 易健雄. 技术发展与版权扩张［M］. 北京：法律出版社，2009：134.

[4] 蔡惠如. 著作权之未来展望——论合理使用之价值创新［M］. 台北：元照出版公司，2007：109.

[5] Willians & Wikins Co. v. United States. 172 U. S. P. Q. 670（Ct. Ct.，1972）.

[6] ［美］保罗·戈斯汀. 著作权之道——从谷登堡到数字点播机［M］. 金海军，译. 北京：北京大学出版社，2008：115.

此，版权人的版权保护与公众的合理使用间达到相对平衡。

（5）广播与音乐版权。

1907 年，Lee De Forest 发明“Audion”真空管，得以放大无线电波。[1] 1917 年，法国吕西安·莱维发明了无线电收音机。1920 年，英、美商业广播电台分别开播。之后，收音机逐渐受到民众的喜爱，无线电广播事业渐成规模。[2] 至此，录音唱片不再是录音音乐的唯一来源，广播电台经常在其节目中播放各种录音音乐，尤其是流行音乐。同时，1909 年美国版权赋予作曲家的权利仅限于营利性的公开演出，而广播的受讯者却是免费欣赏广播，1909 年版权法无法对这种广播行为进行管制，这使得录音业者的利益受到威胁，迫使他们开始采取法律行动。

在 1923 年的 Mmark. Wit & Sons v. L.Bamberger & Co. [3] 案中，被告以经营百货公司为业，并设置广播电台播放原告的版权音乐，故被原告诉称侵害其版权。而法院则完全支持原告的诉讼主张。从这之后，代表作曲家、作者和出版者利益的协会组织开始对广播电台收取权利金。但在 20 世纪 30 年代末期，在广播电台行业所组织的广播音乐公司的强势反击下，前者作出让步，大幅降低其许可费标准，双方关系得以缓和。[4]

（6）电视与公开表演权。

在收音机和广播电台实现了声音的远程传播之后，图像的远程传播技术也出现了。1884 年，人类开始利用化学元素硒将光能变成电能，从而可以得到完整动态的画面。1923 年，自动扫描电子束问世，从而解决了画面的清晰度问题。[5] 1925 年，机械电视问世。1929 年，在黑白电视开始发展的同时，彩色电视技术问世。同一时期，在英国开始了公共电视广播。随后电视机进入市场，并于 20 世纪 30 年代中后期开始播送电视节目。[6] 不过，无线电视的技术发展并未对版权法产生重大影响，其与电影、电台相类似有关，均属于公开表演权的范畴。随着 20 世纪 50 年代有线电视的出现，版权法开始面临着真正的

---

[1] 蔡惠如. 著作权之未来展望——论合理使用之价值创新［M］. 台北：元照出版公司，2007：112.

[2] 易健雄. 技术发展与版权扩张［M］. 北京：法律出版社，2009：128.

[3] Mmark. Wit & Sons v. L.Bamberger & Co. 291 F. 776（D. C. N. J.，1923）.

[4] ［美］保罗·戈斯汀. 著作权之道——从谷登堡到数字点播机［M］. 金海军，译. 北京：北京大学出版社，2008：59-62.

[5] 蔡惠如. 著作权之未来展望——论合理使用之价值创新［M］. 台北：元照出版公司，2007：115-116.

[6] 易健雄. 技术发展与版权扩张［M］. 北京：法律出版社，2009：128.

挑战。

有线电视的出现一方面克服了无线电视信号不好的缺陷，另一方面其再传播行为却引发了公开表演权保护之争。在 1966 年的 Fortnightly[1] 案中，原告拥有数部电影的版权，诉称被告的有线电视侵犯了其版权。在初审、二审中，法院均判定被告的再传播行为构成对电影的公开表演，且均有营利性质，侵犯了原告的电影版权。但美国联邦最高法院最后判定被告的再传播行为没有构成版权侵权。这一判决明显倾向于有线电视，导致有线电视快速发展，其经营模式也不断扩张，开始利用卫星及微波设备接收讯号，而 Fortnightly 案判决并不能保证有线电视免责，在这一背景下，有线电视经营者与电视节目版权人再次发生纠纷，即 1974 年的 Teleprompter[2] 案。这一次，美国联邦最高法院仍然站在了有线电视的立场上。这迫使广播电视台转而寻求国会的支持，双方经过艰难的谈判后达成妥协：一方面将有线电视的再传播行为仍界定为公开表演。1976 年美国版权法第 101 条对此予以了规定：利用任何装置或方法向公众传送或以其他方式传播作品都将落入公开表演的范围。这满足了广播电视台的要求。另一方面，强调了有线电视台可以使用广播电视台的节目，但必须支付法定许可费。1976 年美国版权法第 111 条也对此作了规定：有线电视台在支付了法定许可费的前提下，可以未经许可再传播广播电台的节目，同时不得以任何方式对再传送的节目信号作任何改变。至此，二者之间的利益达致相对平衡。

（7）录影机与复制权保护。

技术的发展不仅使公开表演权受到冲击，而且最传统的复制权也不断地面临着挑战，在影印技术对复制权带来挑战之后，录像技术的出现再次使复制权面临着考验。

录像技术产生于 20 世纪 50 年代。[3] 经过二十多年的发展，兼具录放功能的模拟录像机已大量投放到消费市场，[4] 广泛用于家庭录像。录像技术的问世，使得私人复制问题再次进入版权保护之争的视野。录像机不像其他复制技术，它主要是用于家庭，属于典型的私人复制。而传统上的版权法并不禁止这

---

[1] Fortnightly Corp. v. United Artists Televison, Inc., 392 U. S. 390 (1968).

[2] Teleprompter Corp. v. Columbia Broadcasting System, Inc., 415 U. S. 394 (1975).

[3] 蔡惠如. 著作权之未来展望——论合理使用之价值创新 [M]. 台北：元照出版公司，2007：119.

[4] Julie E. Cohen et al., Copyright in a Global Information Economy, Aspen Law & Business Publishers, 2002. pp. 32-33.

种私人复制行为，这也使版权人无法对进入私人复制范围的版权产品进行控制，[1] 版权人的利益开始受到威胁。随后相关利害各方纷纷游说国会采取修订版权法以保护各自的利益，但国会有意回避了这一纯粹的私人复制问题，1976年的版权法未对家庭录像问题作出规定。[2] 最终这一版权之争交给了法院来处理。

在1984年的Sony[3]案中，被告日本索尼公司自20世纪70年代开始在美国销售名为Betamax的录像机。该录像机至少具有以下四种功能：可通过电视机录制正在被观看的节目；也可以通过自带的接收器在观众观看一个频道时录制另一个频道的节目；还可以通过定时器在观众不在家时自动按预先设定的时间对某一指定频道的节目进行录制；还有暂停和快进功能，观众在边观看边录制时通过按下暂停键避免广告录进去，在播放录像带时可以通过按下快进键跳过广告。[4] 该录像机所具备的这些功能最终促使美国环球电影制片公司和迪士尼公司于1976年向加州法院起诉索尼公司。在初审和二审中，法院均认定利用家庭录像机录制他人节目的行为不属于合理使用，应构成侵权。但在1984年，美国联邦最高法院最后判定索尼公司的辅助侵权行为不成立，因为消费者利用录像机预录节目属于合理使用，版权人无权禁止。这是历史上为数不多的倾向于保护公众合理利用版权作品的判例。

这一时期，除了随着技术的发展，版权客体范围和内容不断扩张之外，版权保护期限也不断延长。1909年美国版权法将作品保护的续展期从14年延长为28年。1976年版权法将保护期的起算点从原来的“自作品首次出版之日”修改为“自作品完成之时”，同时保护期从原来的28年加续展期28年延长为作者终生加死后50年；匿名作品、假名作品、雇佣作品的保护期为自作品首次发表之年起75年，或者为自作品创作完成之年起100年，以短者为准。1998年CTEA再次将版权保护期延长为作者终生加死后70年，但这一次的延长引起了轩然大波，这即是著名的“米老鼠案”。虽然最终美国联邦最高法院判决该法案没有违宪，但此判决还是引起了极大的争议，不甘败诉的CETA反对者转而开辟国会这一战场，希望通过与CETA的支持者的较量来促成国会最

---

[1] ［美］贝帝格．版权文化：知识产权的政治经济学［M］．沈国磷，韩绍伟，译．北京：清华大学出版社，2009：145.

[2] 易健雄．技术发展与版权扩张［M］．北京：法律出版社，2009：138-139.

[3] Sony Corp. of Am. v. Universal City Studios, Inc., 464 U. S. 417 (1984).

[4] 王迁．知识产权法教程［M］．北京：中国人民大学出版社，2007：245.

终推翻CETA。❶ 有论者直言，“版权存续期间过长，影响公众对于作品的自由利用与利用成本，造成公共领域的成长缓慢，文化在一定期间内被少数人垄断，造成文化资源的无谓浪费。”换言之，“版权保护期限过长，致使数以万计的作品退出公共领域”，“导致大量的文化资源被打入冷宫”。❷

此外，为了应对新传播技术的挑战，1976年版权法遂为版权人创设了一项前所未有的权利：展览权。版权在新技术的刺激下又一次得到了扩张。而且1976年在立法模式上开始对权利类型采取抽象式规定，而对版权限制的规定较为具体。显然，这是有利于版权的扩张而不利于版权的限制的。❸

从上述技术发展与版权扩张的历史来看，可以得出以下几点结论：①技术发展为版权扩张提供了物质基础。版权保护是以禁止复制为基础的，照相术、电影技术、留声机和自动转轴钢琴、广播技术、电视以及影印机和录像机的产生使传统的复制方式发生了很大的变化，不对这些新型的复制形式进行禁止将会严重危及版权人的利益，正如戈斯汀所言，“从20世纪60年代开始，像高速复印机、廉价的家用录音机和录像机之类的设备，就对版权的为作者生产者回收价值的能力构成威胁。”❹ 反之，一味禁止也会导致新兴产业受到损害。这迫使版权法对这些新型复制行为进行调整，而调整的最终结果不是新的版权产生就是传统版权的权能得以扩张。②技术的发展为资本的介入创造了条件，并最终决定了版权法的发展方向。版权法对新型技术所作出的回应，大多是在这些新技术市场化之后，利害各方就这些新技术的利用产生利益之争，迫切需要版权法来对各方利益作出协调和平衡，而协调和平衡的结果则是：版权客体范围和版权内容不断扩展，版权保护期限不断延长以及保护力度不断增强。

3.1.2.2 版权国际化的发展与全球化的形成

从20世纪开始，在技术发展和跨国贸易的推动下，有些国家甚至借助国际公约来推动各国国内版权法的发展，这使得版权国际化的趋势不断加强，并最终形成了全球化的版权保护。

---

❶ 郑文通．宪法和知识产权：美国最高法院“米老鼠案”述评［M］//吴敬琏．比较（第8辑）．北京：中信出版社，2003：113.

❷ ［荷］约斯特·斯米尔斯，玛丽克·范·斯海恩德尔．抛弃版权文化产业的未来［M］．刘金海，译．北京：知识产权出版社，2010：23.

❸ 易健雄．技术发展与版权扩张［M］．北京：法律出版社，2009：143.

❹ ［美］保罗·戈斯汀．著作权之道——从谷登堡到数字点播机［M］．金海军，译．北京：北京大学出版社，2008：23.

(1)《伯尔尼公约》。

1896 年的《伯尔尼公约》公约巴黎补充文本将摄影作品纳入公约保护范围，这比美国立法保护摄影作品要早得多。到 1908 年，由于这一时期已有许多新技术问世，《伯尔尼公约》柏林文本则对公约作了若干重要修改。第一，取消了将有关手续要件作为取得、实施或享受版权权利的条件的规定，这也是美国一直不愿加入公约联盟的原因之一。第二，将电影作品作为演绎作品纳入版权保护范围。第三，柏林文本在遵守条件对等原则的基础上，将版权的最低保护期限延长至作者死后 50 年。第四，增加了制作音乐录音制品的特许权。第五，以禁止“擅自间接占用”作品的形式，提到了改编权，并特别例示了“将小说、故事、诗歌转换成戏剧或者相反”的情形。第六，将舞蹈作品、哑剧和建筑作品等也纳入作品范围。这些修改大大提高了版权保护的标准，意味着版权保护的全面扩张。由于《伯尔尼公约》的规定均是成员国必须遵守的最低标准，因而这一次修改对许多国家的版权立法产生了重大影响，版权保护的水平得到了全面的提高。

1914 年伯尔尼附加议定书引入了赔偿条款。1928 年的罗马文本又将作品归属和完整性的精神性权利规定为公约的基本权利之一，同时还对受保护作品的广播权作了规定。此外还规定，合作作品的最低版权保护期为最后一名作者死后 50 年。1948 年的《伯尔尼公约》布鲁塞尔文本则再次阐明并强调了公约业已规定的若干基本权利，包括精神权利、改编权、翻译权。同时，将广播权扩大到电视的范围，并把实用艺术和工业品外观设计作为两类作品加以保护。最后，还阐明了电影作品应享有的各项权利。[1] 1967 年，《伯尔尼公约》成员国在斯德哥尔摩举行会议，并达成议定书，减轻了前殖民地国家对协议的义务。但该议定书批准国的数量最终没有达到要求的最低数。之后经过反复磋商，最终达成谅解，即 1971 年《伯尔尼公约》巴黎文本。[2] 巴黎文本除了强调之前所规定的保护对象、保护期限外，还规定版权保护的精神权利和经济权利的最低标准。而且，巴黎文本最引人瞩目的是规定了作为“三步检验法”的版权例外，第 5（5）条［1971 年巴黎文本为第 9（2）条］规定：“本联盟成员国法律应当允许在某些特殊情况下复制这些作品，只要这种复制不损害作

---

[1] ［美］保罗·戈尔斯坦. 国际版权原则、法律与惯例［M］. 王文娟，译. 北京：中国劳动社会保障出版社，2003：20-21.

[2] ［美］保罗·戈尔斯坦. 国际版权原则、法律与惯例［M］. 王文娟，译. 北京：中国劳动社会保障出版社，2003：21-24.

品的正常使用也不致无故侵害作者的合法利益。”但这种合理使用仅限于复制权，也不是强制性。此外，公约第 10（1）条还对引文保护的例外作了强制性规定，即在“合理需要范围内”从“合法公之于众的作品中”摘出的引文是不受版权保护的。这些版权限制措施对于不断扩张的版权保护可以起到相对协调和平衡的作用，公众在一定范围内可以合理使用受版权保护的作品。

（2）《世界版权公约》。

由于众多的非成员国内法所规定的版权保护标准低于《伯尔尼公约》规定的最低保护标准要求，联合国教科文卫组织则开始举行成立另一国际公约的会议，试图保护成员与非成员间的多边版权保护关系。1952 年，经过多轮磋商之后形成了《世界版权公约》，该公约的主要内容有：①允许成员将手续要件作为保护条件之一。这主要是为了照顾美国的做法。②规定保护期从作品出版之日而非作者死亡之日起算。③公约不要求追溯保护，也没有要求提供超过“充分有效的保护”限度的最低保护标准。这与《伯尔尼公约》有很大的不同。④规定了“《伯尔尼公约》安全条款”，即，如果某一作品来源国在 1951 年 1 月 1 日后退出伯尔尼联盟，将不能在伯尔尼联盟的国家境内受到《世界版权公约》的保护。这一规定对发达国家极为有利，以为该条款使得遵守《世界版权公约》而不遵守《伯尔尼公约》的国家在履行较小的义务的同时获得广泛的版权保护。❶ 但这一不利于经济欠发达国家的规定，在 1967 年的斯德哥尔摩会议上得到了修正，作了有利于发展中国家的修改，以适应这些国家按照其文化、社会和经济发展阶段而调整其版权保护水平的暂时需要。❷ 1971 年《世界版权公约》再次修订，其主要内容有：①将国民和首次出版作为享受版权保护的条件。②缩短了版权保护期，规定版权保护的最低期限为作者终生加死后 25 年，或者自作品首次出版或登记注册之日起 25 年，但摄影和实用艺术作品的保护期不得少于 10 年。这远远低于《伯尔尼公约》规定的版权保护期。③在权利内容上，规定发展中国家可以在特定情况下就复制权和翻译权规定强制许可。❸ 这让发达国家非常不满。总而言之，《世界版权公约》所规定的版权保护水平远远低于《伯尔尼公约》的规定，导致以美国为首的发达国

❶ ［美］保罗·戈尔斯坦. 国际版权原则、法律与惯例［M］. 王文娟，译. 北京：中国劳动社会保障出版社，2003：26.

❷ ［美］保罗·戈尔斯坦. 国际版权原则、法律与惯例［M］. 王文娟，译. 北京：中国劳动社会保障出版社，2003：26.

❸ ［美］保罗·戈尔斯坦. 国际版权原则、法律与惯例［M］. 王文娟，译. 北京：中国劳动社会保障出版社，2003：28.

家极为不满，“到20世纪80年代中期，对于把世界知识产权组织秘书处和世界知识产权组织作为解决知识产权问题的论坛，美国私营部门不再抱任何幻想，世界知识产权组织不再是制定美国需要的标准可以信任的论坛了”，❶ 从而促使它们转而通过贸易谈判加强知识产权保护，并最终获得极大的成功。

（3）TRIPs。

早在20世纪70年代，美国就联合欧共体致力于改变包括版权在内的知识产权国际关系的发展。1979年在关贸总协定东京回合上所提出的“关于制止进口假冒商品措施的协定”提议，其背后的动机就是以为倘若伯尔尼方案无法让经济不发达国家提高其知识产权保护标准，那么贸易方法——以关税让步来换取知识产权保护上的高标准——就可以做得到。❷ 该协定在关贸总协定东京回合闭会时没有能够通过，使经济发达国家为提高《伯尔尼公约》和其他知识产权公约最低标准而作出的种种努力陷入了僵局。❸ 然而，尽管反假冒的行动计划没有实现，但它打开了将知识产权保护与贸易挂起钩来的大门。❹

从20世纪80年代起，美国一方面将有关假冒商品法的草案提交给关贸总协定来讨论；另一方面，美国开始了其尝试将知识产权保护与贸易谈判联系起来，通过允诺自由贸易而要求他国修订知识产权法律制度，将知识产权保护提高到与美国相等的水平。20世纪80年代初，为了阻止加勒比海地区严重的电影作品盗版，美国开始考虑如何与加勒比海国家相处，旨在鼓励这些国家的自由进程。1983年所颁布的1983年加勒比海盆地经济复兴法（以下简称加勒比海法）就是其中的主要措施。根据该法，如果加勒比海各国达到一定标准，他们的货物在美国市场享有免税待遇。而如果这些国家的国有机构未经美国版权所有人同意，就播放享有版权的资料，美国总统将不得不取消这一优惠待遇。这使得加勒比海国家不得不制定与美国类似的版权法。加勒比海盆地事件更深层的意义在于：为了在贸易和知识产权机制之间形成全球化的合作伙伴关系，美国能够改写贸易和知识产权规则，也能够为美国带来市场准入和大量的

---

❶ ［澳］彼得·达沃豪斯，约翰·布雷斯韦特．信息封建主义［M］．刘雪涛，译．北京：知识产权出版社，2005：127.

❷ ［美］保罗·戈斯汀．著作权之道——从谷登堡到数字点播机［M］．金海军，译．北京：北京大学出版社，2008：160.

❸ ［美］保罗·戈尔斯坦．国际版权原则、法律与惯例［M］．王文娟，译．北京：中国劳动社会保障出版社，2003：44.

❹ ［美］保罗·戈斯汀．著作权之道——从谷登堡到数字点播机［M］．金海军，译．北京：北京大学出版社，2008：161.

版税收入。❶ 自此以后，美国开始了在世界范围通过贸易手段来扩散其知识产权标准的过程。❷

随后，1983 年加勒比海法对贸易和知识产权的联系所作的界定被写入了 1984 年贸易关税法，❸ 加勒比海法使用的知识产权术语也在美国贸易法第 301 条中反复使用。与此同时，美国还修订了贸易法 301 条款。根据 301 条款，如果发现对美国知识产权保护不力的情况，总统就可以授权撤销给予该国的贸易优惠，或者对其货物征收关税。美国贸易代表办公室也被授权针对一个国家实施 301 条款。1988 年，301 条款规定的程序被进一步完善，增加了后来被称为“特别 301 条款”的内容。❹ 同时，1988 年贸易法 337 条款加强了知识产权权利的强制执行。❺ 这些策略和程序在关税与贸易总协定乌拉圭回合谈判中得到了广泛运用，并且产生了极佳的效果。

典型的例子是，在 TRIPs 磋商过程中，巴西和印度曾经对美国的知识产权保护主张表示反对。1987 年，美国对巴西采取了非同寻常的 301 行动。1987 年 7 月，美国贸易代表办公室启动了针对巴西药品专利保护问题的 301 调查程序，并于 1988 年 10 月对巴西货物增收惩罚性关税。在不到一年的时间即对巴西出口到美国市场的产品，征收了高达3 900万美元的惩罚性关税。这是美国在进行 301 威胁以后，第一次真正实施与知识产权相关的制裁，这实际上降低了巴西贸易的繁荣程度。1990 年 6 月，巴西总统宣布他将颁布符合美国希望的法律。1990 年 7 月 2 日，美国贸易代表办公室中止了增加的关税。❻

在 TRIPs 磋商过程中，美国政府下属的贸易谈判委员会发挥了非常重要的作用。该委员会由行政部门组成，向私人部门征求有关贸易政策的观点。事实

---

❶ ［澳］彼得·达沃豪斯，约翰·布雷斯韦特．信息封建主义［M］．刘雪涛，译．北京：知识产权出版社，2005：91.

❷ ［澳］彼得·达沃豪斯，约翰·布雷斯韦特．信息封建主义［M］．刘雪涛，译．北京：知识产权出版社，2005：91.

❸ ［澳］彼得·达沃豪斯，约翰·布雷斯韦特．信息封建主义［M］．刘雪涛，译．北京：知识产权出版社，2005：98.

❹ ［澳］彼得·达沃豪斯，约翰·布雷斯韦特．信息封建主义［M］．刘雪涛，译．北京：知识产权出版社，2005：100.

❺ ［美］苏珊·K. 塞尔．私权、公法——知识产权的全球化［M］．董刚，周超，译．北京：中国人民大学出版社，2008：91.

❻ ［澳］彼得·达沃豪斯，约翰·布雷斯韦特．信息封建主义［M］．刘雪涛，译．北京：知识产权出版社，2005：159.

证明，贸易谈判委员会是其成员企业私人利益全球化的重要工具。[1] 而这场戏的主角是一个更小的集团——由 12 个美国成员组成的特别的知识产权委员会。[2] 知识产权委员会不仅游说美国政府，主动参与 TRIPs 的磋商谈判，而且还联合欧洲和日本的知识产权行业组织，共同对发展中国家施加压力。通过运用这些手段，在发达国家和发展中国家的反复磋商后，TRIPs 终于于 1994 年 4 月 15 日签订，并于 1995 年 1 月 1 日生效。

TRIPs 以其全面广泛而又强有力的规定而闻名，其主要内容包括：①在序言中明确了知识产权是私权。虽然以前的立法都承认保护版权和其他知识产权，但明确宣布知识产权是私权这还是第一次。②增加了版权的保护对象，将计算机软件和数据库纳入 TRIPs 的保护范围。③TRIPs 将《伯尔尼公约》中几乎所有的权利和《罗马公约》中的大部分权利适用于所有 WTO 成员方，同时还要求成员方在授权或禁止对计算机程序、电影作品和音像作品进行商业性出租方面给予作者和音像制作者以专有的权利。保护出租权意味着版权用尽原则开始失效。因此，有关版权和相关权的最基本的权利的移植已经全球化了。[3] ④规定了知识产权救济的强制措施，包括临时性措施、边境措施以及争端解决机制。这些措施均是 TRIPs 首创，对于保护知识产权具有非常积极的作用。⑤规定了权利限制制度，即第 13 条："全体成员均应将专有权的限制或例外局限于一定特例中，该特例应不与作品的正常利用冲突，也不应不合理地损害权利持有人的合法利益。"这一规定将对复制权的例外规定延伸到文学艺术作品的所有专有权利中，包括适用于未出版作品有关的权利，[4] 有利于维持与知识产权人的利益之间的平衡。

从 TRIPs 制定的过程及其内容来看，具有以下几个明显的特点：

其一，TRIPs 标志着知识产权全球化的形成。TRIPs 规定的不仅是全球知识产权保护的最低标准，而且由于它和贸易结合在一起，贸易的全球化使它在全球化中分量极重，所有加入世界贸易组织的成员国都必须严格遵守 TRIPs。

---

[1] ［美］苏珊·K. 塞尔. 私权、公法——知识产权的全球化［M］. 董刚，周超，译. 北京：中国人民大学出版社，2008：47.

[2] ［美］苏珊·K. 塞尔. 私权、公法——知识产权的全球化［M］. 董刚，周超，译. 北京：中国人民大学出版社，2008：8.

[3] Paul Edward Geller, Legal Transplants in International Copyright: Some Question of Method, 13 UCLA Pac. Basin L.J., p. 199.

[4] ［美］保罗·戈尔斯坦. 国际版权原则、法律与惯例［M］. 王文娟，译. 北京：中国劳动社会保障出版社，2003：288-289.

因此，TRIPs 实质上开创了一个成熟的、有约束力的全球知识产权体制，该体制深入到了各国国内的监管环境，❶ 是一个历史性的成就。❷

其二，TRIPs 标志着知识和资本的完美结合，“成为私人力量得以行使的成功范例”。❸ TRIPs 的产生实质上是由资本来推动的，从提出草案内容、参与游说到直接参与谈判，以美国为代表的跨国资本代言人全过程地介入了“游戏”规制的制定，直接促成了 TRIPs 的制定和实施。正如蒲吉兰所言，“知识产权委员会和国际知识产权同盟是世界制药集团和文化产业的利益代言人，这些机构能量巨大。”❹ 也正是基于这一点，有学者认为，“决定 TRIPs 命运的可能也就不超过 50 个人”，❺ 甚至“是一个关于 12 个人（知识产权委员会）‘能够做’的叙述”。❻

其三，TRIPs 极大地扩展了知识产权所有者的权利。从知识产权客体范围、权利内容到强制救济措施和强制性的争端解决机制，TRIPs 几乎给予了知识产权人所有能够给予的保护。TRIPs 中最重要的新内容是详细规定了 WTO 成员方有关知识产权执法的义务，以及将 WTO 的争端解决机制适用于版权与邻接权。❼ 正如戈斯汀所言，TRIPs 的最大贡献是在执法方面，它授权成员在其国民由于另一成员未遵守 TRIPs 标准而遭到损害时，可以向世界贸易组织专家组起诉；如果专家组裁决该成员确实未遵守，则受害方可以对侵害方动用在别处被禁止的贸易制裁。❽

此外，这一时期还制定了保护版权的其他几个国际公约，包括 1961 年《保护表演、录音制品制作者和广播组织的国际公约》、1971 年《保护录音制

---

❶ ［美］苏珊·K. 塞尔. 私权、公法——知识产权的全球化［M］. 董刚，周超，译. 北京：中国人民大学出版社，2008：1.

❷ USTR2004b.

❸ ［美］苏珊·K. 塞尔. 私权、公法——知识产权的全球化［M］. 董刚，周超，译. 北京：中国人民大学出版社，2008：8.

❹ ［法］蒲吉兰. 21 世纪的黑金［M］. 贾春娟，李玉平，苏启运，译. 北京：社会科学文献出版社，2006：168.

❺ ［澳］彼得·达沃豪斯，约翰·布雷斯韦特. 信息封建主义［M］. 刘雪涛，译. 北京：知识产权出版社，2005：10.

❻ ［美］苏珊·K. 塞尔. 私权、公法——知识产权的全球化［M］. 董刚，周超，译. 北京：中国人民大学出版社，2008：2.

❼ ［匈］米哈依·菲彻尔. 版权法与因特网［M］. 郭寿康，万勇，相靖，译. 北京：中国大百科全书出版社，2009：23.

❽ ［美］保罗·戈斯汀. 著作权之道——从谷登堡到数字点播机［M］. 金海军，译. 北京：北京大学出版社，2008：161.

品制作者防止未经许可复制其录音制品公约》、1952 年《世界知识产权组织表演和录音制品公约》以及 1974 年《关于播放由人造卫星传播载有节目信号的公约》，将表演、录音制品、广播、节目信号纳入国际版权公约的保护范围，弥补了《伯尔尼公约》和《世界版权公约》保护的不足，进一步扩展了版权保护的范围和强度。

3.1.2.3 合理使用制度的形成

模拟技术的发展推动了版权的全方位扩张，包括版权客体范围的扩张、保护期限的延长、权利类型的增加及原有权能的扩张，特别是复制权、演绎权以及出租权等的扩展和产生。但版权无论如何扩张，它都必须服务于促进社会文学艺术进步的终极价值目标。由此，在技术发展和版权扩张的同时，各国版权法和版权国际公约都基本上设置了允许公正合理使用的版权限制制度，包括合理使用和“三步检验法”。

（1）合理使用。

从 19 世纪末一直到 20 世纪中叶，虽然英美法院已经积累了众多的合理使用判例，但两国并未将这种司法经验写进成文法中。其原因可能与这一时期技术发展有关，这一时期虽然已经有了一些新的技术萌芽，甚至有个别的技术较为成熟，这些新技术的革新也推动了版权的某些变革。但总体而言，模拟技术直到 20 世纪中叶才基本成熟，并在市场上得到了广泛运用，模拟技术所推动的版权扩张也基本完成，相应地对版权予以限制的合理使用制度也通过成文法明确下来。

在这一背景下，经过一百多年的司法实践之后，1976 年美国版权法第 106 条及第 106A 条和第 107 条将合理制度予以明文化。第 106 条及第 106A 条规定，出于批评、评论、新闻报道、教学（包括为了课堂使用的多件复制品）、学术或研究的目的而使用受版权保护作品，都不被视为侵犯版权的行为。第 107 条“专属权利的限制：合理使用”规定，在某一特定案件当中，决定一项作品的使用是否属于合理使用时应当考虑的因素包括：①使用的目的和性质，包括这种使用是具有商业性质还是为了非营利的教育目的；②有版权的作品的性质；③所使用部分的数量在整部作品中所占比例和内容性；④这种使用对有版权作品的潜在市场或价值影响。第 106 条及第 106A 条采用具体列举的立法模式，适用法律时明确具体，较少产生争议。但这种具体列举有时难以穷尽合理使用的具体情形，因而对保护公众合理使用版权作品存在不足。第 107 条采用笼统模糊的立法语言来概括合理使用，这一模式具体适用时可能会产生争议。但这一模式将那些复杂难断的事情交给了法院在司法实践中来慢慢地琢磨总结，也在无形中扩大了合理使用原则可能的适用范围。❶ 这一具体列举加抽象概括的立法模式，有助于协调和平衡技术发展所带来的版权扩张对公众利用版权作品所造成的威胁，能够保障公众有效地利用版权作品、传播文学艺术信息。

与此同时，其他一些发达国家和地区也先后在版权法中确立了合理使用制度，只不过更多的国家采用的是具体列举的立法模式，而未设置合理使用的概括条款。

（2）三步检验法（the Three-Step Test）。

三步检验法具有相当于合理使用原则的功能，即平衡国际版权保护与信息自由的冲突，以促进文学艺术的发展和进步。它是检验版权限制和例外的国际标准，是划定版权边界的基准界标。❷ 也是规定在国际版权公约中的用以判定合理使用的一般原则。

三步检验法和合理使用制度一样，也经历了一个不断发展的过程。三步检验法最早出现在《伯尔尼公约》第9（2）条，后相继为TRIPs和1996年《世界知识产权组织著作权条约》和《世界知识产权组织表演与录音制品条约》所采纳。三步检验法是与复制权同时出现的。❸ 在1967年的斯德哥尔摩会议之前，既没有一般意义上的复制权也没有一般性的限制规定。因此，在斯德哥尔摩召开的《伯尔尼公约》修订会议上，讨论重点是通过赋予作者新权利或扩大现有权利的权能来加强对作者的保护，特别是正式确立一般意义上的复制权。同时，还必须建立一个版权限制模式，否则，斯德哥尔摩会议将难以取得成功。❹ 经过各成员国的反复磋商和协调，会议最终采纳了英国的建议，通过了第5（5）条，该条规定："本联盟成员国法律应当允许在某些特殊情况下复制这些作品，只要这种复制不损害作品的正常使用也不致无故侵害作者的合法

---

❶ 李响. 美国版权法：原则、案例及材料［M］. 北京：中国政法大学出版社，2004：416.

❷ 朱理. 著作权的边界——信息社会著作权的限制与例外研究［M］. 北京：北京大学出版社，2011：73.

❸ 朱理. 著作权的边界——信息社会著作权的限制与例外研究［M］. 北京：北京大学出版社，2011：73.

❹ Martin Senftlebem，Copyright，Limitations and The Three-Step Test，An Analysis o fthe Three-Step Test International and EC CopyrightLaw，KLuwer Law International（The Hague/London /NewYork），2004. p47.

利益。”1971年巴黎文本对该条并没有任何修订，该项判断标准从而成为《伯尔尼公约》最新文本的一项基本判断标准。❶《伯尔尼公约》斯德哥尔摩文本和巴黎文本均将合理使用仅适用于复制权，合理使用也不具有强制性。可见，《伯尔尼公约》中的三步检验法仅仅是判断复制权例外是否合法的标准，还没有完全上升为真正意义上的著作权合理使用的一般原则。❷

1994年的TRIPs则通过间接和直接两种方式引入了《伯尔尼公约》中的三步检验法。❸间接引入方法体现在TRIPs第9（1）条的规定上，该规定为：全体成员均应遵守《伯尔尼公约》1971年文本第1至21条及公约附录。但对于《伯尔尼公约》第6条之2规定之权利或对于从该条引申的权利，成员应依本协议免除权利或义务。而直接的方法则体现在TRIPs第13条，该条规定："全体成员均应将专有权的限制或例外限于一定特例中，该特例应不与作品的正常利用相冲突，也不应不合理地损害权利持有人的合法利益。”如果第9（1）条强调的是对版权保护的限制的话，那么第13条实际上是对权利限制的限制，强调的是权利限制不能够影响作品的正常使用，也不能不合理地损害版权持有人（既包括版权所有人，也包括独占被许可人或可能的其他持有人）的合法利益。❹TRIPs第13条草案是由美国所提交的，其目的是澄清《伯尔尼公约》而不是对公约进行实质性改变。❺而世界知识产权组织也完全肯定了美国的观点，认为《伯尔尼公约》与TRIPs之间通常不存在任何冲突。❻可见，虽然三步检验法扩大了适用范围，但又对版权限制进行了反限制，即构成了对公众合理使用作品的限制，“是TRIPs中概括性条款中最为严厉的规定”，❼这可能会对信息自由造成威胁。

此外，TRIPs第9（2）条还规定：“版权保护应延及表达，而不延及思

---

❶ Martin Senftlebem, Copyright, Limitations and The Three-Step Test, An Analysis o fthe Three-Step Test International and EC CopyrightLaw, KLuwer Law International (The Hague/London /NewYork), 2004, p52.

❷ 卢海君. 著作权中合理使用制度立法模式探讨［J］. 科技与法律，2007（2）：42.

❸ 朱理. 著作权的边界——信息社会著作权的限制与例外研究［M］. 北京：北京大学出版社，2011：77.

❹ 郑成思. WTO知识产权协议逐条讲解［M］. 北京：中国方正出版社，2001：54.

❺ 朱理. 著作权的边界——信息社会著作权的限制与例外研究［M］. 北京：北京大学出版社，2011：77.

❻ WIPO, The Implications of the TRIPs Agreement on Treatie Administered by WIPO, WIPO publication No 464 (E), pp. 22-23.

❼ 王立达. TRIPs之例外条款——以概括型例外条款为中心［J］. 政大法学评论，年份不详（107）：92.

想、工艺、操作方法或数学概念本身。”从而肯定了思想与表达二分法，而思想/表达二分法又隐含着平等精神，它在一定程度上平衡了版权与信息自由的紧张关系。[1]

纵观从20世纪初到20世纪末，随着技术的快速发展，版权保护的范围呈现出逐渐扩大的趋势：在保护期限上由最初的28年延长到上百年；在保护的对象上，由早期的文学艺术作品扩展到包括软件和数据库在内的一切作品；在保护地域上，由最初的国内法保护到国际化保护，最终形成了版权保护的全球化；在保护内容上，不仅增加了演绎权、出租权，复制权等保护范围也不断延伸等。虽然这一时期美国等国家将合理使用制度在成文法予以明确化，《世界版权公约》也制定了具体的版权保护例外条款以及三步检验法一般条款，但这一时期仍发生了大量的版权侵权判例涉及宪法上的信息自由权利。

1964年的Berlin[2]一案是美国历史上第一次涉及版权保护与滑稽模仿间的冲突。该案原告起诉被告的滑稽模仿行为侵犯其版权，而被告则以合理使用、信息自由提出抗辩。法院最终依据合理使用原则认定被告有权自由使用他人作品来改编创作新的作品。1967年的Rosement[3]案则首次引起社会关注版权保护与信息自由之间是否冲突的问题。但法院也判定被告的行为属于合理使用。两年后，Time[4]案更是引起学界和各级法院的注意，众说纷纭，莫衷一是。[5]该案涉及美国总统肯尼迪被刺的照片未经许可而被被告复制的问题，被告提出了包括信息自由在内的多个抗辩。法院认为“只要是合理使用，就可免责”，认定被告的行为属于合理使用，与信息自由传播有关，据此认定被告属于合理使用。

20世纪70年代则发生了多起有关版权保护与信息自由相冲突的案例。在1974年的United States[6]案中，被告将原告的唱片制成录音带，却声称其行为是艺术表达自由，法院最终判定被告的行为具有牟利目的，属于版权侵权行为。而在同年的Roharrer[7]案中，法院也没有支持被告所声称享受宪法上的信

---

[1] 李雨峰. 思想/表达二分法的检讨［J］. 北大法律评论，2007（2）：434.

[2] Berlin v. E. C. Publications，Inc. 329 F. 2d 541（2d. Cir），cert. Denied，379 U. S. 822（1964）.

[3] Rosement Enterprises Inc. V. Random House Inc. 366 F. 2d 303（2d Cir 1966），cert. Denied，395 U. S. 1009（1967）.

[4] Time Inc. V. Bernard Geis Associates. 293 F. Supp. 130（1968）.

[5] 贺德芬. 文化创新与商业契机［M］. 台北：月旦出版社股份有限公司，1994：170.

[6] United States v. Bodin. 375 F. Supp. 1265. W. D. Okla（1974）.

[7] Roharrer v. Killiam Shows，Inc. 522 F. 2d 737，748（2d Cir. 1975）.

息自由抗辩。但在 1978 年的 Triangle❶ 案中，法院没有回避版权保护与信息自由的冲突问题，而是强调可以用美国宪法第一修正案所保障的信息自由主张对抗版权保护，信息自由应优先于版权保护。最后判定被告的使用行为属于第一修正案所保障的信息自由。这一判决对版权法造成了重大冲击。❷

20 世纪 80 年代中期发生的 Sony❸ 案和 Harper❹ 案，对于协调和平衡版权保护与信息自由的冲突问题具有非常重要的价值和意义。1985 年的 Harper❺ 案则是一个标志性的案件。❻ 该案的审判一波三折，最终美国联邦最高法院判决被告的信息自由抗辩不成立。在该案中，最有价值的是美国联邦最高法院第一次详细探讨了版权保护与信息自由的关系，并界定了版权法与信息自由的界限，这为美国司法处理版权保护与信息自由的关系提供了指导性意见，影响非常深远。其核心观点是：版权法中的思想与表达二分法和合理使用原则，使版权保护并不威胁或损害信息自由。版权保护与信息自由之间并不存在冲突，二者相互促进、协调一致。而在 1984 年的 Sony 案中，美国联邦最高法院最后认定录像机技术所带来的私人复制行为并不构成侵权，属于合理使用。

20 世纪 90 年代则发生了更多的版权保护与信息自由的冲突的案例，是版权保护与公众使用行为之间发生争议和冲突的高峰期。其中，最有影响的当属 1994 年的 Campbell❼ 一案，该案涉及版权保护与滑稽模仿之间是否存在冲突的问题。在一审中，法院支持被告滑稽模仿属于合理使用的主张，即滑稽模仿应当获得足够的空间，这不仅是因为滑稽模仿艺术需要对原作品进行某种程度的复制，而且因为它服务于一个更高层次的文化目的——打破文化偶像。这一观点最终得到联邦最高法院的支持。而这起争议只是 1990 年起诉的成百上千版权案件中的一例。❽

与此同时，在欧洲也发生了大量的类似案例。德国自 20 世纪 60 年代起判

---

❶ Triangle Publications Inc. V. Knight Ridder Newspapers Inc. 445 F. Supp. 875, S. D. Fla. (1978), 626 F. 2d 1171, (5th. Cir 1980).

❷ 贺德芬. 文化创新与商业契机 [M]. 台北：月旦出版社股份有限公司，1994：711.

❸ Sony Corp. of American v. Universal City Studios, Inc. 464 U. S. 417 (1984).

❹ Harper & Row Publish, Inc. V. Nation Enterprises, 471 U. S. 539 (1985).

❺ Harper & Row Publish, Inc. V. Nation Enterprises, 471 U. S. 539 (1985).

❻ 何贵忠. 论版权保护与表达自由的关系 [D]. 北京：中国人民大学，2008：156.

❼ Campbell v. Acuff-Rose Music, 510 U. S. 569 (1994).

❽ [美] 保罗·戈斯汀. 著作权之道——从谷登堡到数字点播机 [M]. 金海军，译. 北京：北京大学出版社，2008：3.

决了多起涉及限制信息自由的版权侵权案件，并在 Bild❶ 等案中，法院都支持了被告的信息自由抗辩。此外，在欧洲的法国、荷兰、英国、奥地利等国，也发生了很多涉及限制公众信息自由的版权纠纷，并有多个判决支持信息自由优先于版权保护。❷

总之，美欧自 20 世纪 60 年代所发生的涉及限制信息自由的判例呈现出三个重要的特点：其一，版权权能扩张导致版权保护与信息自由发生冲突的可能性大大增加。这其中最典型的是演绎权的产生，使公众利用作品的难度空前增大。大量的判例法证实了，当版权扩大到演绎作品时，版权保护和权利限制原则的关系是很难处理的。❸ 前述的 Campbell 滑稽模仿案即是此例。其二，私人复制行为本属于合理使用，但技术发展却导致私人复制也有可能成为被版权法禁止的范畴，二者之间将随着技术的革新不断地发生冲突。Sony 案可能仅仅是个开端。其三，大量的判决表明，合理使用制度开始对版权保护与信息自由的冲突发挥着重要的平衡作用。但在技术革新所推动的版权快速发展面前，合理使用制度开始慢慢地跟不上时代的步伐了，版权法自身的平衡机制开始在某些方面失灵了。这也表明，需要援引宪法上的信息自由来对日益扩张的版权保护予以约束和限制。

3.1.3 数字时代的版权

自模拟技术之后，20 世纪最重要的技术创新就是发明了能够以数字形式获取文字、声音和图像的技术。数字技术包括通信技术、微电子技术和计算机技术。它可以把书写或者朗诵出来的一行诗句、具有最微妙差别的一个乐句、从电影中捕捉到的快速闪过的一幅图像，都变成崭新的数字代码 0 和 1。❹ 这意味着数字技术有能力将一部作品分解成数字碎片，再将这些碎片与其他作品和数据库的零星碎片重新组合起来，这就意味着，当作者允许将其作品放入某

---

❶ Bild Zeitung，Court of Appeal（Kammergericht）Berlin 26 November 1968，（1969）54 UFTTA 296.

❷ 杨会永. 版权保护与表达及信息自由的冲突与协调：基于欧洲法的分析［M］//冯军，等. 版权保护法制的完善与发展：基于欧盟经验与中国实践的视角. 北京：社会科学文献出版社，2008：133-140.

❸［美］保罗·爱德华·盖勒. 版权的历史与未来：文化与版权的关系［M］//郑成思. 知识产权文丛（8）. 北京：中国方正出版社，2002：266.

❹［美］保罗·戈斯汀. 著作权之道——从谷登堡到数字点播机［M］. 金海军，译. 北京：北京大学出版社，2008：163.

一数据库时，就等于无可恢复地将它暴露在这样一种状态——会受到程度不一的取样、重排与重组。❶ 与模拟技术相比，数字技术具有便于处理、控制精度高、通用灵活和抗环境干扰能力强等一系列优点，从而极大地提高了人们处理信息的能力。❷ 而且，与任何其他媒介相比，它能够适应现代数字计算机的运算能力和互联网无远弗届的可接入性，其复制作品的成本几乎为零，而且效率极高。这预示着，它既会给各国版权法造成新的紧张，也会带来新的机会。❸ 而这又主要涉及两个问题：（1）计算机软件的版权保护；（2）网络版权的保护。

（1）计算机技术与版权。

计算机技术主要产生于20世纪40年代。1946年，世界上首部真空管电脑“爱尼阿克”（Electronic Numercial Intergrator and Computer，ENIAC 电子微积分计算机）问世，为第一代电脑（自1946年至1985年）之滥觞。由此，揭开了计算机技术发展的大幕。1952年，冯·纽曼因提出“二进位数系”及将指令储存于记忆体等两项构想而被后人称为“现代电脑之父”。❹ 1969年7月，国际商用电器公司宣布将电脑产品分为硬件和软件两大类，两类产品各自计价。❺ 自此，撰写电脑软件的电脑工程师开始运用通过防盗拷硬件系统和专利法、商业秘密法保护其创意，但效果均不佳，❻ 遂转而寻求版权法的保护。1964年，美国版权局宣布接受计算机软件的登记。❼ 1976年美国版权法修订时，认为电脑软件符合语文作品之定义，遂修正美国版权法第102a条。但由于两院对于电脑软件之版权保护与否以及其保护内容等尚未达成共识，又在版权法第117条规定暂缓对电脑软件的保护。❽

与此同时，微电子数字技术发展迅速。1971年11月，英特尔公司开发出世界上第一个微处理器“英特尔4004芯片”，次年又推出8008年微处理器芯片。这两个芯片的问世，标志着微电子技术的兴起。1974年，英特尔公司推

---

❶ ［美］保罗·戈斯汀．著作权之道——从谷登堡到数字点播机［M］．金海军，译．北京：北京大学出版社，2008：25.

❷ 易健雄．技术发展与版权扩张［M］．北京：法律出版社，2009：148.

❸ ［美］保罗·戈斯汀．著作权之道——从谷登堡到数字点播机［M］．金海军，译．北京：北京大学出版社，2008：163.

❹ 蔡惠如．著作权之未来展望——论合理使用之价值创新［M］．台北：元照出版公司，2007：125.

❺ 吴国盛．科学的历程［M］．2版．北京：北京大学出版社，2002：536-539.

❻ 蔡惠如．著作权之未来展望——论合理使用之价值创新［M］．台北：元照出版公司，2007：126.

❼ 易健雄．技术发展与版权扩张［M］．北京：法律出版社，2009：149.

❽ 蔡惠如．著作权之未来展望——论合理使用之价值创新［M］．台北：元照出版公司，2007：126.

出了著名的8080年微处理器芯片，其功能是8008的十倍。正是这个芯片敲开了个人电脑时代的大门。1977年，当苹果电脑公司推出功能强大、使用方便而又价格低廉的“苹果2型”电脑时，整个电脑界为之震惊。个人电脑时代真正到来。❶ 微电子技术的发展也推动了电脑软件业的快速发展，软件业的发展迫切需要版权法作出调整。1978年，在对电脑软件的版权保护经过了两年的研究后，国会成立的版权之新科技利用委员会认为，电脑软件具有可版权性。❷ 1980年12月，美国以该报告为基础，对1976年美国版权法的第101条与第117条进行了修改，将计算机软件列为版权的保护对象。由此，美国开启了以版权保护计算机软件的大门。❸ 其他国家也纷纷将电脑软件纳入了版权法的保护范围。至此，在新兴产业资本的推动下，版权法通过扩张其保护对象又一次对高科技的挑战作出了回应。

（2）互联网与版权。

网络技术最早产生1989年3月，欧洲粒子物理实验室首先发展了WWW服务器、浏览器软件及超文本链接，提出了“全球资讯网”（World Wide Web，WWW）的概念。1991年网际网络开放供民众及商业使用。❹ 至此，网络时代真正到来。

网络模式不同于传统的板块模式。板块模式缺少互动和相互联系：每个板块都有一个或几个信息源发送信息，而其他环节则主要是接受而没有将信息反馈到传播系统。相反，每个网络模式则由相互联系的众多终端组成，同时相互分离的网络又利用互联网相互联系。❺ 网络模式的这一优势使其可以提供影像视讯、网络通讯、资料传送等多种服务，主要服务项目包括电子邮件、电子社群、商业性资料库（数据库）、电子文件、软件、电子图书馆、休闲娱乐等，其所提供的传播模式包括点对点模式、多对多模式、一对多模式等，其功能多样化，包括人际传播、大众传播以及因网络非同步性所创造的资讯平台。❻ 可见，网络技术比传统的模拟技术有更大的优越性，其所能提供的高效低廉的复

---

❶ 易健雄. 技术发展与版权扩张［M］. 北京：法律出版社，2009：150.

❷ 蔡惠如. 著作权之未来展望——论合理使用之价值创新［M］. 台北：元照出版公司，2007：126.

❸ 易健雄. 技术发展与版权扩张［M］. 北京：法律出版社，2009：150.

❹ 蔡惠如. 著作权之未来展望——论合理使用之价值创新［M］. 台北：元照出版公司，2007：127.

❺ ［美］保罗·爱德华·盖勒. 版权的历史与未来：文化与版权的关系［M］//郑成思. 知识产权文丛（8）. 北京：中国方正出版社，2002：273.

❻ 蔡惠如. 著作权之未来展望——论合理使用之价值创新［M］. 台北：元照出版公司，2007：129-130.

制服务，完全颠覆了传统的作品复制方式，几乎让每一个复制都可能是私人所为，[1] 而且创作和传播开始摆脱了地域空间的限制而获得了越来越多的自由，世界各地的创作者们可以彼此即时合作，创作和传播能密切联系，互相促进。[2]

然而，新的技术也必然会开发出新的市场，网络技术的发展，将会对工业结构和产品的内容结构的交汇产生深刻的影响。[3] 对于娱乐和信息公司而言，网络技术所提供的不仅是让它们的产品获得巨大的新兴市场，而且也是一种巨大的威胁，因为广泛的、非经授权的复制行为将摧毁它们的每一个市场。[4] 在这些新兴产业的推动下，美国在发展数字技术的同时也展开了版权保护的研究。1993 年成立的信息基础设施任务组经过一年多的调研、听证等，初步分析了数字技术对版权的影响，并提出了版权法修改建议，虽然这一报告受到了电影、录音、计算机软件等产业界的热烈欢迎，但也遭到了图书馆界、在线服务提供商、计算机硬件制造商等的强烈反对。而于 1995 年 9 月出台的正式报告与初步报告在实质性内容上基本没有修改，这导致了反对者更加猛烈的批评，最终使 1996 年的以该报告为基础的版权立法案没有获得通过。[5]

在国内立法的失败，使美国迅速把策略转向世界知识产权组织，打算先推动国际条约在世界知识产权组织外交会议上通过，再以新通过的国际条约向美国国内施压。[6] 然而，美国所提出的草案内容过于严厉，不仅禁止规避行为，而且还禁止准备行为和临时复制行为，这遭到众多国家的反对。在经过整整一个月的反复磋商和激烈的讨价还价之后，1996 年 12 月 20 日，20 多个国家代表在日内瓦世界知识产权组织外交会议上缔结了两个新条约：《世界知识产权组织著作权条约》和《世界知识产权组织表演与录音制品条约》。这两个新条约的通过标志着版权保护进入了一个绝对性地控制复制的时代。

《世界知识产权组织著作权条约》和《世界知识产权组织表演与录音制品

---

[1] ［美］保罗・戈斯汀．著作权之道——从谷登堡到数字点播机［M］．金海军，译．北京：北京大学出版社，2008：164.

[2] ［美］保罗・爱德华・盖勒．版权的历史与未来：文化与版权的关系［M］//郑成思．知识产权文丛（8）．北京：中国方正出版社，2002：274.

[3] ［匈］米哈依・菲彻尔．版权法与因特网［M］．郭寿康，万勇，相靖，译．北京：中国大百科全书出版社，2009：604.

[4] ［美］保罗・戈斯汀．著作权之道——从谷登堡到数字点播机［M］．金海军，译．北京：北京大学出版社，2008：165.

[5] 易健雄．技术发展与版权扩张［M］．北京：法律出版社，2009：165-171.

[6] 易健雄．技术发展与版权扩张［M］．北京：法律出版社，2009：172.

条约》一方面保持了和 TRIPs 的衔接，在保护范围、保护期限、出租权和计算机软件、数据库的规定上与 TRIPs 完全相同。另一方面，增加了数字环境下的版权保护，主要是规定版权人享有传输权（向公众传播权或信息网络传播权）以及技术保护措施。[1] 立法首次规定技术保护措施，标志着版权的技术保护、法律保护和合同保护三位一体的模式形成，这将会大大增强版权人控制其作品的能力，也有利于实现其版权和利益。反言之，这一规定也可能会对公众利用作品造成威胁，最终妨碍公众信息自由权利的实现。但技术保护措施条款因其他国家的强烈反对而只将规避行为纳入其控制范围。这一规定可以大大缓解公众合理利用作品与版权保护之间的紧张关系。此外，《世界知识产权组织著作权条约》和《世界知识产权组织表演与录音制品条约》的第 10 条和第 16（2）条还同时规定了 TRIPs 的三步检验法。《世界知识产权组织著作权条约》也与《伯尔尼公约》交织在一起，三步检验法在《世界知识产权组织著作权条约》的适用和效力问题也呈现出与 TRIPs 类似的复杂状态。《世界知识产权组织表演与录音制品条约》第 16（2）条还将三步检验法的适用范围扩展至邻接权。[2]

在《世界知识产权组织著作权条约》和《世界知识产权组织表演与录音制品条约》之后，美国国内开始了推动政府早日批准两个条约的活动。[3] 1997 年 7 月，参、众两院先后对该议案进行讨论，各利益集团也不断对两院进行游说。直到 1998 年 5 月，参、众两院才通过了数字千年版权法案。该法案共分为“实施世界知识产权条约”“因特网版权侵权责任”“计算机的维护或修复”“临时复制，远程教育，‘图书馆与档案馆之免责’”四个部分。与前述两个条约相比，其最突出的特点就是对技术保护措施的规定，同时禁止规避行为和准备行为。这一规定使版权业者将技术措施视为自己在网络时代的“护身符”而格外看重，但消费者却明显感觉到技术措施所带来的不方便，[4] 这将会加大公众通过网络技术利用版权作品的难度，从而威胁到信息的利用和传播。也正是由于美国版权法的这一规定，导致了多起版权保护涉及信息自由的判例。

---

[1] 郑成思. 两个新的版权条约初探［M］//知识产权文丛（第 1 卷）. 北京：中国政法大学出版社，1999：334-344.

[2] 朱理. 著作权的边界——信息社会著作权的限制与例外研究［M］. 北京：北京大学出版社，2011：83.

[3] 李明德. 美国正在审议通过实施 WIPO 两个新条约的议案［M］//知识产权文丛（第 1 卷）. 北京：中国政法大学出版社，1999：345.

[4] 易健雄. 技术发展与版权扩张［M］. 北京：法律出版社，2009：177.

此外，欧洲、日本以及其他国家几乎都通过修订版权法，加强了对数字版权的保护（参见本书第2章第2.2节）。

网络技术的发展所造成的第二个版权问题则是数据库的保护。随着网络技术的发展，未来所有的计算机网络在线服务的操作都是以数据库为基础进行的。数据库将成为互联网时代越来越重要的基础设施，❶ 数据库的开发和利用已开始逐步产业化。数据库的版权保护开始引起人们关注。

但由于版权传统与作者权传统所界定的独创性标准不一样，因而对于是否保护数据库存在分歧。❷ 最早对数据库进行保护的是TRIPs，其第10条不仅规定了材料由作品组成的数据库；而且还规定了材料由非作品的数据组成，内容的选择和安排构成智力创作的数据库也可以得到版权保护。而美国司法判例却对这种保护设置了很高的门槛。而欧盟在对数据库保护进行分析和评估之后，于1996年3月发布了《欧盟数据库保护指令》，该指令突破了TRIPs第10条的规定，除了对构成作品的数据提供版权保护以外，还首次为非作品的数据库产业者提供特别权利保护。该指令的正式颁布为版权界的理论探索及时提供了研究材料，也是法律实践的有益指南。❸

从信息自由的角度来看，将数据库纳入版权保护范围，并可运用技术保护措施加以控制，会造成公众利用数据库信息的困境。而且，将不具有独创性的作品汇编而成的数据库赋予版权保护，是否能促进文学艺术和科学的进步尚值得怀疑。如果不能满足版权法的这一价值目标，则数据库版权保护的目的显然是要保护产业利益，推动产业发展，而不是保障公众的合理使用。不符合版权法的价值目标，也意味着与信息自由的价值目标相悖。

综观数字技术的发展所推动的版权扩张保护的历程，可以总结出以下三点：其一，数字技术的发展推动了版权保护的终极扩张。数字技术是自印刷技术以来最先进的复制和传播技术，不仅对作品的发行和传播造成了重大冲击，甚至对作品创作也带来了很大的影响，“它完成了该法律早期的目标，也就是把作者与读者连接起来，免于受到政治君主或者赞助人意志的干扰”。❹ 如果不对这种数字复制方式进行控制或禁止，将会使作品的发行者和传播者的利益

---

❶ 袁泳. 数字版权［M］//知识产权文丛（第2卷）. 北京：中国政法大学出版社，1999：62.

❷ 袁泳. 数字版权［M］//知识产权文丛（第2卷）. 北京：中国政法大学出版社，1999：61.

❸ 袁泳. 数字版权［M］//知识产权文丛（第2卷）. 北京：中国政法大学出版社，1999：61.

❹ ［美］保罗·戈斯汀. 著作权之道——从谷登堡到数字点播机［M］. 金海军，译. 北京：北京大学出版社，2008：215.

受到严重损害，也不可能会产生良好的激励作用；而如果不对作品的发行者和传播者的利益予以保护，则不可能会实现版权法促进文学艺术科学进步的宗旨。因此，将技术保护措施以及数据库和软件纳入版权保护的范围，既是为了鼓励版权人发行和传播作品，也才可能实现鼓励作品传播、促进社会文化发展的价值目标。其二，这一时期的版权扩张，不仅是为了适应数字技术发展的需要，更是知识资本在背后推动的结果。最典型的是数字千年版权法案，它赋予了版权人广泛的控制权利，禁止所有的规避行为和准备行为，禁止删除、改变权利管理信息或提供、散布虚假权利信息，严格限定合理使用等例外、限制情形，将临时复制纳入版权人控制范围，并设定严格的免责条件等，在很大程度上达到了版权业者的预期目的。❶ 而赋予数据库以版权保护实际上是为辛勤收集劳动和经济投资产业者提供版权法以外的特权权利的保护。❷ 其三，合理使用制度遭遇到严重危机。印刷时代的复制技术还没有普及到个人层面的私人领域，模拟时代的复制技术开始进入个人层面的私人领域，而数字时代的复制技术已将复制行为变成私人行为。版权保护由过去的禁止公共使用行为发展到现在的禁止私人使用行为。而数字时代的版权例外或限制制度设置并不比模拟技术时代能更好地保障公众合理使用版权作品。在数字时代，不仅模拟技术时代的合理使用制度不能有效保障个人性质的复制行为，而数字时代的技术保护措施则几乎将合理使用、思想与表达二分法等制度完全置于无用之地，由此而导致数字千年版权法案成为信息自由派抨击的一个天然目标，因为正是由于合理使用这些安全阀，才使得版权免于宪法上信息自由权利的审查。❸ 总而言之，WPT、《世界知识产权组织表演与录音制品条约》以及数字千年版权法案的制定实施是国际社会领域最重大的事件，是版权国际保护的又一个里程碑，❹ 将会在相当长的一段时期对国际版权保护产生极重要（也可能是主要的）的影响。❺

自 21 世纪以来，发生了多起因禁止反规避措施与反交易措施涉及信息自

❶ 易健雄. 技术发展与版权扩张［M］. 北京：法律出版社，2009：176.

❷ 袁泳. 数字版权［M］//知识产权文丛（第 2 卷）. 北京：中国政法大学出版社，1999：27.

❸［美］保罗·戈斯汀. 著作权之道——从谷登堡到数字点播机［M］. 金海军，译. 北京：北京大学出版社，2008：181.

❹ Silke Von Lewinski，The WIPO Treaties 1996：Ready to come into Force，EIPR，April 2002，p. 208.

❺ 郑成思. 两个新的版权条约初探［M］//知识产权文丛（第 1 卷）. 北京：中国政法大学出版社，1999：332.

由的案例，其中最有影响的有 2001 年的 Universal[1] 案和 2002 年的 United States[2] 案。

Universal[3] 案则是第一起禁止反规避措施与信息自由之间冲突的判例。在该案中，被告出版一本杂志（2006 黑客季刊，1984 年开始发行）和成立一个相关网站。1991 年 11 月，被告在其网站张贴一个链接，使大家可以连接到其他张贴 DeCSS 的网站。2600. com 只是 1999 年底张贴 DeCSS 百家网站中的一个。2000 年 1 月，原告提起诉讼，控告被告违反数字千年版权法案第 1201 条第（a）项第（2）款，即反交易条款。被告则认为 DeCSS 属于第一修正案所保护的言论，数字千年版权法案禁止 DeCSS 的公开传播违反了第一修正案。而法院基本上采用下级法院的见解，认为合理使用的抗辩仅适用于版权侵权案件，并不适用于违反数字千年版权法案的情形。虽然法院认定 DeCSS 属于宪法所保障的言论，但其功能性必然约束其根据宪法第一修正案所获得保护的范围。法院最终判定被告认为数字千年版权法案过度限制合理使用而违反宪法第一修正案及宪法版权条款的要求是毫无道理的。

而另一件案件则引起了更大的关注和争议。2001 年，普林斯顿大学计算机教授爱德华·费尔登曾经参与由数字音乐版权保护组织组织的“黑客 SDMI”挑战赛，并且成功破解了加密功能。当数字音乐版权保护组织得知费尔登与其同事将在一次技术论坛中提交一份关于这个主题的论文时，就向他发出信函，指称他计划公开“数字水印技术——也就是将数字媒体加密的科技——这一行为将会遭到强大的抵制。”由于担心遭到控告，费尔登原本打算不提交论文，但在电子先锋基金会的支持下，他决定控告数字音乐版权保护组织，并希望法院判决准许他提交这份论文。法院驳回了这个案件，费尔登也没有上诉。后来费尔登在另一个研讨会上提交了他的论文。[4]

2002 年的 United States[5] 案则具有里程碑的意义。[6] 在该案中，被告是名叫迪米特里·斯盖拉罗夫的俄罗斯程序工程师，与其他工程师共同研发并销售

---

[1] United City Studeio, Inc. v. Corley, 273 F. 3d 429 (2d Cir. 2001).

[2] United States v. Elcom LTD, 203 F. Supp. 2d 1111 (N. D. Cal. 2002).

[3] United City Studeio, Inc. v. Corley, 273 F. 3d 429 (2d Cir. 2001).

[4] ［美］约翰·冈茨，杰克·罗切斯特. 数字时代盗版无罪［M］. 周晓琪，译. 北京：法律出版社，2008：94.

[5] United States v. Elcom LTD, 203 F. Supp. 2d 1111 (N. D. Cal. 2002).

[6] ［美］约翰·冈茨，杰克·罗切斯特. 数字时代盗版无罪［M］. 周晓琪，译. 北京：法律出版社，2008：95.

一种名为 Advanced eBook Processor 的软件，该软件可以破解电子书的科技保护措施。原告则向美国联邦调查局检举被告的违法行为。美国政府以被告违反数字千年版权法案第 1201 条第（b）项第（1）款第（A）目与第（C）目，2001 年夏天在被告参加拉斯维加斯一个计算机年会时将其逮捕。该案一直持续到 2002 年 12 月，最终判定被告并未违反数字千年版权法案的反规避条款，因为数字千年版权法案本身规定混淆不清，被告触犯法律不是出于故意。法院在该案中对数字千年版权法案与信息自由的关系进行了讨论。法院认为数字千年版权法案第 1201 条第（b）项禁止交易任何装置，用以规避一个限制利用的科技保护措施。从该条清楚且明确的条文文义来看，禁止交易任何可规避限制利用的科技保护措施之装置或技术，不论是构成合理使用或者构成侵害版权。该条并未区别是以侵害版权为目的或以合理使用为目的的规避装置或技术，相反地，任何用以规避限制利用的科技保护措施之装置或技术是受该条禁止的，而不只是禁止基于侵害版权为目的的装置或技术。立法者的主观意图并非保留合理使用之权利。

虽然上述判例均高度认同版权例外以及长期以来被认为是保护公共利益和信息自由的必要手段的合理使用原则，但法院对数字千年版权法案的违宪抗辩一一驳回。数字千年版权法案挡住了第一轮攻击。[1]

在这一时期，还发生了大量的因版权权能扩张而导致的版权保护涉及信息自由的判例。

2001 年的 Suntrus[2] 案是一起因改写作品而涉及版权侵权与信息自由之间冲突的典型判例。被告写就的《随风而逝》与《飘》有诸多相同和类似的表达，而且又未获得版权人的许可。虽然被告提出了滑稽模仿抗辩，但一审法院认为两部作品有相似性，遂发布禁止令。但在上诉中，联邦第 11 巡回上诉法院运用第一修正案对版权禁止令进行了审查，认为二者之间存在冲突，但版权法中的思想与表达二分法和合理使用在保障版权的同时具有确保信息自由的作用。被告的行为属于合理使用，发布禁止令与第一修正案和版权法的目标不符，因为这构成了对言论的先行制止，公众将无法接近和获知被告的思想观点。

---

[1] ［美］威廉·W. 费舍尔. 说话算数——技术、法律以及娱乐的未来［M］. 李旭，译. 上海：上海三联书店，2008：82.

[2] SunTrust Bank v. Houghton Mifflin Co. Citation：268 F. 3d 1257（11th Cir. 2001）.

无独有偶，2010年的Salinger[1]案同样也因改写作品而涉及版权保护与信息自由的冲突。该案件的起因是一本名为《六十年之后》的小说，这本小说是对作家塞林杰的著名小说《麦田里的守望者》的续写，但是因为这本续写小说的出版并没有获得原著作者塞林杰的许可，于是塞林杰向法院起诉该续写侵犯了其著作权，并且请求法院签发诉前禁令禁止该小说的出版。被告的主要抗辩理由是合理使用，但是法院驳回了被告的抗辩。在该案判决中，法院明确指出，著作权人享有的由宪法第一修正案赋予的保持沉默的权益可能会因作品的出版遭受到不可挽回的损害，就如同被告在不侵犯原告的著作权的情况下，也拥有宪法第一修正案赋予的信息自由的权益。

此外，2003年的Eldred[2]一案则涉及版权保护期限之争，而最终的判决结果则支持版权期限延长法案并没有违宪。（详见第2章第2.2节）

总之，数字技术所带来的数据库保护以及技术保护措施，大大增强了对版权保护的力度，使版权成为"超权利"或"接触权"，却导致公众合理使用作品受到严重威胁，这是以前任何版权立法所未见的。

纵观整个版权的产生和发展历史，版权的产生和发展经历了这样一个发展规律：新技术的产生——→新技术的市场化——→版权的产生和扩张。这一发展规律的核心是资本的逻辑在起作用。资本的逻辑推动了所有知识和艺术创造的具体形式加以无休止地利用，只要创造行为可以在一个具体的形式中得以表现，就称之为知识产权，推向市场。[3]

资本的介入是技术革新与版权产生和扩张的推手。资本的本性决定了其必须不断寻找新的利润增长点，而每一次新技术的产生都会制造出市场上的稀缺产品，为资本获得丰厚的回报。技术的发展则为版权的产生和扩展提供了强大的物质基础。每一次新技术的产生都给出版业和娱乐业带来了巨大的变革，作品的复制效率越来越高，质量也越来越好，而版权必须随之扩张才能保证新技术的生产获得足够的回报。资本的逻辑决定了技术和版权的产生和发展，技术的不断发展和版权的不断扩张又使资本更深地介入版权作品市场，版权成为资本的工具，二者却又相互促进，并最终促成了知识资本的形成和扩张。正如托

---

[1] Salinger v. Colting, No. 09-2878-cv (2d Cir. April 30, 2010).

[2] Eldred v. Ashcroft, 537 U.S. 186 (2003).

[3] ［美］贝蒂格. 版权文化：知识产权的政治经济学［M］. 沈国磷，韩绍伟，译. 北京：清华大学出版社，2009：33.

马斯和瑟维斯所言，版权的发展史揭示了它从根本上就是资本和资本家的垄断。❶ 在过去的两个多世纪，版权在全球传播的同时，版权的经济权利和精神权利也得以扩大。这些权利范围的扩展有利于文化企业从它们冒险在大众市场的投资中得到回报。❷

由此看来，版权的产生和扩展不仅要以技术发展为前提，还必须要尊重资本的逻辑。虽然版权所保护的作品属于一种公共产品，但资本的逻辑在借助财产权的逻辑之后，使具有公共性质的作品开始逐渐成为私人产品。公众利用作品的困境自版权产生以来就一直存在，“从 18 世纪早期法律起源地英国开始，版权就是一个不稳定的力图平衡创作者、出版商和使用者现在与未来权利的产物”，❸ 虽然版权法也在采取一种有所倾向于版权人的平衡手段，但随着数字技术的到来，这种有限的平衡开始受到前所未有的挑战。

3.2 商标保护与言论自由冲突的历史分析

虽然商标权所保护的标识古已有之，但商标权的产生比版权要晚得多，而且其产生和发展也主要受资本的影响，技术发展对其的影响相对而言要小得多。从商标权保护范围的不断扩张以及商业信息自由的角度，商标权的产生和发展大致经历了三个阶段：①通过侵权法来制止商标假冒和商标欺诈行为；②商标反混淆保护；③商标反淡化保护。

3.2.1 商标反欺诈保护

商标权的产生和版权法一样，也受到了工业革命的间接影响。工业革命大大提高了生产能力，这使产品销售开始重要起来。而商标简单易记，在产品销售中往往成为购买者确定产品来源和区分不同生产者的重要手段，自此，商标

❶ ［澳］普拉蒂普·N. 托马斯，简·瑟维斯. 亚洲知识产权与传播［M］. 高蕊，译. 北京：清华大学出版社，2009：9.

❷ ［美］保罗·爱德华·盖勒. 版权的历史与未来：文化与版权的关系［M］//郑成思. 知识产权文丛（8）. 北京：中国方正出版社，2002：263，291.

❸ ［美］莱曼·雷·帕特森，［美］斯坦利·W. 林德伯格. 版权的本质：保护使用者权利的法律［M］. 郑重，译. 北京：法律出版社，2015：2.

对于商人而言更显重要。[1] 于是，商人们开始寻求法律保护其商业标志，商业标志的保护遂经历了从商事习惯法向全国性立法和普通法的转变。[2]

从 18 世纪末开始，英国就发生了有关商业标志保护之争的判例。在 1742 年的 Blanchard[3] 案中，法院认为商标保护可致垄断的后果，判定对商业标志不予保护。而 1824 年的 Sykes[4] 案中，法院则首次依据普通法上禁止欺诈和虚假陈述的规则而禁止使用与原告相同的商标。虽然法院承认了普通法上商标保护，但由于当时对垄断的排斥，商人尚无法完全确认其对商标的独立权利。[5] 但这意味着商标反假冒、反欺诈开始从欺骗侵权中发展成为另一种不同的诉讼类型。[6]

19 世纪中叶以后，知识产权法不再直接涉及创造性或智力劳动，而是把无体财产作为一个本身自有其权利的对象，而商标逐渐开始被人们看作一种财产，人们就不能再以商标的非创造性，而主张商标法并不属于知识产权法的范围了。[7] 1861 年，商标作为财产的一种得到了司法承认，[8] 而在 1863 年的 Hall[9] 案中，也明确主张“使用这样一个名称或者标记，就会对任何使用该名称或标记以区别其所产生商品从而已经确立其权利人的造成有害的影响……这样就产生了一种对财产的损害”。在这种背景下，商人们开始寻求立法来保护其商标，1862 年，由不同地区商人及商会起草的商标法草案提交议会讨论。该法案在强化商标保护力度的同时，主张建立类似于版权和专利的登记注册制

---

[1] 黄海峰. 知识产权的表达与实践：版权、专利与商标的历史考察［D］. 北京：中国人民大学，2006：219.

[2] 黄海峰. 知识产权的表达与实践：版权、专利与商标的历史考察［D］. 北京：中国人民大学，2006：220.

[3] Blanchard v. Hill，2 Atkyns 484（1742）.

[4] Sykes v. Sykes，107 Eng. Rep. 834（K. B. 1824）.

[5] 黄海峰. 知识产权的表达与实践：版权、专利与商标的历史考察［D］. 北京：中国人民大学，2006：222.

[6] ［澳］彭道敦，李雪菁. 普通法视角下的知识产权［M］. 谢琳，译. 北京：法律出版社，2010：16.

[7] ［澳］布拉德·谢尔曼，［英］莱昂内尔·本特利. 现代知识产权法的演进［M］. 金海军，译. 北京：北京大学出版社，2006：234.

[8] ［澳］布拉德·谢尔曼，［英］莱昂内尔·本特利. 现代知识产权法的演进［M］. 金海军，译. 北京：北京大学出版社，2006：注 9.

[9] Hall v. Burron，46 ER 719（1863）.

度，从而确立在其商标登记后的独占使用权。[1] 但这一草案遭到了质疑，最终的法案仅以立法的形式确认实践中对于商标的已有保护，同时准许商人的提案，将仿冒商标的行为明示为刑法处罚的对象。1875 年商标法则把登记制度引入商标，意在简化证据问题，实际上也是对于所有权的官方承认。更重要的是，如果商标获得注册，则自发出商标注册证的那一刻起，它就当然成为该注册证上列名者的财产了。[2]

美国商标法在这一阶段相对不够发达。1825 年以前，美国还没有处理过商标侵权案。而有关商标侵权的判例都是按欺诈之诉来处理的。在 1844 年，美国颁布了第一个商标侵权禁止令来保护"泰勒波斯线"的制造者。国会没有提供指导或任何注册机构。[3] 直到 1870 年，美国首部规范商标保护的法律才由国会通过。该法确立了商标的登记制度，并赋予商人对其合法登记的商标有使用权，并规定了商标侵权的刑事制裁措施。至此，通过从早期的反假冒、反欺诈规则来保护商标，到这些普通法上规则予以成文化，终于完成了商标保护的第一个阶段，即商标反欺诈保护。

但这一时期的商标保护受到了垄断观念的影响，其受保护的力度有限。这一时期的商标保护与商业信息自由之间几乎不可能发生冲突，因为商业信息纳入到宪法保护范围是 20 世纪中叶以后的事情，而且早期的商标保护极为粗糙。因而商标法除了设置显著性这一措施外，并无其他商标保护规定涉及信息自由。即使显著性这这一措施也是基于消费者的识别需要而产生的。相反，在早期对商业标志予以法律保护则有利于促进商业信息的自由流通，即反欺诈规则禁止的商标使用行为实质上也是禁止误导性商业信息的传播。

3.2.2 商标反混淆保护

20 世纪以后，在商人的推动下，商标法上浪漫消费者观念逐渐从兴起走

---

[1] 黄海峰. 知识产权的表达与实践：版权、专利与商标的历史考察［D］. 北京：中国人民大学，2006：225.

[2] ［澳］布拉德·谢尔曼，［英］莱昂内尔·本特利. 现代知识产权法的演进［M］. 金海军，译. 北京：北京大学出版社，2006：235.

[3] ［美］劳伦斯·M. 弗里德曼. 美国法律史［M］. 苏新彦，等，译. 北京：中国社会科学出版社，2007：267.

向了衰落，由此导致商标保护范围的不断扩张。❶ 在浪漫消费者观念中，消费者作为一个整体被描述为仅凭商标即作取舍之人。❷ 这种观念常要求存在消费者混淆的可能性。为此，商业上竞争遂以品牌提升为重点，并投入大量的人力、物力。这推动了商标权范围的不断扩张。

早在1882年，美国国会再次颁布商标法，虽然其立法目的仅限于履行国际条约，但也明文规定以购买者或公众是否可能发生混淆、错误或欺罔作为商标是否可为注册的判断标准。其第3条规定，如果所申请注册的商标与他人的合法商标如此近似，以至可在公众心目中引起混淆或错误，或者可能欺骗购买者，则不得注册。而1946年《兰哈姆法》则将反混淆原则——购买者是否可能发生混淆、错误或受欺罔作为是否侵权的判断标准。❸ 这种混淆理论在司法上也得到了确认。在1924年的Prestonetes❹ 案中，霍姆斯对混淆原则和商标权的范围作了诠释，他认为：商标不仅仅给予其权利人为保障其商誉，防止他人将自己的产品作为权利人的产品销售而禁止他人使用某些文字的权利，如果当对某一商标的使用不会欺骗公众时，则我们看不到这些文字可以神圣到禁止他人为说明事实而使用的地步。商标不是禁忌。”

反混淆原则产生之后，一直呈现出不断扩张的趋势。美国1905年商标法只是将反混淆原则适用于相同商品。1917年的司法判例则将反混淆原则的适用扩展到相关商品。这一扩张导致了随后的反混淆原则从来源混淆扩展到有关关联、主办、附属、联系等的混淆。到20世纪50年代，经由司法判例所确立的售后混淆原则，使反混淆原则完成了从售前混淆到售中混淆再到售后混淆的扩张。而20世纪70年代发生的Steinweg❺ 案则使反混淆原则扩张至初始兴趣混淆，并在20年代90年代得到广泛运用。

《巴黎公约》1967年文本也对反混淆原则予以肯定并规定在第6（2）条，1994年的TRIPs则更是直接吸收了这一规定。TRIPs第16（3）条规定：“巴黎公约1967年文本第6条文2，原则上适用于与注册商标所标示的商品或服务

---

❶ 黄海峰. 知识产权的表达与实践：版权、专利与商标的历史考察［D］. 北京：中国人民大学，2006：226.

❷ 黄海峰. 知识产权的表达与实践：版权、专利与商标的历史考察［D］. 北京：中国人民大学，2006：226.

❸ 黄海峰. 知识产权的表达与实践：版权、专利与商标的历史考察［D］. 北京：中国人民大学，2006：227.

❹ Presttonettes Inc. V. Coty，264 U. S. 359（1924）.

❺ Gortrian，Helfferich，Th. Steinweg Nachf. v. Steinway &Sons，523 F. 2d 1331（2nd Cir 1975）.

不类似的商品或服务，只要在不类似的商品或服务上使用该商标，即会暗示该商品或服务与注册商标所有人存在某种联系，从而使注册商标所有人的利益可能因此受损。”国际公约对反混淆原则的确认，意味着反混淆原则的全球化。

从19世纪末以来商标保护的发展历程来看，反混淆原则的确立及扩大适用范围，使商标反混淆呈现出不断地扩张的趋势，其核心是要防止消费者对商标或服务的来源发生混淆，也就是要禁止在同一市场上在相同或类似商品上使用相同或近似商标。这种反混淆原则显然有着其扩张的逻辑性，因为如果对导致混淆的商标使用行为不予以禁止，则势必导致消费者在心理上被误导，即消费者所接受的商业信息是虚假的，同时也损害商标权人的合法利益。就商业信息自由而言，反混淆原则使商标权控制在一定范围内，导致消费者混淆并不会触犯信息自由。❶ 但反混淆原则的确立及扩张却是工商业资本强力推动的结果，它完全没有考虑这种商标混淆使用所承载和传递的商业信息是否会有益于消费者和其他竞争者以及竞争秩序，而仅仅考虑到了这种商业信息应为商标权人独占，未经其允许的传播就当然会损害其权益。可见，反混淆原则固然有着保护商标权人利益的激励作用，却也可能导致商标权人对商标所承载的商业信息的绝对控制或独占，不利于商业信息的自由利用和传播。随着商业信息或言论开始受到宪法上信息自由权利的保障，其他竞争者和消费者的商业信息自由权开始受到威胁。

从20世纪60年代以后，随着反混淆原则的扩张，开始发生了有关商标权保护涉及商业信息自由的判例，而到20世纪八九十年代以后，有关的判例则越来越多。

1968年的Smith❷案是第一起商标权保护涉及信息自由的判例。原审被告、二审上诉人史密斯以TáRon公司的名义经营香水批发业务，在广告中他称自己的“Secon Chance”与世界上最好的香水Chanel#5（25美元）的味道相同，但价钱只有7美元。第九巡回上诉法院最终判定被告败诉，其理由在于，原告在比较广告中将其产品价格明显优于被告商品的信息告知消费者，使消费者受益，这一行为是合法的。很明显，比较广告虽然是利用了商标权人的商标并予以对比，但这种商标使用行为仅仅是在传播商标权人的商业信息，而不是传播虚假的商业信息，并没有误导消费者。比较广告本身蕴含着商业信息自由的价值目标。1946年的《兰哈姆法》则将比较广告名列为商标权保护的例外。

---

❶ Brian A. Jacobs, Trademark dilution on the constitutional edge, 104 Colum. L. Rev. 161, p. 174.

❷ Smith v. Chanel, 402 F. 2d 562, (9th Cir. 1968).

在1969年的Volkswagenwerk[1]案中，法院则首次肯定指示性合理使用，判定被告使用原告的大众品牌标志来说明自己的汽车修理服务特色没有侵犯原告的商标权。其判断标准是：第一，如果不使用原告的商标，被告描述自己的业务将出现困难（如果不是不可能的话）；第二，被告没有将原告的整个图形标志进行使用，也就是说没有将这一标志以商标的形式进行使用；第三，被告没有在描述自己的业务时暗示自己的客户其与大众公司存在某种联系。指示性合理使用与比较广告一样，都是他人使用商标权人的商标来传递商标权人的商业信息，而且没有误导消费者，也蕴含着商业信息自由的价值目标。该案所确立的指示性合理使用原则后经New Kids[2]案终得以完善。

而在1972年的Coca-Cola[3]案中，被告在海报上大量印刷、散布和销售"Enjoy Cocaine"来讽刺公众所熟知的"Coca-Cola"商标，但被告有商业营利的目的。纽约州法院最后判定被告的第一修正案抗辩不成立，该使用行为不构成滑稽模仿合理使用。20世纪80年代后，法院开始改变对滑稽模仿的认识和态度，开始认定滑稽模仿属于商标合理使用。1984年的Universal City Studios[4]案和1986年的L.L. Bean[5]案，法院率先认定被告的滑稽模仿行为属于宪法第一修正案的保护范围，属于商标合理使用。而到20世纪90年代则发生了更多的商标权保护涉及信息自由的判例。

从20世纪60年代以来的司法判例来看，特别是90年代的司法判例，可以发现商标反混淆的扩张保护与信息自由之间确实存在冲突。在众多的商标侵权诉讼中被起诉的被告们几乎无一例外地提出了第一修正案抗辩，虽然各判例之间还有着比较大的分歧，但到20世纪90年代，除了在1946年规定了描述性商标合理使用之外，司法判例至少确立了以下几种商标合理使用原则：比较广告、指示性合理使用、滑稽模仿合理使用以及信息自由例外。而这些司法判例在商标法修订时又逐渐纳入成文法。

在TRIPs中也规定了反混淆原则的例外。其第17条规定："成员可规定商标权的有限例外，诸如对说明性词汇的合理使用之类，只要这种例外顾及了商标所有人及第三方的合法利益。"这一例外采取了十分温和的二步骤原则，仅

---

[1] Volkssabenwerk Aktiengesellschaft v. Church，411 F 2d 350（9th Cir. 1969）.

[2] New Kids On The Block v. News America Publising，Inc.，971 F. ed 302（9th 1992）.

[3] Coca-Cola v. Gemini Rising，Inc.，346 F. Supp. 1183（E. D. N. Y. 1972）.

[4] Universal City Studios v. Nintendo Co. Ltd. 746 F. 2d 112（2nd Cir. 1984）.

[5] L.L. Bean，Inc. v. Drake Publishers，Inc.，625 F. Supp. 1531（D. Me. 1986）.

由“有限例外”“考虑商标所有人与第三人合法利益”等两个要件组成。而且该条引用成员国内法常见的商标权例外——描述性合理使用，作为“有限例外”的具体范例，弥补了本项要件所可能具有的过度限制性。❶ 因而，《巴黎公约》和TRIPs两个国际公约的商标保护及例外规定都具有充分的灵活性，可以允许成员国在其国内商标法中通过各种方式来保障言论的自由表达。❷ 然而，国际公约中的商标例外虽然辅之以具体范例，但毕竟其列举的范例数量有限，而其概括性例外条款不仅概念涵义十分模糊，均属高度不确定法律概念，而且相互之间也没有明显的差异存在，不易加以区别。这也导致了在实务中解释趋于严格。❸

3.2.3 商标反淡化保护

随着工业化、城市化和交通通信技术的发展，19世纪中期以后，在美国掀起了广告运动。各产业商人利用当时兴起的各种传播媒介来发布广告，对产品进行宣传和推销。这导致商标功能发生了变化。作为来源识别的商标开始具有了推销产品的功能。这使以保护来源识别为特征的反混淆原则已不能适应产业和商标功能发展的需要，商标功能的拓展要求由传统的反混淆保护必须扩大到非相关商品上。

在这一背景下，美国商标法学者弗兰克·谢克特（Frank Schechter）于1927年发表了著名论文*The Rational Basis of Trademark Protection*❹，首次系统地提出了商标淡化的概念及其危害。该文的主要观点是：①现代商标的价值在于其销售产品的能力；②商标的销售力又往往取决于商标的独特性、唯一性，及其在公众中唤起的心理感受，而不单纯是和什么样的商品联系在一起销售；③商标的这样的一种唯一性和独特性会因使用在相关或者不相关的商品上而受到损害；④商标受保护的程度取决于商标的独特性以及其与其他商标的不同，

---

❶ 王立达. TRIPs之例外条款——以概括型例外条款为中心［J］. 政大法学评论，年份不详(107)：92.

❷ Lisa P. Ramsey, Free speech and international obligations to protect trademarks, The Yale Journal of International Law, Vol.35, p.409.

❸ 王立达. TRIPs之例外条款——以概括型例外条款为中心［J］. 政大法学评论，年份不详(107)：93，95.

❹ Frank I. Schechter, "The Rational Basis of Trademark Protection", 40 Harvard Law Review 813 (1927).

这是商标权人努力经营的目的；[1] ⑤因此，在不相关的商品上使用臆造性商标给其造成的真正的伤害是“使得商标原本在相关公众中的清楚、集中的形象逐渐削弱、分散、模糊”。[2]

而在谢克特提出淡化观念之前，就有商人尝试努力将商标控制范围扩张至非相关商品。[3] 在1924年的Vogue[4]案中，二审法院就支持了原告将其商标保护扩张至不同类产品的主张。1932年，国会曾尝试商标反淡化立法，但很快被抛弃。[5] 之后，有关反淡化保护的立法实践开始在各州展开。1947年，在谢克特的文章问世20年后，马萨诸塞州终于率先制定了州反淡化法。随后，伊利诺伊州、纽约州、佐治亚州和其他各州也制定了反淡化法。大多数州的反淡化法按照美国商标协会（USTA或INTA）的《州商标示范法》的反淡化条款制定。[6]

由于各州的反淡化法并不统一，甚至有些州还没有制定出反淡化法。这造成了州际商业贸易往来中的商标淡化侵权的判定存在很大的不确定性。[7] 20世纪80年代以后，将反淡化规定纳入《兰哈姆法》的呼声再起。

从1985年开始，在多个商标保护组织的推动下，《关于美国商标体系以及兰哈姆法案的汇报和建议》于1987年8月21日提出，并以该报告为蓝本起草了关于修改商标法的草案，在经过漫长的讨论修改后，商标法修改草案最终在1988年11月获得通过。但该法案中最初引进的反淡化条款则遭到了强烈反对，最终因淡化保护可能对言论自由造成威胁[8]而于1998年10月删除了反淡化条款。但这也为以后的立法提供了反面教训，这直接成为1995年美国联邦商标反淡化法（*Federal Trademark Dilution Act of* 1995，FTDA）中对淡化条款

---

[1] Frank I. Schechter, The Rational Basis of Trademark Protection, 40 Harvard Law Review 813 (1927), p. 831.

[2] Frank I. Schechter, "The Rational Basis of Trademark Protection", 40 Harvard Law Review 813 (1927), p. 825.

[3] 黄海峰. 知识产权的表达与实践：版权、专利与商标的历史考察［D］. 北京：中国人民大学，2006：238.

[4] Vogue Co. v. Thompson-Hudson Co., 300 F. 509 (6th Cir. 1924).

[5] Walter J. Derenberg, The Problem of Trademark Dilution and the Antidilution Statutes, 44 California Law Review 439, p. 449.

[6] 李小武. 商标法淡化研究［D］. 北京：中国社会科学院，2010：9.

[7] 李小武. 商标法淡化研究［D］. 北京：中国社会科学院，2010：10.

[8] Jerome Gilson, Trademark Protection and Practice, Volume 10, Matthew Bender, April 1997, Part VI.

的相关限制的来源。❶

1995 年 3 月 22 日，美国参、众两院再次讨论修改美国联邦商标反淡化法，该法案终于在 12 月获得通过。1996 年 1 月，该法案生效。联邦反淡化法的颁布，可谓美国商标法制发展历史上的重要里程碑。❷

美国联邦商标反淡化法的主要内容有：①界定了淡化的概念。其第 4 条规定，淡化是指对于注册人商标的指示和区分商品或者服务的能力的减弱，不管注册人与其他人的竞争以及混淆的可能、错误或者欺骗。但从众议院的总结报告看，对于该立法中第 4 条中的淡化的定义应采宽泛解释的立场，其不仅包括弱化，还包括丑化、贬损、侵蚀等。❸ ②规定了反淡化保护的例外。该法在第 3 条中明确了反淡化保护的例外，包括其他人在商业广告或者推销中用以识别注册人的竞争性产品或者服务的对注册人商标的合理使用；对商标的非商业性使用；任何形式的新闻报道和新闻评论。此外，还规定了驰名商标的判断要素。

1999 年 10 月，美国通过了反域名欺诈消费者权益保护法（*Anticybersquatting Consumer Protection Act*，ACPA），从而将反淡化保护延伸至网络商标淡化行为。2006 年 9 月，国会对美国联邦商标反淡化法进行修订，颁布了商标淡化修正法案（TDRA）。该法将弱化和丑化认定为淡化类型，进一步提高了反淡化保护标准。

从联邦商标反淡化法到商标淡化修正法案的内容来看，它们实现了商人扩张商标权利范围的要求。与反假冒、反混淆相比，反淡化保护的范围更广，它不仅禁止假冒他人商标、禁止在相关产品上使用相同或类似的商标，而且禁止在所有类别产品上使用相同或类似的商标，甚至延伸至网络领域的反淡化保护。然而，反淡化保护却也在更大程度上限制了竞争。❹

从信息自由的角度来看，反淡化保护确实能够有效保证商标权人的驰名商标能更好地传递该商标所承载的商业信息，这种传递是有益于消费者和其他竞争者乃至公众来接受该商业信息的。但反淡化保护比反混淆更可怕的是，它禁止的是任何人未经许可而利用该商标或类似商标来自由传播商业信息，也禁止

---

❶ 李小武. 商标法淡化研究 [D]. 北京：中国社会科学院，2010：23.

❷ 黄海峰. 知识产权的表达与实践：版权、专利与商标的历史考察 [D]. 北京：中国人民大学，2006：245.

❸ H. R. REP. 104-374，1996 U. S. C. C. A. N. 1029.

❹ 黄海峰. 知识产权的表达与实践：版权、专利与商标的历史考察 [D]. 北京：中国人民大学，2006：245.

他人未经许可而利用该商标或类似标志来自由传播其他信息和言论。虽然反淡化法将非商业性使用作为反淡化保护的例外，但商业信息界定的不确定性导致非商业性使用与商业性使用很难区分，这一例外难以有效平衡商标保护与商业信息自由的冲突。而且即使纯粹性商业言论也受到了美国第一修正案的保护，反淡化法对其进行规制，也存在与信息自由间冲突的问题。可见，反淡化原则的确立，将使公众、消费者和其他竞争者的信息自由受到严重威胁。

这一时期，在美国发生了著名的Mattel❶案和LV❷案。

在2002年的Mattel案中，被告创作了《芭比女孩》（*Barbie Girl*）歌曲，把芭比娃娃描绘为一个下流、淫秽的女孩，并在全美巡回演出。原告Mattcl公司则对被告提起了反淡化诉讼，认为被告的这种使用极易使芭比娃娃成为大众话语的组成部分，一旦芭比娃娃成为一类娃娃的通称，该商标的个性将淡化成商品的通用名称，显著性消失，识别能力的基础不复存在。被告文化意义上对商标的使用，已经给原告造成损害，原告应该享有禁止权。而被告则对原告提出了第一修正案抗辩。最终，联邦第九巡回上诉法院支持加利福尼亚州地区法院的判决，判定被告的滑稽模仿行为属于提及性合理使用。法院还深入探讨了商标保护与信息自由的关系，认为商标保护与信息自由之间存在冲突，商标保护应服从信息自由的价值目标。

在2007年的LV案中，原告是著名奢侈品制造商；而被告则是一家狗品店，专门销售狗使用的产品，经常滑稽模仿著名的商标，其中就使用了LV中的“Vuiton”。原告对此提出了反淡化诉讼，被告则提出了合理使用和第一修正案抗辩。最后，法院驳回了原告的诉讼请求，认定被告的滑稽模仿行为属于合理使用。

除了这两个判例，这一时期还发生了大量反淡化保护涉及信息自由的判例，其中既有支持反淡化保护的，也有支持信息自由的，还有一些判例虽然判定支持反淡化保护，但法院也强调了初审法院的禁止令范围太广，严重妨碍了信息自由。总之，从反假冒到反混淆再到反淡化，商标保护经历了一个不断扩张的过程，这种扩张一方面有益于保护商标权人的合法利益，另一方面却威胁到信息自由价值的实现。因而伴随着商标保护的不断扩张，商标合理使用或例外也一直呈发展的趋势，但商标合理使用的产生与发展，仍不能有效地平衡商

---

❶ Mattel, Inc. v. MCA Records, Inc., 296 F. 3d 894, 908 (9th Cir. 2002).

❷ Louis Vuitton Malletier S. A. V. Haute Diggity Dog, LLC., Fourth Circuit. 507 F. 3d 252 (4th Cir. 2007).

标保护与信息自由的冲突，特别是反淡化保护与信息自由的冲突。从美国司法判例来看，运用宪法上信息自由的价值目标来考量反淡化保护，不仅能够有效弥补商标合理使用原则的不足，而且也能有效地规范商标保护的扩张，使商标保护与信息自由之间能够保持相对的平衡。

3.3 不正当竞争规制与信息自由冲突的历史分析

竞争法的产生与发展也是一个成长与扩展的过程，而且还“是一个成功的故事”。[1] 当然，与版权保护、商标权相比，反不正当竞争法的产生则是19世纪末的事情。在19世纪初，竞争是个非常边缘的概念，[2] 那时还没有专门禁止不诚实商业行为的法令，各国对不正当行为的规制，基本上依据侵权法的相关条款来处理。大约1850年在法国才首次出现了不公平竞争法这一概念，法国法院也是在《法国民法典》第1382条规定的一般条款的基础上制定出一套全面有效的不公平竞争法制度的。至今该法律原则仍在法国发挥着规制不正当竞争行为的基础作用。[3]

英国在1824年确立的假冒行为侵权制度被认为足以保护竞争者，该制度在1862年首次引入了禁止误导行为、保护消费者的规定。在20世纪中期以后，又补充制定了一批消费者保护法案。同属英美法系的美国的不公平竞争法也从非成文的司法判例发展而来，尤其是源于普通法中的假冒行为侵权法；至今不存在完整的普通法意义上的不公平竞争侵权行为法。[4] 自20世纪中期以来，根据《兰哈姆法》第43条第1款的商标保护条款规定，对于州际商务活动中针对某人自身产品作虚假主张提供了有限的成文法救济。1988年，该条款也扩展到对他人商品或服务的虚假陈述和误导陈述。

---

[1] [美] 戴维·格伯尔. 二十世纪欧洲的竞争与法律 [M]. 冯克利，魏志梅，译. 北京：中国社会科学出版社，2004：10.

[2] [美] 戴维·格伯尔. 二十世纪欧洲的竞争与法律 [M]. 冯克利，魏志梅，译. 北京：中国社会科学出版社，2004：18.

[3] WIPO. 世界反不正当竞争法的新发展 [M] //郑友德，冯涛，译. 漆多俊. 经济法论丛第1卷. 北京：中国方正出版社，1999：340.

[4] WIPO. 世界反不正当竞争法的新发展 [M] //郑友德，冯涛，译. 漆多俊. 经济法论丛第1卷. 北京：中国方正出版社，1999：341.

由此可见，至少在19世纪末期之前，尚未出现现代意义上的反不正当竞争法。正如戴维·伯格所言，制定一种新型的法律用来保护竞争过程的思想，最早出现于19世纪末。[1] 这也可以从1883年的《巴黎公约》规定中可以得到证明，该公约1883年原始文本并没有包括有关制止不正当竞争的特定规定。[2] 直到19世纪末期以后，反不正当竞争法才变得十分重要，它“被赞誉为人类的改造者，创造财富、消灭贫困、减少阶级差别和保障自由的新普罗米修斯”。[3] 这一时期欧洲大陆主要资本主义国家纷纷制定反不正当竞争法，最典型的是德国，在1896年制定了世界上第一部反不公平竞争法单行法。《巴黎公约》在1900年的布鲁塞尔修订会议也补充了一个新条文——第10（2）条，将国民待遇原则也适用于不正当竞争，并在随后的几次修订会议中完善了反不正当竞争条款。[4] 值得注意的是，1900年《巴黎公约》第10（2）条直接规定了反不正当竞争法的一般条款。

在上述所有反不正当竞争的立法中，德国所制定的反不公平竞争法既是世界上第一部单行法，也是世界上最为严格的立法，考查其产生与发展历程及其与信息自由的关系可能更具有典型性。

德国反不正当竞争法产生于19世纪中叶。在1869年营业条例第1条确立了营业自由的基本原则，在19世纪下半叶现代广告形式与大众传播媒介出现的背景下，德国于1874年颁布了商标法，为注册商标提供反不正当竞争保护。随后，由于法院拒绝将民法典的侵权行为条款扩展适用于不公平商业行为，所以必须就此制定专门法，于是出现了1896年反不公平竞争法。该法未规定一般条款，而是采用穷尽列举式的立法模式禁止单个具体的不正当竞争行为，特别是误导、贬低与诋毁商誉、模仿他人标志及泄露企业秘密。[5] 但这种列举式立法在实现法律确定性的同时，也带来灵活性不足的缺陷。这种缺陷很快显露无遗：不正当竞争手段花样繁多，为规避法律而产生的新的不正当行为层出不

---

[1] ［美］戴维·格伯尔. 二十世纪欧洲的竞争与法律［M］. 冯克利，魏志梅，译. 北京：中国社会科学出版社，2004：18.

[2] ［奥地利］博登浩森. 保护工业产权巴黎公约指南［M］. 汤宗舜，段瑞林，译. 北京：中国人民大学出版社，2003：95.

[3] ［美］戴维·格伯尔. 二十世纪欧洲的竞争与法律［M］. 冯克利，魏志梅，译. 北京：中国社会科学出版社，2004：18.

[4] ［奥地利］博登浩森. 保护工业产权巴黎公约指南［M］. 汤宗舜，段瑞林，译. 北京：中国人民大学出版社，2003：95.

[5] ［德］安斯加尔·奥利. 德国反不正当竞争法——导读［M］//范长军. 德国反不正当竞争法研究. 北京：法律出版社，2011：2.

穷。因而1896年反不公平竞争法并没有起到预期的作用。[1] 在这种背景下，为了更全面地保护竞争，德国于1909年修订并实施了新的反不正当竞争法。

1909年反不正当竞争法是近百年来（1909~2004）德国反不正当竞争法的基石，[2] 具有非常重要的地位和作用。1909年反不正当竞争法在克服1896年反不公平竞争法的具体列举模式不足的基础上，采取了“典型列举”加“一般条款”的立法方式。除了1896年反不公平竞争法所规定的具体不正当行为外，还增加了一个一般条款，即该法第1条规定，“商业交易中，以竞争为目的的违背善良风俗者，得请求其不作为及损害赔偿”。第1条中的“善良风俗”是一个典型的不确定的、模糊的抽象概念，其内涵与外延需要法官在具体案件中，根据自由裁量权，运用法律适用的方法，进行填充与具体化。[3] 法官在反不正当竞争法实施中的地位和作用日渐重要，作为成文法的反不正当竞争法逐渐发展成为判例法，并且愈发显露出“中心确定边缘模糊”[4] 的开放型法形状。这种立法模式，一方面可以有效弥补具体列举的不足，能比较好地适应社会经济发展的需要。而且，随着时间的推移，为弥补具体规定不足的初衷而增加的一般条款发展成为主导规定。法院日益依赖及依据一般条款，并据此认定了大量新的不正当行为。最终，一般条款成为名副其实的“帝王条款”。各具体规定反而变成了补充规定。[5] 另一方面也意味着反不正当竞争规制的范围甚广，那些以言论形式或商业言论形式表现的不正当行为也属于其规制范畴。因而，1909年反不正当竞争法存在威胁信息自由的可能。但在该法制定之后的很长一段的历史中，并未出现涉及信息自由的反不正当竞争法案例，其中的原因一则可能与商业言论在当时还不属于宪法上信息自由权利保护有关，二则反不正当竞争法不保护消费者利益。

1909年之后，反不正当竞争法随着社会经济的发展而不断修订，其中最重要的是：在立法目标方面，不仅保护竞争者，而且开始考虑对公众利益的保护。20世纪中期以后，消费者日渐成为与竞争者及公众保护同等重要的保护目标而获得承认。[6] 公众和消费者开始受到反不正当竞争法的保护，这意味着

---

[1] 范长军．德国反不正当竞争法研究［M］．北京：法律出版社，2011：10.

[2] 范长军．德国反不正当竞争法研究［M］．北京：法律出版社，2011：11.

[3] 范长军．德国反不正当竞争法研究［M］．北京：法律出版社，2011：11.

[4] ［英］哈特．法律的概念［M］．张文显，译．北京：中国大百科全书出版社，1996：120.

[5] 范长军．德国反不正当竞争法研究［M］．北京：法律出版社，2011：11.

[6] ［德］安斯加尔·奥利．德国反不正当竞争法——导读［M］//范长军．德国反不正当竞争法研究．北京：法律出版社，2011：2-3.

反不正当竞争法并不仅仅保护竞争者对商业信息的完全垄断，同样也保护消费者接收商业信息的自由，反不正当竞争法所要保障的最终目标是要促进商业信息的自由流通和传播，从而维持一个良好的竞争秩序。立法目标的变化，从另一个角度而言，意味着商业信息的自由流通与传播日渐变得重要，显然这是商业信息或商业言论将受到宪法上信息自由或言论自由保障的前奏，也意味着反不正当竞争法上的一般条款接受宪法上信息自由价值考量的时间不远了。

与此同时，自20世纪60年代至90年代，德国反不正当竞争法对具体不正当行为的禁止也是世界上特别严厉的，不仅原则上禁止附赠、折扣、搭售与比较广告，而且广告只要对少数的10%～15%的相关交易人群构成误导就可以构成反不正当竞争法规制的行为。这样严厉禁止商业广告的行为显然已经牵连到德国基本法第5条所保障的意见自由或信息自由了。德国联邦宪法法院也在几个判决中宣布，严厉的广告禁止与基本法第5条保障的信息自由不一致。[1]之后，在欧盟一体化的背景下，德国反不正当竞争法也开始了其自由化的进程，不仅采纳了共同体法中的具有通常信息、通常注意力的普通消费者形象，并放弃了对搭售的禁止，而且自2000年起原则上允许比较广告，并于2001年取消了附赠与折扣的禁止。这在某些具体不正当行为的规制上缓和了与信息自由的紧张关系。

2004年，德国颁布了新的反不正当竞争法。该法体现了反不正当竞争法法典化、自由化与欧洲化的特征，不仅按照欧洲共同体法的要求具体列举了不正当竞争行为，而且在新的一般条款中（第3条），“不正当竞争行为”概念取代了“违背善良风俗”概念，并通过轻微门槛条款予以补充。然而，“不正当竞争行为”概念所涵盖的范围仍然极为广泛。由于2005年欧共体颁布了不正当商业行为指令，为了转化该指令，德国修订并颁布实施了2008年反不正当竞争法。该法在第2条立法定义中以“商业行为”概念取代了“竞争行为”概念，这意味着调整对象的扩大。[2] 在该法一般条款（第3条第1款）中，以“足以显著侵害竞争者、消费者或其他市场参与者的利益”取代了2004年反不正当竞争法中的“不利于竞争者、消费者或其他市场参与者而足以不仅非显著地损害竞争”的“门槛”规定。

德国反不正当竞争法的这种立法模式后来为欧洲和其他州的国家所效仿，

---

[1] ［德］安斯加尔·奥利. 德国反不正当竞争法——导读［M］//范长军. 德国反不正当竞争法研究. 北京：法律出版社，2011：3.

[2] 范长军. 德国反不正当竞争法研究［M］. 北京：法律出版社，2011：16.

如瑞士于1986年正式通过了联邦反不公平竞争法，该法包括内容广泛的一般性条款与有关特定市场行为（如盲从模仿）的详细规定。匈牙利于1990年通过了禁止不公平市场行为法，它包括了不公平竞争条款和反托拉斯条款。1991年西班牙不公平竞争法则对损害消费者和竞争者行为作出了详细规定。比利时也于1991年通过了强调保护消费者的交易行为及信息和消费者保护法，等等。

由此看来，采取“典型列举”加“一般条款”的立法模式，基本上成为诸多国家反不正当竞争法的立法选择。然而，正如前述，该模式中的一般条款存在很大的不确定性，即要适用的反不正当竞争法的成文法或法官法的规范给法官留下了很大的评价空间。[1] 从司法实践来观之，这种不确定性往往演绎为禁止不正当竞争行为的宽泛性，许多商业性的意见表达及经济广告乃至一些含有公共利益的所谓“不正当竞争行为”都可能会受到反不正当竞争法的规制。即使那些具体列举的不正当行为，如误导、毁誉等，“误导”等界定的宽泛性也同样导致反不正当竞争法与信息自由的冲突。[2]

与此同时，商业言论也开始受到宪法上信息自由权利的保护。在20世纪中期以后，无论是在欧洲还是北美，商业言论基本上开始享受宪法上信息自由权利的保障。在这种商业言论享受宪法保护而反不正当竞争规制又可能威胁到商业言论自由的背景下，二者之间的冲突就不可避免了。

20世纪中期以后，在欧美发生了多个反不正当竞争规制与商业言论自由相冲突的案例。在美国，此类案例多依其商标法和宪法第一修正案予以调整，这里不予赘述。在欧洲，则是依据各国反不正当竞争法和《欧洲人权公约》第10条予以规范，只有德国是依据其反不正当竞争法和基本法第5条对不正当竞争行为进行双重审查。

1979年所发生的Scientology[3] 案是欧洲最早涉及反不正当竞争规制与商业言论自由的冲突的案件。在该案中，有争议的是瑞典法院禁止瑞典科学论派教会在推销静电计装置的广告中使用某种误导陈述的禁止令问题，该教会声称静电计能够测试出使用者在坦白后可以在多大程度上净化其罪恶。欧洲人权委员会考虑到该广告的目的是鼓动人们去购买静电计，最后认定它具有商业性质，[4] 该误导广告属于典型的误导性竞争行为。然而，瑞典科学论派教会则以

---

[1] 范长军. 德国反不正当竞争法研究［M］. 北京：法律出版社，2011：20.

[2] 蔡祖国，郑友德. 不正当竞争规制与商业言论自由［J］. 法律科学，2011（2）：126-128.

[3] X and Church of Scientology v. Swede，（1979）16 DR 68。

[4] Ibid. p. 79.

该禁止令限制了其信息自由提出抗辩。虽然欧洲人权委员会最后没有受理该申请，但其仍依据《欧洲人权公约》第10条对瑞典法院所发布的禁止令进行了严格审查。

1985年所发生的Barthold❶案则涉及一名兽医的言行，该兽医在接受汉堡一家杂志采访时批评了汉堡缺乏夜间紧急兽医服务，并提到了他的名字和诊所住址。某个民间反不正当竞争协会诉称：该兽医的行为违背了专业规则，并获得了一项针对该兽医的禁止令，禁止其向新闻记者重复先前受访时所谈论的任何内容。违反该禁止令每发生一次可能导致最高50万德国马克（大约28万美元）的罚款或者最高6个月的监禁。该案最终诉至欧洲人权法院，而欧洲人权法院不仅认定该禁止令具有反不正当竞争的目的合法性，同时也依据《欧洲人权公约》第10条对该禁止令进行了审查。并裁定：虽然该行为具有不正当竞争的属性，但该言论行为具有更高的价值意义，属于《欧洲人权公约》第10条所保护的范畴。

1990年的Markt intern❷案则引起了人们不小的争议。在该案中，Markt intern是一家出版企业，旨在保护中小零售企业免受大型销售公司的竞争，其主要活动是出版了大量针对特定商业领域的简报。这些简报每周发布一次，提供市场发展行情，特别是大型企业及其供应商的商业活动。Markt intern的收入完全来自于订阅费。那些受到Markt intern批评或呼吁联合抵制的公司对其提起了违反德国不正当竞争法的诉讼。德国法院认为，Markt intern并非作为纯粹的新闻机构行事，而是完全站在小型和中小型零售企业利益的立场上，因而其行为违反了不正当竞争法。而欧洲人权法院则裁定支持德国法院所发布的限制措施。但值得注意的是，对于判定该言论的类型，欧洲人权法院法官们的意见是各为9票。虽然持异议的法官采取了与欧洲人权委员会类似的立场，但法院的判决赞同国内法院的分析，该判决由于主席决定性的一票才获得通过。

1998年的Hertel❸案则是一起标志性的案件。在该案中，申请人实施了一项食用微波烹饪的食品对人类影响的研究。该研究结论认为，食用微波烹饪食品的人的血液状况与早期癌症病人的血液状况相似。该报告发表在*Franz Weber*杂志上，并用小报式的句子和与死亡有关的图片来阐明该报告。该杂志同时还刊登了一篇论文谈及该报告有科学证据表明微波炉并非是无害的。瑞士家用电

❶ Barthold v. Germany，(1985) 7 EHRR 383.

❷ Markt intern Verlag GmbH and Klaus Beermann v Germany，12 EHRR 161 (1990).

❸ Hertel v. Switzerland，59 Eur. Ct. H. R. (ser. B) (1998).

器制造和供应协会依据瑞士联邦不正当竞争法对韦伯和该杂志提起了诉讼。商业法院发布一项禁止令阻止申请人陈述微波烹饪的食品有害健康的观点，申请人也被阻止在出版物上以及关于微波炉的公共言论方面使用死亡图像。并根据刑法第292条（监禁或罚款）和伯尔尼州的刑事程序法典第403条（5 000瑞士法朗以上的罚款或者监禁，严重的可处一年以上）的规定予以处罚。瑞士联邦法院支持该禁止令。申请人起诉该禁止令违反了《欧洲人权公约》第6条、第8条、第10条。欧洲人权法院最后以六票对三票判决该限制措施违反了《欧洲人权公约》第10条。

此外，欧洲的Casado Coca[1]案、Jacubowski[2]案、SRG[3]案、Stambuk[4]案、Krone Verlag[5]案以及澳大利亚的Fur Trade[6]案均是由于适用反不正当竞争法而最终诉至欧洲人权法院或宪法法院，其中在Jacubowski案、Stambuk案以及Krone Verlag案中，均裁定反不正当竞争规制侵害了受宪法保障的信息自由权。

纵观反不正当竞争规制与信息自由相冲突的历程，大量出现的案例也印证了二者之间冲突的可能性与现实性，而且二者之间的冲突还必须通过宪法上的信息自由条款来协调。与版权法和商标法的例外规定不同，几乎所有的反不正当竞争规制涉及信息自由的案例，都是在适用反不正当竞争的构成要件后，直接运用信息自由条款予以审查的。反不正当竞争法本身并没有设置如版权法、商标法的信息自由例外规定之类的条款，即没有安全阀，其自身没有设置措施来平衡反不正当竞争规制与信息自由的冲突。其中的原因一则可能与商业言论直到晚近才受到宪法信息自由条款保障有关，二则是因为反不正当竞争法所保护的法益是属于消极性的，只有在受到不正当行为的侵害时，才能采取法律保护措施，因而宪法上的信息自由保障似乎无须提前介入。

---

[1] Casado Coca v Spain，(1994) 18 EHRR I.

[2] Jacubowski v Germany，(1995) 19 EHRR 64.

[3] SRG v Switzerland，Admissibility Decision of 12 April 2001，Application No. 43524/98.

[4] Stambuk v. Germany，37 EHRR 42.

[5] Krone Verlag GmbH & Co KG (no. 3) v Austria 2003-XII 91；(2004) 39 EHRR 42.

[6] Peter Poch，Case Comment：Austria：Unfair competition-distinction between idealistic activities and ones involving a commercial aspect. E. I. P. R. 1996，18 (12)，D350.

3.4 小　　结

知识产权产生和发展的历史，就是一部不断扩张的历史。不论是版权、商标权还是反不正当竞争规制，都是在技术发展或资本的推动下进行权利扩张的，而这种扩张最终又导致了知识产权保护与信息自由的冲突不断加剧。

在技术发展和资本介入的推动下，版权的发展可分为三个阶段：活字印刷时代的版权、电子技术时代的版权和数字时代的版权。从1709年《安娜法案》到TRIPs，版权在客体范围、权利类型、权利内容、保护期限上全方位扩张。而数字时代的技术保护措施则导致版权限制制度陷入困境。合理使用、三步检验法尚不足以平衡版权保护与信息自由的矛盾和冲突。数字社会开始出现了运用信息自由权利对版权保护进行审查的版权扩张约束机制。

商标权的产生和发展历史呈现出反欺诈保护、反混淆保护和反淡化保护三个阶段。在商标保护扩张到反混淆保护和反淡化保护时，商标权保护因禁止他人行为范围之广而造成了对商业信息自由的威胁。反淡化保护则更是加剧了商标保护与信息自由间的冲突。

反不正当竞争规制的产生与发展也是一个成长与扩展的过程，可以分为三个阶段：通过侵权法来禁止不正当竞争行为，制定专门的反不正当竞争法；通过具体列举的方式来禁止具体的不正当竞争行为，修订反不正当竞争法；增加一般条款，广泛禁止不正当竞争行为。禁止不正当竞争行为的宽泛性易导致大量的商业言论行为被禁止，在商业言论纳入宪法保护之后，二者之间开始发生冲突。由于反不正当竞争法内部并未设置相应的平衡条款，欧洲直接运用信息自由权利来对不正当竞争规制进行审查。

4

知识产权保护与信息自由冲突的内部协调

正如前述，无论是从历史发展过程、冲突表现形态还是内在的价值及理论证成来看，版权保护、商标权保护以及不正当竞争规制都与信息自由存在冲突。对于这种冲突，过于倾向于其中的任何一方都会给社会经济、文化发展带来很大的负面影响，因而无论立法还是司法都应予以高度重视。由于知识产权属于具体的、积极性的权利，而信息自由属于抽象的、消极性的权利，这使二者间的平衡或通过设置多种知识产权限制制度，或直接运用宪法审查制度来限制知识产权。从理论上来说，只要某个表达行为涉及宪法上信息自由，就应该运用宪法基本权利价值来予以审查或考量。但从实践来看，每个案件都直接运用宪法基本权利价值来对所有的表达行为进行审查，则运用宪法审查的成本惊人，而且还可能会对宪法权威产生消极影响。而对于那些迄今为止尚未实施宪法司法化的国家或地区，直接运用宪法基本权利价值来对知识产权保护所涉及的表达行为进行审查，则无异于一种空想。因此，各国立法和司法几乎毫无例外地选择了将信息自由价值具体化为知识产权法内部的例外规范来平衡，而那些发达国家和地区不仅将信息自由价值具体化为知识产权法内部的例外规范，而且辅之以运用宪法基本权利价值来审查那些知识产权保护所涉及的表达行为。

旨在缓解或平衡与信息自由冲突的知识产权法内部的例外规范，主要包括版权保护的例外、商标保护的例外以及不正当竞争规制的例外。由于不正当竞争规制本身所具有的消极性，使各国反不正当竞争立法几乎没有设置不正当竞争规制的例外措施，仅仅规定不正当竞争行为的构成要件。一旦不正当竞争规制与信息自由发生冲突纠纷，则直接运用宪法基本权利价值来衡量。因此，有关不正当竞争规制与信息自由间冲突的平衡将在下一章进行详细分析，本章则详细分析版权保护的例外措施和商标权保护例外措施以平衡与信息自由间冲突的作用和不足，为分析论证下一章“宪法的外部协调”做准备。

4.1 版权法内部的协调

由于版权保护的客体是文学艺术作品，因而版权保护始终面临着两难：一方面，版权必须以促进社会文学艺术发展为宗旨，另一方面又必须赋予版权人以版权控制作品，以激励他人创作更多的新作品。无论是过于强调版权之促进社会文学艺术发展的价值目标，还是过于强调版权保护，都难以实现版权之宗旨。而且这种保护是以复制技术为基础的，随着复制技术的不断发展和革新，版权保护也随之不断扩张，版权保护与信息自由之间呈现出更为紧张的关系，版权保护的客体范围、权利内容、保护期限、保护措施以及技术保护措施等方面都与信息自由存在冲突，特别是技术保护措施所导致的二者间的冲突更为严重，信息自由遭遇到前所未有的威胁。版权法必须对这种冲突作出回应，以保持二者间必要的平衡。

事实上，从版权法产生以来，伴随着版权保护的不断扩张，版权法内部的限制制度也在不断地发展。到目前为止，版权法内部至少设置了独创性、思想与表达二分法、合理使用、法定许可、一次用尽等制度，除了独创性外，其他限制制度都是为了保障公众可以自由利用受版权保护的作品，即保障公众利用、传播文学艺术信息的自由。在这些限制制度，思想与表达二分法、合理使用能够有效保障公众自由利用受版权保护的作品，是最能够体现版权法之促进文学艺术发展的价值目标的制度设计。因而，本节将重点分析思想与表达二分法、合理使用。

4.1.1 思想与表达二分法

版权法的中心议题是思想与表达二分法，[1] 它构成了现代版权法上的一个格言。[2] 思想与表达二分法强调版权法保护的是独创性的表达，不具有独创性的表达则不予以保护，这种独创性的表达是以文字、音乐、美术等各种有形的方式对思想的具体表达，它并不保护抽象的思想、思路、观念、理论、构思、创意、概念、工艺系统、操作方法、技术方案。换言之，“版权调整思想的包装及其传播，无论其是以书籍、电影、绘画、电视节日或者计算机数据库的形式出现”[3]。

思想与表达二分法最早产生于 19 世纪的英国判例法，后经美国的 Holmes[4] 案得以发展完善。之后，各国版权法都对思想与表达二分法作出规定：只保护表达，而不保护思想观念本身。美国版权法第 102 条第（2）款规定：“在任何情况下，对于作者原创性作品的版权保护，都不延及思想观念、程序、工艺、系统、操作方法、概念、原则和发现，不论它们在该作品中是以何种形式描述、解释、说明或体现的。”法国知识产权法典第 112 条第（1）款规定，只要是智力创作的作品，不论其作品的种类或表达形式如何，都应受到保护。TRIPs 第 9 条第（2）款也规定：“版权保护应延及表达，而不延及思想观念、工艺、操作方法或数学概念之类。”各国版权法及国际版权公约之所以对思想与表达作出区分，其目的是要受版权保护的作品与公众可以利用的思想进行划分，确保公众可以自由利用思想来创作新的作品。[5]

我国法院也认可了思想与表达二分法。在庄某诉郭某明等侵犯著作权纠纷案[6]中，北京市第一中级人民法院认为，虽然被告剽窃了原告作品中具有独创性的人物关系和内容及部分情节和语句，造成了两部作品整体上构成实质性相

---

[1] ［美］约翰·G. 斯普兰克林. 美国财产法精解［M］. 2 版. 钟书峰，译. 北京：北京大学出版社，2009：55.

[2] kevin Garnett，Jonathan Rayner James and Gillian Davies，Copinger and Skone Jones On Copyright，Sweet & Maxwell，1999，p. 106；John Feather，Publishing，Piracy and Politics，Mansell Publishing Limited，1999，Cha. 1.

[3] ［美］莱曼·雷·帕特森，［美］斯坦利·W. 林德伯格. 版权的本质：保护使用者权利的法律［M］. 郑重，译. 北京：法律出版社，2015：4.

[4] Holmes v. Hurst，174 U. S. 82 (1899).

[5] Julie E. Cohen etc，Copyright in a global information economy，Citic Publishing House，2003，p. 90.

[6] 见北京市高级人民法院 2005 民终字第 539 号民事判决书。

似，但作品构思和语言风格不属于作品的“表达”，原告诉称被告侵犯其作品构思和语言风格的主张不能成立。

从原创性的角度而言，无论思想还是表达都是版权人投入智力劳动的结果，因而无论思想还是表达都应该受到保护。然而，版权法却只保护表达而不保护思想，其原因包括：第一，思想并没有把作者置于与他人的交流之中，没有反映主体关系。版权反映的不是作者与作品之间的关系，而是作者与他人之间的关系，它侧重的是人与人之间的主体关系。这种主体关系包括作者与后续作者之间的关系，以及作者与公众之间的关系。就前者而言，思想与表达二分法将思想置于公共领域，给了不同作者重新表达的机会，充分体现了现代私法要求的机会平等精神。就后者而言，思想与表达二分法侧重的是表达的私有与公众接触信息的不同向度，构成了版权法与信息自由之间紧张关系的安全阀。❶

第二，不保护思想表明了思想——即使在用特定词之前——是所有创造的根源，❷ 不同的人都可以就相同的主题、思想重新进行描述，❸ 实际上是在鼓励更多的人来创作新的表达，这不仅有利于该思想的传播和交流，同时也有利于版权人从中获得启迪。

第三，版权法之所以不保护思想还在于思想本身抽象不确定，难以有形化，不像作品具体明确、易于通过媒介表现出来，因而保护起来实在不容易。

由此可见，思想与表达二分法在一定意义上预示了版权法与信息自由的关系。❹ 思想与表达二分法隐含着平等精神，可以有效地保障公众对思想的利用和传播，在一定程度上缓解版权与信息自由间的紧张关系。美国著名学者尼默对此作了更详细的分析，他认为，思想与表达二分法能促进表达自由，版权不保护的思想属于表达自由的利益一端，而版权保护的表达，是对观点的组织和安排，属于版权利益的一端。思想是民主对话的必要内容，而复制思想的表达对于民主社会和思想市场的维护并不是必要的。因此，思想与表达二分法总体

---

❶ 李雨峰. 思想/表达二分法的检讨［J］. 北大法律评论，2007（2）：440.

❷ ［美］保罗·戈斯汀. 著作权之道——从谷登堡到数字点播机［M］. 金海军，译. 北京：北京大学出版社，2008：15.

❸ 李雨峰. 思想/表达二分法的检讨［J］. 北大法律评论，2007（2）：440.

❹ Brett McDonnell, Freedom of Speech and Appellate and Summary Judgment Review in Copyright Cases, 107 Yale Law Journal 2431 (1998), p. 2451.

上体现了版权与信息自由之间的定义平衡。[1] 戈德斯坦也认为思想与表达二分法界限能够在一定程度上协调作品控制与表达自由的冲突。[2]

在判例法中，思想与表达二分法可以在一定程度上平衡版权保护与信息自由间的冲突也得到了认同。在 Harper[3] 案中，法院认为，版权法中思想与表达的二分法深刻地指明了宪法第一修正案和版权法之间应保持一种界限平衡，既允许事实信息的自由交流，亦保护作者的表达。

虽然思想与表达二分法对信息自由有着一定的保障作用，但这种作用十分有限，因为思想与表达二分法只是在某种程度上缓解了版权保护与信息自由的紧张关系，但对于受保护的表达与信息自由的冲突则无能为力。而且思想与表达二分法本身存在明显的不足。这表现在两个方面：第一，任何表达都不可能与一定的思想截然分离，不体现任何思想观念的表达是不存在的，[4] 而有些思想与表达很难区分开来，即思想与表达混合存在，思想只有一种表达或极其有限的表达。[5] 当某些思想只能以一种或者极少几种方式加以表达时，如果完全保护表达就将成为禁止除作者以外的任何人使用该思想的一个实际问题。[6] 第二，某一思想观念在什么程度上还停留在不受保护的层次上，在什么程度上已经具体化为受保护的表达，并没有一个统一的尺度。[7] 换言之，思想与表达二分法太笼统，很难用于具体的案件，它并不是一个预先将某个作品置于公共领域或者作者专有权之内的原理，而是一种事后描述，用于证明在其他更具体的事实上所得出的结论。因此，如果某个案件判决构成了侵权，作品就被认为是可予保护的表达；如果判决没有构成侵权，作品就被认定为思想。[8] 法院判决

---

[1] B. Nimme, Does Copyright Abridge the First Amendment Guarantees of Free Speech and press?", 17 UCLA Law Review 1182 (1970), p. 1192-1193.

[2] P. Goldstein, Copyright and the First Amendment, 70Columbia Law Review 989 (1970), p. 1016.

[3] Harper & Row Publish, Inc. V. Nation Enterprises, 471 U. S. 539, 556, 851. Ed. 2d 588, 105 S. Ct. 2218 (1985).

[4] 李明德，许超. 著作权法［M］. 2 版. 北京：法律出版社，2009：27.

[5] 王迁. 知识产权法教程［M］. 北京：中国人民大学出版社，2007：54.

[6] ［美］廉・M. 兰德斯，查理德・A. 波斯纳. 知识产权法的经济结构［M］. 金海军，译. 北京：北京大学出版社，2005：123.

[7] 李明德，许超. 著作权法［M］. 2 版. 北京：法律出版社，2009：27.

[8] Edwards Samuels, The Idea-Expression Dichotomy in Copyright law, 56Tenn. L. Rew. 324 (1989 ~ 1990). 转引自李雨峰. 思想/表达二分法的检讨［J］. 北大法律评论，2007 (2).

侵权成立的许多案件也显示，受保护的事物非常接近思想本身。[1] 由此可以推定，思想与表达二分法作用范围的有限性以及其本身所具有的抽象性，使其在平衡版权保护与信息自由间的冲突时存在明显不足。

4.1.2 合理使用

合理使用是版权法发展的历史产物。[2] 随着科学技术的不断发展，版权也不断扩张。从《安娜法案》所规定的复制权开始，表演权、播放权、录制权等不断产生，原有的复制权能也随着复制技术的发展不断扩张，从活字复制到电子复制再到数字复制，复制和传播的效率越来越高，质量也越来越好。技术发展所带来的版权扩张导致了版权人对作品的独占，严重妨碍了公众对版权作品的利用。同时，技术的发展也使得版权作品的传播方式乃至创作方式得以不断改进，版权作品日益丰富多彩，也使得公众产生了自由利用作品、传播作品的要求。[3] 公众开始要求对版权保护进行限制。在这种背景下，合理使用制度应运而生。

合理使用是指他人无须征得版权所有人的同意而以某种合理方式使用其作品的特权。[4] 从这一界定来看，合理使用的法律性质应该属于"使用者特权"。从权利的构成要素来看，使用者权意味着版权人以外的人在一定范围内的意思自由，即公众无须版权人的许可就可以使用版权作品；使用者权也意味着版权人以外的人实现一定利益的可能性，公众合理使用版权作品，不仅可以实现个人的经济和精神利益，同时也是在促进文学艺术的进步和发展；而且使用者权具有法律保障性。[5]

从合理使用的功用来看，合理使用旨在保障在法律的范围内自由而无偿地接受信息、使用信息、传播信息乃至创作新作品。[6] 换言之，"合理使用原则是版权有限保护原则的体现，是对版权促进学习同时保护作者权利的宪法政策

---

[1] ［澳］彭道敦，李雪菁．普通法视角下的知识产权［M］．谢琳，译．北京：法律出版社，2010：115.

[2] 吴汉东．著作权合理使用制度研究［M］．北京：中国政法大学出版社，1996：53.

[3] 吴汉东．著作权合理使用制度研究［M］．北京：中国政法大学出版社，1996：53.

[4] Harper & Row Publish，Inc. V. Nation Enterprises，471 U. S. 539，556，851. Ed. 2d 588，105 S. Ct. 2218（1985）.

[5] 吴汉东．著作权合理使用制度研究［M］．北京：中国政法大学出版社，1996：135-142.

[6] 吴汉东．著作权合理使用制度研究［M］．北京：中国政法大学出版社，1996：93.

的执行”，“合理使用约束的是版权，而非作品”❶。对版权人而言，一方面，合理使用会使其作品被他人无偿使用，在短期来看会造成一定损失；另一方面，这也意味着版权人可以合理使用他人作品。从长期来看，合理使用会带来更多的新作品，这使得包括版权人在内的公众都可以对新作品享有合理使用的特权。对版权人以外的其他人或公众而言，合理使用具有非常重要的意义，它不仅仅是对版权人的版权保护进行限制，同时也是在实现个人利益和公共利益。从版权法的宗旨来看，合理使用能够确保公众对于有价值的文学艺术信息的知情权，通过保障公众接受、利用和传播该信息的自由来实现文学艺术的进步和发展。从宪法信息自由权利价值来看，通过设置合理使用制度来保障公众接受、利用和传播信息，其手段是对版权保护进行限制，其目的则是通过保障公众信息自由权利来实现促进科学、文化事业的发展这个更大的公共利益。因此，限制版权和保障公众合理使用作品都是手段，其真正目的则是通过保障信息自由权利的实现来促进科学文化发展。如果说版权法之宗旨在于将宪法基本权利价值予以转换，那么合理使用制度则是对版权法之宗旨的规范化。合理使用制度与宪法上信息自由权利价值具有天然的一致性。

具体而言，合理使用是公众对版权作品领域的“进入权”，是对创作与分享作品的“参入权”，❷ 它从以下几个方面来保障信息自由权利的实现：一是合理使用可以保证公众接受作品信息的自由，这种接受包括听、说、读、印的权利，即进入权。二是合理使用可以保证公众在个人学习、评论、新闻报道、科学研究、课堂教学中自由地利用受版权保护的作品信息，这种利用包括个人为学习需要而翻译外国作品、抄录作品，为评论、新闻报道和课堂教学需要引用他人作品。❸ 三是合理使用还可以保证公众自由地创作新作品，这种创作包括改编、续写、滑稽模仿等。

从合理使用的不同立法模式来看，合理使用是采取具体列举的立法模式还是具体列举加一般条款的立法模式，都可能会在一定范围和程度上影响合理使用平衡版权保护与信息自由间冲突的效果。换言之，对信息自由的保障作用会有所不同。目前各国合理使用的立法模式主要有两种：一是列举合理使用的具体情形。德国就是采用这种立法模式，德国版权法将合理使用的情形分为三大

---

❶ ［美］莱曼·雷·帕特森，［美］斯坦利·W. 林德伯格．版权的本质：保护使用者权利的法律［M］．郑重，译．北京：法律出版社，2015：158.

❷ 吴汉东．著作权合理使用制度研究［M］．北京：中国政法大学出版社，1996：89.

❸ 吴汉东．著作权合理使用制度研究［M］．北京：中国政法大学出版社，1996：89-90.

类：个人使用目的方面的限制；为文化经济而进行的限制；为公众利益而进行的限制。个人使用目的方面的限制包括为自己使用而进行的复制行为、数据库作品内容的查询以及数据库结构的使用、计算机程序的合法使用与程序兼容性的建立三类；为文化经济而进行的限制包括临时复制、辅助性使用等四类；为公众利益而进行的限制包括借鉴自由、公众知情权、为学校教育目的使用以及带有社会的或者教育目的的公开再现。❶ 这种具体列举的立法模式，其优点在于具体明确便于适用操作，但其缺点则是由于列举的情形太过具体，一旦社会情势发展变化，则难以适用，会导致本应属于合理使用的行为变成了版权侵权行为。

二是在列举合理使用具体情形的同时，辅之以抽象的一般条款。这种模式最典型的是美国。1976 年美国版权法第 106 条及第 106A 条和第 107 条分别规定了合理使用的具体情形和合理使用一般条款。列举的具体情形包括为批判、评论、新闻报道、教学（包括为了课堂使用的多件复制品）、学术或研究的目的而使用受版权保护的作品。合理使用一般条款则规定，在某一特定案件当中决定一项作品的使用是否属于合理使用时应当考虑的因素包括：①使用的目的和性质，包括这种使用是具有商业性质还是非营利的教育目的；②有版权的作品的性质；③所使用部分的数量在整部作品中所占比例和内容性；④这种使用对版权作品的潜在市场或价值的影响。这种立法模式比完全列举的立法模式更有优越性，不仅具有具体列举模式的优点，同时也弥补了具体列举的不足，通过规定一般条款使其能适应未来社会发展之变化，确保公众接受和利用作品的自由。因而美国模式对其他国家和地区产生了广泛影响。❷

然而，该模式中的一般条款采用了笼统模糊的立法语言，容易引起争议。“法律中出现的合理使用是一般性规则的典型例证，事实上该法律原则的形式是最令人不适的，对其解释无疑也五花八门”❸。特别是合理使用在实务中始终没有客观的含义，即使“经济上的损害”也难有客观标准。最初法院以“减损原作品的出售”及“如无剽窃的作品，原作品应有更好的销路”等原则为准绳。但原告举证实在困难，后又该采“可能结果”的原则。判决结果，更委予法院的自由心证，致类似的案由，却因人、因事、因地的不同，结果大

❶ ［德］M. 雷炳德. 著作权法［M］. 张恩民，译. 北京：法律出版社，2005：298-345.

❷ 吴汉东. 著作权合理使用制度研究［M］. 北京：中国政法大学出版社，1996：250.

❸ ［美］莱曼·雷·帕特森，［美］斯坦利·W. 林德伯格 . 版权的本质：保护使用者权利的法律［M］. 郑重，译 . 北京：法律出版社，2015：3.

相径庭。❶ 对于合理使用四要素，兰德斯和波斯纳则全部予以否定，他们认为，合理使用的因素①与②在很大程度上是空洞的，除了合理使用的因素①表明了对非商业性教育使用的一种优先，它把制定法在前面规定的“教学……学术或者研究”提取出来，在有关滑稽模仿的案件中发挥了作用；它没有而且通常也不应该发挥重大作用，因为大多数表达行为是商业性的，而且大多数合理使用的复制也是商业性的。合理使用的因素④未能对以下两种使用进行区分，一种使用是由于批评该作品而使有著作权作品的潜在市场或者价值受到破坏，另一种使用是由于对作品“搭便车”而损害含有著作权作品的潜在市场或者价值。只有合理使用的因素③是符合经济学方向的，但它在某种程度上是误导性的。❷

围绕着对合理使用不同作用的评价，学者们也对版权保护与信息自由的冲突产生了不同的观点：一种观点认为合理使用能够有效平衡版权保护与信息自由的冲突。合理使用不是版权保护与信息自由的冲突，而是版权法内部的合理使用与版权保护的冲突。另一种观点则认为，合理使用已不能有效平衡版权保护与信息自由间的冲突，这种冲突是版权法上的版权保护与宪法上信息自由间的冲突。❸ 事实上，这种冲突一直反映在版权法内部，是合理使用制度的完善与版权保护的冲突。但随着版权的不断扩张，运用合理使用来平衡信息自由与版权保护冲突的局限性愈益显现出来，借助信息自由权利价值来对版权保护进行审查，将是一个不可逆转的发展趋势。

总之，虽然在具体界定和适用上存在不足，但合理使用在电子技术时代对于版权的扩张基本上能够起到缓解矛盾和平衡冲突的作用。这从美国20世纪70年代以后发生的多起版权保护涉及信息自由的判例中即可见其所起到的平衡作用。除了在极少数判例中，法院运用信息自由对版权进行审查外，其他判例几乎都是通过分析合理使用四要素来作出判决的（参见本书第3章第3.1节）。而且合理使用制度仍可随着司法实践而不断发展完善。

---

❶ 贺德芬. 文化创新与商业契机［M］. 台北：月旦出版社股份有限公司，1994：432.

❷ ［美］廉·M. 兰德斯，查理德·A. 波斯纳. 知识产权法的经济结构［M］. 金海军，译. 北京：北京大学出版社，2005：146.

❸ Michael D. Birnhack, Copyright law and free speech after Eldred v. Ashcroft. Southern California Law Review, Vol. 76, p. 1292-1330.

4.1.3 技术保护措施与合理使用

然而，数字技术革命导致版权再次扩张，版权开始成为“超权利”或“接触权”。虽然各国版权立法也同时规定了技术保护措施的例外，但是技术保护措施的规范化使版权保护不再是保护作品的复制，而是保护技术，这进一步加强了对作品复制和传播的控制。技术保护措施并不禁止利用控制，但禁止接触控制，实际上利用作品的行为还是受到控制。技术保护措施不仅禁止规避行为，还禁止准备行为，这意味着研究该破解技术的人都有版权侵权之虞，这会导致被他人用于侵权服务的产品或服务的开发产生“寒蝉效应”的不利影响，而且这种禁止本身看来也是对版权所有人垄断性权利的极度扩张。[1] 甚至连那些过了保护期限的作品也和版权作品一起受到技术保护措施的保护。合理使用在技术保护措施面前几乎无能为力（参见本书第2章第2.2节），公众的信息自由受到威胁，安全阀面临着失灵的危险。

21世纪初发生的多个判例加剧了公众的这种担忧。在这种背景下，公众呼吁对CDMA进行修订。2003年1月到3月，国会开始审议数字消费者权利法案、增进作者利益且不限制进步或网络消费需求法和数字消费者知情法三个法案的提议，以期对反规避措施进行限制，确保合理使用发挥其应有的平衡版权保护与信息自由的冲突的功能。

三个新议案分别从不同的角度提出了修正数字千年版权法案的具体措施。数字消费者权利法案包含两方面的内容：一方面对带有防止复制措施的音频压缩唱片规定了标识义务；另一方面，对数字千年版权法案第1201条进行了必要的修正，扩大了禁止规避技术措施的例外范围。首先，数字消费者权利法案对数字千年版权法案第1201条的（a）（2）和（b）（1）两项进行了修正，规定仅仅是为了促进有关技术措施的科学研究而设计、生产主要是用于规避技术措施的技术、产品等，不构成违法。其次，还对例外条款（c）（1）进行修正：如果对技术措施的规避并未导致侵犯受保护作品的版权，则这种规避不构成违法。这实际上是允许消费者出于非侵权性使用的目的规避技术措施。最后，为恢复美国联邦最高法院1984年所确立的“实质非侵权”标准，法案增加了新的内容：“制造、散发或生产并非用于侵权的硬件或软件产品不构成对

---

[1] ［美］约纳森·罗森诺，等．网络法——关于因特网的法律［M］．张皋彤，等，译．北京：中国政法大学出版社，2003：29.

本编的违反，如果该产品能够适用于对软件保护的作品进行显然不侵权的利用。”

增进作者利益且不限制进步或网络消费需求法一方面扩大了消费者对数字作品的合理使用和个人使用的范围。首先，将数字千年版权法案第107条合理使用的方式从传统的复制、录制等方式扩大到了包括模拟和数字传输。其次，增加了允许使用数字作品的规定。最后，法案还增加了允许消费者以传输的方式转让其合法获得的数字作品复制件或唱片的规定，条件是不得保留该复制件，并不得改变复制件的原始格式。另一方面，法案也扩大了禁止规避技术措施的例外的规定，即合法取得数字作品的消费者可以为非侵权性使用的目的规避技术措施，其他人也可以向消费者提供非侵权性使用所必需的规避技术措施的技术手段，只要权利人不能公开地通过必要手段在不增加其成本和负担的前提下满足其非侵权性使用的需要。数字消费者知情权法主要集中在满足消费者对技术措施的知情权方面，规定数字产品的生产者和发行者对其所采取的技术措施负有披露义务。

虽然上述三个法案所规定的各项合理使用措施较之数字千年版权法案有很大的突破，但令人遗憾的是，三个法律草案最终都未能获得通过。合理使用在技术保护措施面前的困境依然如故。即使上述三个法案都能得以通过，其所规定的合理使用制度也难以有效协调和平衡版权保护与信息自由的矛盾和冲突。

对此，一方面要尽可能完善合理使用制度，使其发挥最大的安全阀调节作用；另一方面也应当运用宪法上信息自由价值来对版权保护和技术保护措施进行审查，避免合理使用制度的不足。

此外，还有国际版权公约所规定的三步检验法。正如前述，TRIPs所规定的三步检验法只不过是对版权限制的限制。而且其要件十分类似，容易令人混淆。在美国数字千年版权法案第1105条第（5）项乙案裁决报告中，裁决小组对三步检验法要件的解释仍然令人难以掌握各个要件的独特性与差异性。而且第二与第三要件几乎就是重复强调的文字游戏。[1] 这使得三步检验法难以有效平衡版权保护与信息自由间的冲突。

---

[1] 王立达. TRIPs之例外条款——以概括型例外条款为中心［J］. 政大法学评论，年份不详（107）：94.

4.1.4 我国的合理使用

我国《著作权法》第22条通过列举的方式具体规定了12种无须许可且无偿的合理使用情形，主要包括：为个人学习、研究或者欣赏，使用他人已经发表的作品；为介绍、评论某一作品或者说明某一问题，在作品中适当引用他人已经发表的作品；为报道时事新闻，在报纸、期刊、广播电台、电视台等媒体中不可避免地再现或者引用已经发表的作品；报纸、期刊、广播电台、电视台等媒体刊登或者播放其他报纸、期刊、广播电台、电视台等媒体已经发表的关于政治、经济、宗教问题的时事性文章，但作者声明不许刊登、播放的除外；报纸、期刊、广播电台、电视台等媒体刊登或者播放在公众集会上发表的讲话，但作者声明不许刊登、播放的除外；为学校课堂教学或者科学研究，翻译或者少量复制已经发表的作品，供教学或者科研人员使用，但不得出版发行；国家机关为执行公务在合理范围内使用已经发表的作品；图书馆、档案馆、纪念馆、博物馆、美术馆等为陈列或者保存版本的需要，复制本馆收藏的作品；免费表演已经发表的作品，该表演未向公众收取费用，也未向表演者支付报酬；对设置或者陈列在室外公共场所的艺术作品进行临摹、绘画、摄影、录像；将中国公民、法人或者其他组织已经发表的以汉语言文字创作的作品翻译成少数民族语言文字作品在国内出版发行；将已经发表的作品改成盲文出版。在这些具体的合理使用情形中，我国的立法规定比德国规定得要少，尚未完全总结出我国目前合理使用作品的现状。2006年《馒头案》就可以印证这一问题。

此外，在我国《著作权法》第2010年修订时，在第4条增加了“著作权人行使著作权，不得违反宪法和法律，不得损害公共利益。”这一规定应该可以理解为合理使用一般条款，但它又把宪法的内容直接放在著作权法中，而版权与宪法相关联的则主要是宪法上的信息自由权利。换言之，该条的实际含义就是著作权人行使著作权，不得违反宪法上的信息自由权利。其实把宪法权利直接规定在著作权法中，还不如仍把它放回宪法中为好。任何权利不得违反宪法，这是当然之义，没有必要在著作权法中直接规定宪法权利。直接把宪法权利规定在版权法中，在我国还没有实施宪法司法化的现状下，这一规定完全就是一空中楼阁。而且把这么抽象的宪法权利置于版权法之中，难以具体运用。与其在著作权法中规定宪法权利，倒不如将这一宪法权利具体化为版权限制制度。进言之，把版权法中这一规定转换为合理使用一般条款，严格和明确规定合理使用适用条件，确立合理使用的判断要素，❶ 其效果可能要好得多。

4.2 商标法内部的协调

正如前述，商标是一种表达符号，同时传递其所承载的商业信息和其他信息。这些信息本身具有公共品的性质，不应为商标权人所独占，公众也享有运用该符号进行表达和传递信息的自由。而且商标法是将宪法价值具体化的部门法，其必须尊重宪法的基本价值目标，它不仅要保护宪法所规定的商标权财产权利，同时也应当将宪法所规定的信息自由价值目标在其规范体系中作出合理的安排，二者之间只有保持和谐一致，才能使商标保护与信息自由的价值目标得以共生。否则，或以牺牲信息自由的公共利益来保全商标权之私人利益，而最终阻碍社会的进步；或以牺牲商标权之私人利益而促进信息自由之公共利益，而导致缺乏社会进步或发展的激励手段。因此，商标保护与信息自由之间应当保持平衡而避免冲突，而保持平衡的第一步则是在商标权法内设置商标权限制措施，而不是将这种冲突直接置于宪法上信息自由的审查。而且，商标权不同于版权，以不同类型商标为保护对象的商标权则分别与信息自由之间存在不同程度的冲突和矛盾，因而必须分别设置不同的商标权限制制度，以维持商标保护与信息自由的平衡。

本节要探讨的一是商标权限制制度对商标保护与信息自由的冲突所起到的平衡作用，二是商标权限制制度是否足以平衡商标保护与信息自由的冲突。

4.2.1 商标显著性

所谓商标显著性也被称为识别性或商标固有之属性，❷ 是指在市场交易中，一般消费者据以识别不同生产者和经营者所提供的商品和服务的特性。商标显著性是商标构成的实质要素。换言之，不具有显著性的标识是不能作为商标来保护的。对此，各国商标法均作出了规定。我国《商标法》第 11 条也明

❶ 卢海君. 著作权中合理使用制度立法模式探讨［J］. 科技与法律，2007（2）：44.

❷ 曾陈汝明. 商标法原理［M］. 北京：中国人民大学出版社，2003：27.

确规定，缺乏显著特征的标志不得作为商标注册。

正如前文所述（参见第2章第2.2节），依据商标识别性的强弱，可以将商标分为随意性商标、暗示性商标、描述性商标和通用性商标。随意性商标的识别性或显著性是最强的，因而一般能受到商标法的保护。而通用性商标的识别性是最弱的，通常都不能受到商标法保护。如果将通用性标识也予以商标专有权的保护，不仅难以达到让消费者识别商品和服务的目的，而且也意味着商标权人对这些人们日常通用的词汇享有独占的权利，任何人未经许可而使用该通用性商标将构成侵权，这将会导致“寒蝉效应”。正是基于此，我国《商标法》第11条和《商标法实施条例》均将仅有本商品的通用名称、图形、型号的标志以及仅仅直接表示商品的质量、主要原料、功能、用途、重量、数量及其他特点的标志均排除在商标法保护之外。从这个角度而言，不给予识别性最弱的通用性标识以商标权保护，实质上要保障消费者和所有的经营者利用该通用性标识来传递商业信息和其他信息的自由。另外，即使描述性商标也必须具有显著性，如果将不具有显著性的标识予以商标权保护，不仅无法发挥商标之功能，亦会阻碍信息的自由传播。因此，将显著性界定商标构成的实质要件，在一定范围内考虑到了要避免与信息自由发生冲突。

当然，商标法保护将某些标识排除出去，如带有民族歧视性的标识、夸大宣传并带有欺骗性的标识以及有害于社会主义道德风尚或者有其他不良影响的标识，这与信息自由的价值追求目标是一致的。

然而，仅仅通过显著性规定是无法有效平衡商标保护与信息自由的冲突的。之所以规定商标显著性要件，其目的是要便于消费者和公众识别某个商品和某项服务。而且这也仅仅是排除了通用性标识与信息自由的冲突，它无法解决随意性商标保护、暗示性商标保护以及描述性商标保护与信息自由的冲突问题，更无法解决商标反淡化保护与信息自由的冲突问题。这也表明，将一部分标志排除在商标法保护之外的商标权一次用尽制度对平衡商标保护与信息自由间冲突的作用有限。

4.2.2 商标合理使用

对于描述性商标而言，其本身是社会上公众常用的某些词汇和标识，基本是表示商品质量、主要原材料、功能、用途、种类、数量、原定用途等的文字或其他符号。描述性商标只是在商标权人长期经营投入并不断使用之后，才获得显著性、第二性，才被赋予商标权保护；如果不赋予其商标权予以保护，则难以产生良好的激励作用。但另一方面描述性商标也是一种用以表达商业信息和其他信息的符号，这种信息的表达和传播必须是自由的才符合其作为公共物品的属性。一旦赋予商标专有权，则他人未经许可不得随意使用该商标，这势必会阻碍该信息的自由传播，消费者和其他经营者的接受信息和表达信息的自由会受到威胁。而且，因描述性商标具有通用性而使消费者和其他经营者的表达使用并非会导致商标权人利益受损，因为消费者和其他经营者运用该描述性词汇来表达相关商业信息是该词汇本身就具有的功能和作用，是第一性意义上的使用，而非商标意义上的使用。如果赋予商标权人对该描述性词汇的绝对独占，则势必会影响消费者和其他经营者的商业信息表达自由。因此，有必要设置一种平衡制度，在描述性标识的商标意义上使用与非商标意义上使用之间作出合理区分。

各国在其商标法上都设置了描述性商标保护例外制度，即非商标意义上使用例外，也被称为商标合理使用。最典型的是美国，早在 1946 年制定《兰哈姆法》时就规定了这一例外。其第 1115 条第（b）（4）规定，商标合理使用是指第三人善意、合理地使用他人的名称、短语或图案来描述自己的产品或服务，只要第三人善意、合理地使用他人的名称（Name）、短语（Term）或图案（Device）来描述自己的产品或服务，只要该使用是一种描述性而非商标意义上的使用，就不构成商标侵权。从该条对合理使用的界定来看，只有满足了以下三个条件才属于商标合理使用，否则即构成侵权：第一，这种使用不是商标意义上的使用；第二，这种使用必须是善意的使用，而不是恶意的；第三，这种使用一定是描述性的，即使用该描述性商标是为了描述自己的产品或服务。通过这些条件限定，基本上可以将描述性商标的两种不同性质的使用作出较为合理区分，不仅不会妨碍公众、消费者或其他经营者的信息表达自由，同时也使商标权的保护不至于越界，对他人的商业信息自由造成威胁。

此外，英国商标法第 10 条、法国知识产权法典第 L.711-2 条、日本商标法第 2 条、德国商标法第 23 条以及我国《商标法》第 11 条也对描述性商标的非商标意义上的使用作出了规定，其目的也都是促进商业信息的自由表达和传播。

虽然各国商标法对商标合理使用作出了明确规定。但在司法实践中仍产生一些争议。在美国，只有原告证明被告使用的标志与原告的合法商标存在混淆的可能，才会启动商标侵权的诉讼程序。然而，对于如何判断混淆可能，《兰哈姆法》并没有明确规定。[1] 这使法院为描述性商标合理使用与混淆可能的关系问题所困扰。一直到 2004 年的 KP Permanent[2] 案，美国联邦最高法院才对这一问题作出明确回答。在该案中，美国联邦最高法院全面阐述了法定合理使用原则，并分析了成就法定合理使用之抗辩的构成要件，明确了混淆的可能并不是合理使用不成立的绝对条件，相反，一定程度的混淆并不影响对合理使用的确认，从而解决很长一段时间以来各联邦法院在合理使用与混淆的可能之间关系上的分歧和争议。

各国商标法对描述性商标合理使用意义的肯定，充分说明了商标法必须将宪法上信息自由作为其追求的终极价值目标。描述性合理使用制度的设立确实可以保障消费者和其他经营者有效表达和传播相关商业信息，这不仅是保障信息自由的需要，也是有效促进一个商业信息自由流动的良好竞争秩序的需要。

但描述性商标合理使用对于平衡商标保护与信息自由的冲突的作用有限，因为其仅仅是规定了描述性商标使用例外，对随意性商标和暗示性商标的合理使用则不能提供有效保障，而且其仅仅对描述性商标的非商标意义上使用予以保护，对描述性商标和其他商标在商标意义上的使用也不能提供保护，而有些商标在商业意义上的使用同样是可以促进商业信息自由的。因此，必须在描述性商标合理使用之外，构建其他更有效地促进商业信息自由的商标限制制度。

4.2.3 指示性合理使用

正如前述，商标法定合理使用仅限于描述性商标的使用，而且也仅限于该商标的非商标意义上使用，更严格地说，仅仅适用于被告使用原告的描述性商标来描述被告的产品或服务。对于商标的商标意义上的合理使用则难以作出规范。指示性合理使用正是基于弥补其不足而产生的。

指示性商标合理使用是指，在一定条件下，非商标权人使用了他人商标，但在使用中指明了商标权利人，该使用不构成侵权，也被称为指明商标权人的合理使用。因此，指示性合理使用属于一种商业性的使用，但主要适用于使用

[1] 潘晓宁. 商标权限制制度比较研究——以美国法和欧盟法为中心［D］. 上海：华东政法大学，2010：38.

[2] KP Permanent Make-up，Inc. v. Lasting Impression I，Inc. 543 U. S. 111（2004）.

原告的商标来描述特定的产品或服务的情形。❶

指示性合理使用是联邦第九巡回上诉法院在 1992 年的 New Kids❷ 案中创立的。在该案中，原告是一个乐队组合，在被告发起的报纸商业调查中，有一项调查问题是："最喜欢 New Kids on the Block 中的哪一位"，参与调查的人需要通过拨打电话缴付相应的费用。调查参加者拨打 900 电话，并缴费 50 美分。原告诉称被告的行为侵犯其商标权，但法院则判定这种使用行为是指明商标权人的合理使用。法院还提出了指示性合理使用的构成要件。虽然法院没有讨论宪法第一修正案问题，但指示性合理使用拓宽了商标商业意义上使用的例外，这显然有利于保障消费者和其他经营者的商业信息表达自由。

2002 年的 Playboy❸ 案和 2003 年的 Brothers❹ 案则进一步完善了指示性合理使用，特别是对该原则的构成要件进行了实质性的修订与完善，以更好地协调其与描述性商标合理使用间的关系。

根据上述法院的判决，指示性合理使用的构成必须包括以下三个条件：①被告如果不使用他人商标，就很难描述特定的商品或服务；②被告仅仅在区别商标所标识的商品或服务所必需的目的范围内合理使用商标；③合理使用者没有暗示自己与商标持有人具有赞助、许可关系的任何行为。

指示性合理使用的创立，对于商标权人以外的消费者和其他经营者在商标意义上使用商标，具有非常重要的意义。允许他人使用某人的商标来描述特定的产品或服务的情形，实际上要保障该商标所承载的商业信息能够准确高效地传达给消费者和其他经营者，而消费者和其他经营者对该商业信息的接受不仅是他们接受信息自由的表现，同时也会促使消费者去购买商标权人的商品或服务，具有一定的激励商标权人的作用。而允许消费者或其他经营者在商业意义上使用该商标，这本身就是商业信息表达自由的具体体现。因此，这种商业信息及其传播方式不能为商标权人所独占。只要没有对商标权人的利益造成损害，或者这种受损的利益小于该商业信息传播所收获的社会利益，那么这种指示性合理使用就应该受到保护。可见，指示性合理使用确实在一定范围内维持了商标保护与信息自由间的平衡，不仅弥补了法定合理使用的不足，也为商标

---

❶ 杜颖. 指明商标权人的商标合理使用制度——以美国法为中心的比较分析［J］. 法学论坛，2008（5）：44.

❷ New Kids on the Block v. News America Publishing, Inc.，971 F. 2d 302（9th. Cir. 1992）.

❸ Playboy Enterprises Inc. v. Terris Welles，279 F. 3d 796（9th Cir. 2002）.

❹ Brothers Records, Inc. v. Jardine，318 F. 3d 900（9th Cir）.

法平衡商标权保护与信息自由的冲突又设置了新的安全阀。

然而，指示性合理使用对于商标权保护与信息自由间冲突的平衡作用也是有限的。因为指示性合理使用的运用取决于其三个构成要件，而三要件中的第三个要件却一直存在比较大的争议，这将使指示性合理使用的作用打些折扣。而且，指示性合理使用与反混淆相关，在商标保护扩张到反淡化保护后，还必须要构建新的商标保护例外制度，以确保商标保护与信息自由之间保持相对和谐与平衡的关系。

4.2.4　反淡化使用的例外

从 1995 年的美国联邦商标反淡化法到 1999 年的反域名欺诈消费者权益保护法，再到商标淡化修正法案，不仅标志着商标保护完成了从反混淆到反淡化的过渡，而且反淡化保护还在不断地扩张。商标反淡化不同于以往的反混淆保护，反混淆保护禁止在相关产品或服务上使用相同或类似的商标，而反淡化保护则禁止在所有产品或服务上使用相同或类似的商标。这意味着任何人未经商标权人的许可而使用其商标都将构成侵权，无论该使用行为所表达和传递的信息是否有利于消费者和其他经营者，也不论该使用行为是否属于宪法上信息自由保障的范畴。

早在美国联邦商标反淡化法之前，《兰哈姆法》就妥善地解决了商标保护与信息自由间的冲突，该法仅在发生消费者混淆的情形下才授予商标持有人对商标的排他性权利。[1] 然而，美国联邦商标反淡化法则打破了这种宪法平衡，它大大突破了消费者混淆的范围，可能会导致受保护的言论受到损害。依据反淡化的心理联系检验标准，美国联邦商标反淡化法所能禁止的行为不再有合乎逻辑的边界，[2] 几乎所有的商业信息和其他言论表达行为都可能被反淡化法所禁止。也正是基于这种担心和忧虑，美国联邦商标反淡化法也同时制定了淡化侵权例外条款。该法第 1125 条第（c）项第（4）款列举了三个合理使用类型：①其他人在比较广告或促销中公正地使用该驰名商标，用以标识所对应的驰名商标所有人的产品或服务；②对商标的非商业性使用；③闻报道和新闻评

[1] William Patry, The Enumerated Powers Doctrine and Intellectual property: An imminent Constitutional Collision, 67 Geo. Wash. L.Rev. 359, p. 392.

[2] William Patry, The Enumerated Powers Doctrine and Intellectual property: An imminent Constitutional Collision, 67 Geo. Wash. L.Rev. 359, p. 393.

论的形式。其中第一种例外属于使用商标权人的商标来描述商标权人的产品或服务，这是一种典型的指示性合理使用，美国联邦商标反淡化法通过成文法的形式再次予以肯定，有益于在一定范围内平衡商标保护与信息自由间的冲突。第三种属于驰名商标的非商业性使用，这种非商业使用不是传播普通的商业信息，而是传递更有价值的政治、文化和其他信息，属于典型的宪法上信息自由的体现。同时也不会导致人们心理上产生联想和混淆。最有争议的是第二种类型，即对商标的非商业性使用。

对于商标的非商业性使用所引发的反淡化保护与信息自由间冲突表现在两个方面：其一，这种非商业性使用例外仍会管制那些纯粹性商业性言论，威胁到公众信息自由的实现。[1] 虽然非商业性使用例外确实可以减轻人们对宪法上信息自由的关注和担心。[2] 美国国会也强调了美国联邦商标反淡化法必须符合第一修正案这一意图，而法院据此对非商业性使用作出宽泛性解释。[3] 然而，纯粹的商业性言论也受到宪法的保障。自 1976 年以来，对商业性言论进行规制也必须接受宪法的审查，而不是仅由美国联邦商标反淡化法对其进行规制。在 Mattel[4] 案中，法院就运用第一修正案的信息自由权利对反淡化法进行了审查，并判定被告的使用行为属于商标合理使用，这种合理使用是符合信息自由的价值目标的。

其二，在对非商业性使用与商业性使用难以作出准确区分的情况下，非商业性使用例外用以平衡反淡化保护与信息自由间冲突的作用有限。由于信息自由的法则并不像它们看起来那么清晰，实际上它们包含了根本性的矛盾。[5] 几乎所有的人类活动都包含了某种表达，都会传达某种政治、经济、艺术等信息。因而不存在能够将不受保护的言论种类和受保护的言论种类区分开来的原则和标准，二者总是纠缠不清。[6] 这使非商业使用的判断完全取决于法院的判断，而法院不同判决之间的分歧与对立，又使信息自由的保障处于很不稳定的地位。

---

[1] Bolger v. Youngs Drug Prods., 463 U. S. 60, 68 (1983).

[2] Mattel, Inc. v. MCA Records, Inc., 296 F. 3d 894, 908 (9th Cir. 2002), at 905.

[3] Brian A. Jacobs, Trademark dilution on the constitutional edge, 104 Colum. L. Rev. 161, p. 174.

[4] Mattel, Inc. v. MCA Records, Inc., 296 F. 3d 894, 908 (9th Cir. 2002).

[5] ［美］戴维·凯瑞斯. 法律中的政治：一个进步性批评［M］. 信春鹰，译. 北京：中国政法大学出版社，2008：146.

[6] ［美］戴维·凯瑞斯. 法律中的政治：一个进步性批评［M］. 信春鹰，译. 北京：中国政法大学出版社，2008：147.

在另一个 Mattel❶ 案中，虽然原告使用被告的 Barbie 商标，并且获得了收入，但法院支持被告的抗辩，均判定被告的商标使用行为属于非商业性使用，被告的行为属于滑稽模仿，属于信息自由保障的范畴。❷ 同样的判决在有关滑稽模仿的 91 例判例（包括版权和商标权）中，至少在 55% 的判例中的判决是支持信息自由的，而在 45% 的判例中则因其商业性使用而判定为侵权。❸

总而言之，反淡化保护的例外虽然能在一定程度缓解商标权保护与信息自由的紧张关系，但这些例外特别是非商业性使用例外仍存在一些不足，难以有效平衡反淡化保护与信息自由间的冲突。

除了商标显著性、描述性商标合理使用、商标指示性合理使用以及反淡化保护例外，对商标权予以限制的还有 TRIPs 的三步检验法（参见本书第 3 章第 3.2 节）、一次用尽原则等。这些例外从不同角度对不同类型商标进行限制，实际上是将宪法上的信息自由价值予以具体化，便于操作和运用，确实能较好地缓解商标保护与信息自由间的冲突。如果没有商标权法内的这些限制措施，将可能会导致商标保护严重威胁到信息自由的实现，或者动辄运用宪法上信息自由价值来对商标权保护进行审查，则成本极高。然而，这些例外仅仅是对信息自由价值的有限具体化，从理论上来说尚不可能完全实现信息自由价值的具体化，因为信息自由也会随着社会的发展而不断增添新的内容。从商标保护例外的实践来看，无论是商标显著性、描述性商标合理使用、指示性合理使用还是反淡化例外，都只能从某个方面对商标权予以限制，不仅作用范围有限而且本身也存在一些模糊因素，难以完全具体明确适用，这导致这些例外措施只能是部分缓解商标保护与信息自由间的紧张关系，而不是能够完全做到平衡与信息自由间的冲突。因而，必须在商标法内部设置商标权保护例外的基础上，运用宪法上信息自由权利进行审查。

4.2.5 我国商标合理使用制度

正如前述，我国《商标法》规定了商标显著性和描述性商标合理使用。

---

❶ Mattel Inc., v. Walking Mountain Productions 353 F. 3d 792 (9th Cir. 2003).

❷ [美] 廉·M. 兰德斯，查理德·A. 波斯纳. 知识产权法的经济结构 [M]. 金海军，译. 北京：北京大学出版社，2005：211.

❸ [美] 廉·M. 兰德斯，查理德·A. 波斯纳. 知识产权法的经济结构 [M]. 金海军，译. 北京：北京大学出版社，2005：211.

但《商标法》规定了四种可以通过使用获得商标显著性的情形。一是列举了四种商标显著性的情形，其中还规定了“缺乏显著特征的”不能作为商标注册。❶ 但《商标法实施条例》没有将这一概括性条款纳入进去。而且，通过比较《商标法》第11条和《商标法实施条例》第49条，可以发现它们都规定了本商品的通用名称、图形、型号、质量、主要原料、功能、用途、重量、数量及其特点的，前者规定不能申请注册商标，后者规定注册商标专用权人无权禁止他人正当使用，前者的规定是从商标显著性角度而言的，后者的规定则是从描述性合理使用而言的。而且《商标法实施条例》第49条还规定了注册商标专用权人无权禁止他人正当使用含有地名的商标。可见，我国商标法并未规定描述性商标合理使用，而是放在《商标法实施条例》这一行政法规中。相比其他各国描述性商标合理使用的立法，我国商标法有必要进行修订，将描述性商标合理使用从行政法规放回到商标法中来。

此外，对于他人商业性使用商标权人的商标，我国《商标法》也未作出规范。仅仅规定非商业性使用商标权人的商标是远远不够的，不对商业性使用商标权人的商标作出规范，将会使大量的有益于商标权人、消费者和其他竞争者的商业信息表达和传播行为处于商标侵权的境地，不利于保护商标权人的合法权益，同时也会威胁到商业信息自由的实现。因此，有必要借鉴美国的司法和立法经验，在我国《商标法》中规定指示性合理使用，扩大商标合理使用的适用范围，从非商业性使用和商业性使用两个方面来保证商业信息和其他信息的自由表达和传播。

目前，我国商标法正在修订中，将反淡化保护纳入商标法的呼声很高。如果这一呼声变成了商标法的具体条文，其同样也会带来反淡化保护与信息自由的冲突问题。如何借鉴美国的经验，吸取反淡化保护例外的不足，将同样考验立法者和我国商标法学理论界的智慧。

4.3 小　　结

知识产权保护与信息自由之间发生冲突时，知识产权法必须要有所回应。

---

❶ 见我国《商标法》第11条。

在版权法中，由于版权保护与信息自由之间可能发生全方位的冲突，因而版权法通过设置思想与表达二分法、合理使用制度来平衡二者间的冲突。思想与表达二分法和合理使用制度都能起到一种安全阀的作用，能缓解版权保护与信息自由间的紧张关系，合理使用的平衡作用则更为明显。但思想与表达二分法可以保护思想的接受、交流和传播，但无法对独创性表达与信息自由间的冲突作出回应。以美国模式为代表的合理使用制度，由于其判断因素模糊不清，难以确定，因而合理使用在平衡与信息自由间的冲突时，受到了其自身模糊性的限制。而且数字技术所带来的技术保护措施则使得合理使用无法平衡版权保护与信息自由间的冲突，合理使用面临着失灵的威胁。因此，在通过立法完善合理使用制度的同时，引入宪法上信息自由权利价值来审查版权保护是必然的发展趋势。

我国《著作权法》上的合理使用制度存在具体列举的合理使用情形不足以反映社会之发展，新增加的第 4 条过于抽象，应借鉴美国的经验，将之转化为我国著作权法上的合理使用一般条款。

在商标法中，由于不同的商标享受不同的保护，因而商标法则是通过针对不同类型的商标保护而规定不同的限制制度。对于描述性商标的非商业性使用，包括我国在内的商标法均规定了描述性商标合理使用制度，有效地平衡了描述性商标保护与运用描述性商标来自由表达之间的平衡。但我国是通过行政法规来作出规定的，法律地位偏低。对于指明商标权人商标的商业性使用，美国则通过司法和立法设置了指示性合理使用，这有效弥补了描述性商标合理使用的不足。而我国商标法并未规定指示性合理使用制度，有必要通过修订商标法来确立指示性合理使用。对于驰名商标的使用。美国反淡化法主要是规定了非商业性使用例外，而这一规定不仅难以平衡驰名商标的非商业性使用所导致的商标保护与信息自由间冲突，在商业言论开始受到宪法保护的情况下，驰名商标的商业性使用所导致的商标保护与信息自由间的冲突同样也无法解决。因此，在尽可能修订反淡化法，扩展反淡化例外的前提下，同样也必须引入宪法基本权利价值来对商标保护进行审查。

至于不正当竞争规制，其本身除了为不正当行为设置了构成要件外，尚没有建立有效的内部平衡制度，因此，一旦不正当竞争规制与信息自由发生冲突，均是直接适用信息自由权利价值来对不正当竞争规制进行审查。

5

知识产权保护与信息自由冲突的外部协调

正如前述，知识产权保护与信息自由是存在矛盾和冲突的。从理论上来说，在美国，任何对信息表达所作的管制与规范，都属于美国宪法第一修正案所要检视的范围，只是检视审查的标准不同而已。[1] 凡是涉及信息自由的知识产权纠纷，就应当运用宪法上的信息自由权利来对知识产权保护进行审查，因为信息自由不仅是个人和社会性人格的体现，也是人类赖以生存发展的动力。保护信息自由，不仅有利于激发公众追求真理和发现真理，还可以制约政府权力，促进民主政治，更是可以形成宽容氛围，促进社会稳定和自我实现。[2] 虽然信息自由不是绝对的，也应该受到限制，但无论是政府还是私人权利，只要其行为或管制措施构成了对宪法上信息自由的限制，就应该接受司法审查，以判断这种限制是否符合宪法对信息自由的保障，是否伤害信息自由的根本价值。[3] 由于版权法、商标法以及不正当竞争规制保护的是有价值的信息，这种信息垄断是与信息自由相冲突的。版权法、商标法以及不正当竞争规制实质上构成了对信息自由的限制，会威胁到信息自由价值的实现。因此，版权法、商标法以及不正当竞争规制也必须要接受宪法司法审查，并依据信息自由的不同内容或地位来对知识产权保护措施进行审查。

知识产权保护与信息自由的冲突并不必然意味着要运用宪法上信息权利来对知识产权保护进行审查，为了避免与宪法上信息自由权利发生冲突，各国均已在版权法、商标法以及知识

[1] 张世柱．著作权法反规避条款与言论自由［J］．法令月刊，2004（10）：19．

[2] 王四新．网络空间的表达自由［M］．北京：社会科学文献出版社，2007：61－79．

[3] 何贵忠．论版权保护与表达自由的关系［D］．北京：中国人民大学，2008：44．

产权国际公约内部设置了合理使用等限制制度，来平衡知识产权保护与信息自由的冲突。然而，在技术革新和资本知识化的推动下，随着技术保护措施、商标反淡化保护以及反不正当竞争法一般条款分别写进版权法、商标法以及反不正当竞争法，知识产权几乎扩张到极限，原有的合理使用等限制制度已难以对知识产权的扩张形成有效的约束。因此，运用宪法上信息自由权利来对知识产权保护进行审查已成为平衡知识产权保护与信息的冲突的必然选择。

本章通过分析和借鉴美国宪法审查的双轨理论和双阶理论在平衡版权保护、商标权保护、不正当竞争规制与信息自由间冲突的作用和具体路径，旨在构建我国知识产权法外部审查的公共利益标准。

5.1 双轨理论及其协调运用

任何对信息自由构成限制的措施或制度，无论是知识产权保护还是其他限制措施，都必须接受宪法司法审查，即运用信息自由权利对该措施或制度进行价值衡量。对知识产权保护进行宪法司法审查，必须按宪法司法审查的规则来平衡二者间的冲突，即尊重宪法上信息自由权利运行的基本规律。在美国，当规制（包括知识产权保护）言论的行为或法律与言论自由/信息自由发生冲突时，法院首先是将言论进行类型化，然后对不同类型的言论分别采取不同的审查标准。在经过一段较长历史时期的司法实践之后，逐渐形成了目前的司法审查双轨理论和双阶理论。

5.1.1 双轨理论

对言论的内容与形式或功能而采用不同的审查标准，即双轨理论。其主要内容有以下两点：①言论可分为言论内容与言论形式或功能；②对言论内容与言论形式采用不同的审查标准。

双轨理论产生于1972年的Police Department[1]案。在该案中，法院认为，言论自由最重要的意义就是政府没有权力基于言论所表达的信息、思想、议题

[1] Police Department of Chiacago v. Mosley, 408 U. S. 92 (1972).

或内容而禁止该言论的表达。基于此，双轨理论将言论分为言论内容与非言论内容或言论形式，如果政府立法或以行政措施管制言论自由，法院在确定审查标准时要区分针对言论内容的管制与非针对言论内容的管制。

而在美国，法院对言论的不同表现形式来确定不同的审查标准，具体包括合理关联性审查标准（the Rational relationship test）、中度审查标准（the intermediate scrutiny test）、严格审查标准（the strict scrutiny test）三重标准。合理关联性审查标准是三重标准中最为宽松的审查基准。对政府有关社会或经济型立法规划及其他措施，也即涉及经济性基本权利限制时，不论属于法的正当程序案件还是平等权案件，只要涉及的基本权利无关民主程序，美国法院便都可采用合理关联性审查标准。❶ 严格审查标准是在审理种族歧视的案件中逐渐发展起来的。❷ 严格审查标准以嫌疑分类/种族歧视平等权案件和基础性权利的限制的案件为适用对象，比如选举权、言论自由、结社自由、集会自由等；❸ 立法目的必须具有极其重要的政府利益；手段与目的间有紧密（必要性）的关联性；且由政府承担证明合宪性的举证责任。❹ 中度审查标准的审查强度较严格，审查标准更宽松，但较合理性审查标准则更严格。❺ 中度审查标准必须是为了实现"实质或重要的"政府利益，并且必须与达成这种目的具有"实质的关联性"。❻ 这一审查标准多适用于性别分类案件、非婚生子女案和优惠性差别待遇案件。在有关政府的非针对言论内容/形式限制案件，法院在大多数情况下也采用这一审查基准。❼

上述三重审查基准的差异在于审查涉及基本权利的政府立法和行政措施的目的和手段时宽严程度不同。根据合理关联性审查标准，只要立法和行政措施

---

❶ 何永红. 基本权利限制的宪法审查——以审查基准及其类型化为焦点［M］. 北京：法律出版社，2009：82-83.

❷ 何永红. 基本权利限制的宪法审查——以审查基准及其类型化为焦点［M］. 北京：法律出版社，2009：79.

❸ 林子仪. 言论自由的限制与双轨理论［M］//林子仪. 言论自由与新闻自由. 台北：元照出版有限公司，1999：151.

❹ 何永红. 基本权利限制的宪法审查——以审查基准及其类型化为焦点［M］. 北京：法律出版社，2009：80.

❺ 何永红. 基本权利限制的宪法审查——以审查基准及其类型化为焦点［M］. 北京：法律出版社，2009：81.

❻ Craig v. Boren，429 U. S. 190（1976）.

❼ 林子仪. 言论自由的限制与双轨理论［M］//林子仪. 言论自由与新闻自由. 台北：元照出版有限公司，1999：147.

的目的合法，而且实现该目的的手段与目的有合理的关联性，该立法和行政措施就是合宪的。该标准通常用于审查经济型、社会性立法。中度审查标准要求政府立法和行政措施所追求的利益有“实质的重要性”，以及所使用的手段与目的是有实质的关联性。如果两者均符合要求，则该立法或措施被认为合宪。在有关言论自由案件中，涉及非针对言论内容的管制，大多数是采用中度审查标准。严格审查标准则要求政府立法或者行政措施所追求的利益是“相对迫切及非常重要”，而且手段是达成目的所必须且对基本权利的伤害最小，否则就是危险。该标准主要运用于审查有关基本权的立法和行政措施。[1]

由此可见，如果是针对言论内容的管制，则一般用严格审查标准；如果是非针对言论内容的管制，一般则使用中度审查标准。[2] 一般而言，政府不能以表达的讯息、思想、涉及的标的物或其内容为由，限制人民的表达；宪法也不支持政府对个人表达的内容作管制。“针对内容的管制”只有在维护国家巨大利益的时候才被允许，而且此时必须采取最少限制的方法。[3] 相对而言，“非针对内容的管制”则采取较宽松的标准来衡量。在 United[4] 案中，法院将中度审查标准适用于言论形式/非针对言论内容的管制时，又作了进一步的具体阐释。根据该案判决，“非针对内容管制”合宪性审查需符合四个要件：①基于宪法赋予政府的权力，②促进政府重要或实质的利益，③政府的该项利益不是在限制一个表达的自由，④对言论自由造成的附带限制，并未大于其促进政府利益所必要的程度。依照此标准，这种管制所采取的限制不必须是“最少限制”，只要符合“不超过必要”即可。

5.1.2 双轨理论的协调运用

运用双轨理论来审查知识产权保护所构成的信息自由限制具有很重要的现实意义。对于知识产权保护而言，如果构成对信息自由的限制，则运用双轨理论进行审查可以较为准确地衡量出知识产权保护与信息自由的地位和作用。如

---

[1] 林子仪. 言论自由的限制与双轨理论［M］//林子仪. 言论自由与新闻自由. 台北：元照出版有限公司，1999：143-147.

[2] Universal City Studios, Inc, et al. v. Shawn C. Reimerdes, et al, 111F. Supp. 2d 294 (S. D. N. Y. 2000), at327.

[3] 张世柱. 著作权法反规避条款与言论自由［J］. 法令月刊，2004（10）转引自：海外法学（人大复印资料），2005（6）：19.

[4] United States v. O'Brien, 391 U. S. 367 (1968).

果知识产权保护是针对言论内容的管制，则应采用严格的审查标准对知识产权保护作出审查，通常情况下都会判定知识产权保护损害了信息自由。如果知识产权保护是针对非言论内容的管制，则只需采用中度审查的标准，法院只需判断该限制措施是否是宪法赋予的，是否能促进政府重大的利益，且对信息自由所造成的附带限制并未超过促进政府重大利益的必要程度。如果对信息自由的限制措施能满足上述条件，那么知识产权保护对信息自由的限制是合宪的；如果对信息自由的限制措施不能满足上述条件，那么知识产权保护对信息自由的限制就是违宪的。

双轨理论在司法实践中，能够将知识产权保护与信息自由的价值进行比较，并从中作出判断和选择，比知识产权法中的限制制度能够更好地协调二者间的关系。20 世纪八九十年代以来，随着知识产权保护的不断扩张对信息自由所造成的冲击，双轨理论开始在知识产权（主要是版权保护）保护涉及信息自由的判例中得到运用。其中最典型的判例则是著名的 United City[1] 案。

在该案中，被告 Corley 出版了一本杂志（2006 黑客季刊，1984 年开始运行），并成立一个相关网站。该杂志与网站设计的读者群体主要是黑客，其内容涵盖了一般使用者有兴趣的主题，例如，网络隐私的侵犯，但最主要的在于如何利用保密程序的漏洞来规避该保密程序。该杂志最具代表的文章，其内容就是解释如何窃取网络上的名字以及如何去破解联邦快递公司的系统。[2]

1991 年 11 月，Corley 在其网站张贴了一个链接，读者通过点击该链接可转到 Corley 张贴 DeCSS 的网站。Corley 还在其网站张贴一篇有关 DeCSS 的文章，该文章说明 DeCSS 如何破解 CSS、电脑产业如何努力要使张贴 DeCSS 的网站关闭以及 DeCSS 可以用来拷贝 DVD 内容。2600. com 网站只是 1999 年底张贴 DeCSS 百家网站中的一个。虽然电业工业已对此提出警告，但该现象仍然存在。2001 年 1 月，遂提起诉讼，控告被告违反数字千年版权法案第 1201 条第（a）项第（2）款。[3]

被告则提出如下抗辩：第一，电脑程序是属于美国宪法第一修正案所保障的言论。第二，数字千年版权法案禁止 DeCSS 的公开散布违反了美国宪法第一修正案，且数字千年版权法案管制过于宽泛，将使第三人无法合理使用密码

[1] United City Studeio, Inc. v. Corley, 273 F. 3d 429 (2d Cir. 2001).

[2] United City Studeio, Inc. v. Corley, 273 F. 3d 429 (2d Cir. 2001), at 439.

[3] United City Studeio, Inc. v. Corley, 273 F. 3d 429 (2d Cir. 2001), at 439.

的作品。此外，数字千年版权法案的规定内容亦不够明确。❶

在地方法院判决被告败诉后，该案诉至联邦第二巡回上诉法院。被告又提出一个非常有力的主张：如果没有 DeCSS 一样的产品出现，则社会大众将无法将他所买回来的 DVD 拷贝而为合理使用。❷

联邦第二巡回上诉法院则将双轨理论运用于此案审判中，首次认为被告传达讯息的电脑程序，仍是受美国宪法第一修正案所称的言论。尽管原始码由程序设计师所撰写，内容使自然人可以理解和辨识；而目的码自然人是看不懂的，需要配合适当的操作手册。但是，不论是原始码还是目的码，都可以传达程序设计师的理念，并无不同于用文字所表达的言论，都具有宪法保障信息自由的目的。因此，能否被自然人不借助于操作手册理解与宪法第一修正案无关。所以，电脑程序不同于一般所谓宪法所保障的言论，并不是因为它被写在一般自然人无法理解的语言之中。❸

法院进一步认定，电脑程序并不免除宪法第一修正案的保障，即使电脑程度中的指令需要电脑的辅助才能执行。电脑程序虽然具有电脑运作之能力，但是同样有传达资讯的能力。该指令即是第一修正案所保护的言论。有限地保护解密的电脑程序，将妨碍程序设计专家相互间的交流与讨论。❹ 但其受保护的范围还须讨论。❺

随后，法院引用判例法中的双轨理论来进行分析，法院认为针对言论内容的管制法规必须增进政府极重要的、优势的政府利益且必须以必要且侵害最小的手段为之。非针对言论内容的管制只要是维护实质重要性的政府利益为目的，且所采取的手段对信息自由所造成的限制并未大于增进政府之利益所必要的程度。政府管制言论若属正当化且无关言论内容及观点，即属于非针对言论内容的限制，也就是内容中立之管制。但何为内容中立，是以是否该管制是针对表达行为或是其他同时包括言论部分及非言论部分的行为，则有争议。❻

法院认为，管制电脑程序是否属于内容中立，应以是否该被规范的行为对于受美国宪法第一修正案保障的传播要素有深切的影响来决定。而电脑程序可以指示电脑完成不同功能，也可以传达人们可理解的信息，一旦可以清楚地将

❶ United City Studeio, Inc. v. Reimerdes, 111 F. Supp. 2d 294, 325-326. (2000)

❷ United City Studeio, Inc. v. Corley, 273 F. 3d 429 (2d Cir. 2001), at 338.

❸ United City Studeio, Inc. v. Corley, 273 F. 3d 429 (2d Cir. 2001), at 445-446.

❹ United City Studeio, Inc. v. Corley, 273 F. 3d 429 (2d Cir. 2001), at 447.

❺ United City Studeio, Inc. v. Corley, 273 F. 3d 429 (2d Cir. 2001), at 448.

❻ United City Studeio, Inc. v. Corley, 273 F. 3d 429 (2d Cir. 2001), at 449-450.

电脑程序中言论部分验证出来，则要考虑该管制规范是否无关管制言论部分而认为合宪。[1]

虽然法院认为并不会因为短暂的人为动作，而使电脑程序的非言论性部分消失。但是在数位时代，解密程序 DeCSS 可以透过网络传送到世界各地，不但可以用来破解 CSS，也可以复制 DVD 的内容。因此，此种传送行为将产生无止境的侵权事件，对于版权有急迫的危险。由于散布用以规避限制接触的科技保护措施之技术与被他人不常利用而产生之危险有极相关的因果关系，因此有必要依据程式的功能来决定违宪审查基准。[2]

最后，法院判定，由于数字千年版权法案的规定和禁止张贴 DeCSS 的禁止令，并非针对 DeCSS 的言论部分（传送信息部分）作限制与规范，而是其破解 CSS 的功能性能力。因此，数字千年版权法案第 1201 条第（a）项第（2）款之反交易条款是内容中立的规定。[3]

通过分析双轨理论及其运用，可以发现：运用双轨理论来对知识产权保护进行审查，能够对知识产权保护的价值与信息自由的价值作出较为准确的选择和判断，能够很好地协调知识产权保护与信息自由的矛盾和冲突，特别是在针对言论形式/功能管制的宪法审查上，双轨理论中的中度审查标准能够对知识产权的价值与言论形式的价值作出较合理的判断与选择。这不仅有利于促进知识产权的创造、运用、保护等，同时也不会对言论自由/信息自由价值的实现造成严重的破坏。同样地，针对言论内容管制的适用严格审查标准，也能够比较好地权衡言论价值与知识产权价值的轻重，作出较为合理的选择。

而且，即使可以实施针对言论的管制措施，双轨理论中的三重审查标准也要求采取限制的方法，这意味着法院在发布临时禁止令和永久禁止令时将受到限制。而在实施针对言论内容的管制措施时，双轨理论中的严格审查标准则要求采取最少限制的方法，法院在发布临时禁止令和永久禁止令时将受到严格限制，当事人只能寻求其他救济手段。

在 2006 年的 eBay[4] 案中，美国联邦最高法院对于法院是否颁发永久禁止令作为被告侵犯原告专利权的一种补救措施确立了一个判断标准：（1）原告已经遭受了不可挽回的损害；（2）原告通过其他法律途径获得补救不足以补

---

[1] United City Studeio, Inc. v. Corley, 273 F. 3d 429 (2d Cir. 2001), at450.

[2] United City Studeio, Inc. v. Corley, 273 F. 3d 429 (2d Cir. 2001), at451.

[3] United City Studeio, Inc. v. Corley, 273 F. 3d 429 (2d Cir. 2001), at454.

[4] eBay Inc. v. MercExchange, L.L. C., 547 U. S. (2006).

偿其已经遭受的损失；（3）出于对原告和被告双方造成的困难的考量，依据衡平法原告应该获得补偿；（4）永久禁止令不会损害公共利益。这一标准又重新归于诉前禁令制度的主流观点，即把公共利益的考量作为分析案件时的一个正式的因素。

美国联邦最高法院的这一判断标准随后开始在知识产权案件中得到运用。在 2010 年的 Salinger[1] 案中，美国联邦最高法院阐明的适用永久禁令的标准也应被作为与知识产权相关案件的诉前禁令的适用标准。在该案中，联邦第二巡回上诉法院仅仅要求地方法院必须依据 eBay 案标准而非依推定作出判决。二审法院给原被告提供了同样的“进攻武器”。Salinger 案的判决指出，版权人享有的由宪法第一修正案赋予的保持沉默的权益会因作品的出版遭受到不可挽回的损害，就如同被告在不侵犯原告的版权的情况下，也拥有宪法第一修正案赋予的言论自由的权益。虽然该案最终判决被告败诉，但 eBay 案标准的适用仍充分印证了言论自由的价值和地位，即使可以实施针对言论的管制措施，特别是实施针对言论内容的管制措施，但必须采取最少限制的方法。

5.2 双阶理论及其协调运用

5.2.1 双阶理论

双阶理论由 1942 年 Chaplinsky[2] 案发展而来。在该案中，法院认为言论自由的权利并非在任何时候或任何情况下，都是一种受到绝对保障的权利。对于某些经过谨慎界定及范围相对有限的几类言论加以禁止或处罚，也从未产生宪法上的争议。这些类型言论并未涉及任何思想或意见之表达，而且从追求真理的观点而论，这些类型言论并无任何社会价值。同时，即使这些类型言论能给社会带来任何利益，这些可能的利益也明显地小于限制这些言论所带来的社会秩序及道德规范之社会利益。可见，不同的言论是具有不同的价值的，其所受保护的程度也是不同的。

---

[1] Salinger v. Colting, No. 09-2878-cv (2d Cir. April 30, 2010).

[2] Chaplinsky v. New Hampshire, 315 U. S. 568 (1942).

双阶理论把言论分为高价值言论和低价值言论。从政治性言论、艺术性言论、商业性言论到淫秽暴力言论，政治性言论受到最高程度的保护，艺术性言论次之，商业性言论仅受到有限的保护，而淫秽暴力言论则不受保护。对于政治性言论、艺术性言论的限制则应采用严格审查标准，而对低价值言论则采用中度审查标准。

由于知识产权保护对信息自由所造成的限制大多是对商业性言论的限制，因此，下文将重点分析商业言论自由规则来审查知识产权保护对商业言论的限制。

5.2.2 双阶理论的协调运用

商业言论因其具有营利性仅受到有限保护，因而在判断知识产权保护对商业言论的限制时比其他言论要复杂得多。而且双阶理论也大多运用于商标保护和反不正当竞争规制对商业言论自由的限制这一领域。

正如前述，20 世纪七八十年代以来，商标保护和反不正当竞争规制不断扩张以及商业言论开始受到宪法保护，使得商标保护和反不正当竞争规制对商业言论的限制问题开始受到关注。在美国，商业言论受保护是通过判例法来确定的，并于 1980 年确立商业言论自由的审查标准。而欧洲则是在 20 世纪 80 年代通过适用《欧洲人权公约》第 10 条逐步确立了商业言论自由的判断标准（见本书绪论）。至此，欧美均建立了运用商业言论自由审查标准来对商标保护和反不正当竞争规制进行审查的宪法审查制度。

1998 年 Hertel❶ 案是欧洲人权法院运用商业言论自由审查标准进行司法审判的一则典型案例。在该案中，被告赫托与布兰科合作，实施了一项食用微波烹饪食品对人类会产生何种影响的研究。经过两个多月的研究，八个受验体食用了一种微波辐射的长寿食品，直到他们的血样被拿去化验分析。根据赫托和布兰科的研究，他们的测试显示这八个受验体的血液成分与那些癌症早期症状相似。因此，暗示食用微波辐射的食品与癌症之间有因果关系。该研究论文题目为《微波烹饪食品与传统方式烹饪食品对人类影响的比较研究》。在没有与布兰科商量的情况下，赫托将他们的研究结果投寄到 *Franz Weber* 杂志。*Franz Weber* 杂志为该研究成果出版了一期专刊，声称微波炉食品“比达彻毒气室的

❶ Hertel v. Switzerland，59 Eur. Ct. H. R.（ser. B）(1998). 该案历经威维地方法院、伯尔尼州法院、瑞士联邦法院、欧洲人权法院审理，自 1992 年 3 月到 1998 年，长达六年之久。

危害更大”。在该期的封面，出现了“死神向微波炉伸出了一只手”的图像，标题为“微波炉危险：科学证据”。赫托的文章和杂志上的图片引起了瑞士家用电器制造商和供应商联合会的注意。1992 年 3 月 18 日，该协会依据瑞士反不正当竞争法正式向威维地方法院提起诉讼，要求发布临时禁止令，并对其课予刑法典第 292 条所规定的刑事处罚。1992 年 4 月 7 日，威维地方法院作出裁定，驳回了该请求。然而，法院评估了该出版物对公众的可能影响，尽管该影响很少或者难以察觉到，但还是命令 *Franz Weber* 杂志以后不要使用与介绍微波炉相联系的骷髅图片、十字架或者坟墓。

在 1992 年 8 月 7 日，该协会依据瑞士反不正当竞争法向伯尔尼州商业法院提出诉讼，法院判决禁止赫托先生声称微波食品有害于健康且导致食用者血液发生病变以及提供致癌早期过程的模型的行为，并且禁止其在出版物上使用死亡图像来发布有关微波炉的言论，并对其课予瑞士刑法典第 292 条所规定的刑事处罚（监禁或罚款），以及伯尔尼州刑事诉讼法典第 403 条所规定的刑事处罚（处以5 000瑞士法郎的罚款或严重的可处以一年以下的监禁）。赫托不服该判决，向瑞士联邦法院提起上诉，瑞士联邦法院（第一民事分庭）维持了该判决，认为赫托的声明属于联邦竞争法的适用范围。之后，由于瑞士没有相应的宪法司法制度，该案诉至欧洲人权法院，欧洲人权法院依据《欧洲人权公约》第 10 条规定，裁定对赫托的处罚违反了该公约第 10 条所规定的商业言论自由权。

此案涉及《欧洲人权公约》第 10 条的适用问题。《欧洲人权公约》第 10 条第 1 款规定：“人人皆有表达自由权。此权利应当包括持有意见的自由、接受和输出信息和观念的自由，不受公权干涉，不受疆界影响。该条不应当妨碍国家要求广播、电视或影视实业获得许可证。行使这些自由伴随一定的义务和责任，故应当受制于一定的形式、条件、限制或刑罚。”第 10 条第 2 款规定：“此类约束应该为法律所规定，为民主社会所必需，并且有利于国家安定、领土完整或公共安全，服务于防止秩序混乱或犯罪、维护健康或道德、保障其他人的名誉或权利、防止披露保密获得的信息、或者维护司法的权威和公正无偏。”这一规定属于“相对保护措施”，第 10 条第 1 款首先强调正面确认言论自由，旨在界定什么是言论自由，或者言论自由的范围，同时第 10 条第 2 款又对言论自由进行反面限定，意在表述言论自由应该受到的限制，也即如何行使言论自由，必须要遵守一定的底线。这种内容结构的合理性是显而易见的，法院无须确认或区分什么是或不是受保护的言论自由，即不需要判定争议行为是否属于言论自由的范围，而只需要判定对言论自由的某种限制是否正当。[1]这与美国宪法第一修正案的“绝对保护措施”有很大的不同。[2]

《欧洲人权公约》第10条第1款是一个相当一般性的概括，因为它没有具体说明何种表达将受到保护。[3]但欧洲人权法院指出，所有类型表达，无论其内容如何，都属于《欧洲人权公约》第10条的保护范围。商业言论也当然属于第10条第1款的言论，公约的保护措施可以适用于保护商业表达和表达自由，包括广告。[4]但商业言论自由是有限度的，各成员国可依据第10条第2款对商业言论进行限制。这种限制必须满足《欧洲人权公约》第10条第2款和欧洲人权法院判例法所确立的四步检验标准：①该限制措施必须是由公权机构执行的；[5]②该限制措施是“法律所法定的”；[6]③依据《欧洲人权公约》第10条第2款，该限制措施符合合法目的；[7]④该限制措施“在民主社会是必需的”。[8]

一般情况下，欧洲人权法院院适用前三步标准时持非常宽松的立场，赋予各成员国广泛的裁量权，因而各种限制措施一般都可以满足前三步检验标准，但在审查对非商业言论进行限制是否符合第四步“必需性标准”时，欧洲人权法院则通常持严格的审查立场。

在该案中，欧洲人权法院通过适用上述四步检验标准，审查了该案中的处罚措施。

首先，对赫托所课予的处罚措施是由公权机构执行的吗？

在该案中，瑞士威维地方法院、伯尔尼州商业法院以及瑞士联邦法院分别依据瑞士反不正当竞争法对赫托的言行进行裁定，并对其课予处罚措施。在适用这一标准时，欧洲人权法院认定这三级法院均属于《欧洲人权公约》中所规定的公权机构。事实上，欧洲人权法院在这一问题上持较为宽松的立场，不仅是各成员国法院，其他履行有关公共管理职能的机构也属于公权机构。

---

[1] 张志铭. 欧洲人权法院判例中的表达自由［J］. 外国法译评，2000（4）：40.

[2] 具体内容参见张志铭. 欧洲人权法院判例中的表达自由［J］. 外国法译评，2000（4）：40.

[3] Joanna Krzemińsk. Freedom of Commercial Speech in Europe. Verlag Dr Kovac，Studien zum Völker-und Europarecht，Vol. 58，p. 1.

[4] Arianna Andreangeli. EU Competition Enforcement and Human Rights. Edward Elgar Publishing Limited，2008，p. 101.

[5] Coca，18 Eur. Ct. H. R.（ser. A）at 11.

[6] Barthold v. F. R. G.，7 Eur. Ct. H. R.（ser. A）at 398–400（1985）.

[7] Barthold v. F. R. G.，7 Eur. Ct. H. R.（ser. A）at 398–400（1985），Para. 400.

[8] Barthold v. F. R. G.，7 Eur. Ct. H. R.（ser. A）at 398–400（1985），Para. 401–04.

其次，对赫托所课予的处罚措施是“法律所规定的”吗？

在 Sunday Times❶案中，欧洲人权法院认为，“法律所规定的”有两个基本要求：第一，法律必须可充分获知：公民必须能够在法律规则所适用的一定案件的情况中获得充分指引；第二，一项规范除非制定得足够准确从而使公民能够用于调整自己的行为，否则就不能被视为“法律”：它必须能够——如果需要则借助适当的咨询——在具体情形下所许可的合理程度上预见一定行为所可能带来的后果。在此后的 Barthold 案中，欧洲人权法院将这一标准表述为：“干涉必须在国内法中有某种根据，同时该法律本身必须可充分获知，并制定得足够准确从而使个人能够用于调整自己的行为——如果需要则借助适当的咨询”。❷ 对于“法律”一词的解释，欧洲人权法院认为它不仅包括制定法，还包括所有被授予立法权的机构所作出的决定，包括判例法。显然，欧洲人权法院采取了宽泛的解释立场，这种立场意味着承认国内当局在这方面拥有广泛的裁量余地。❸ 然而，有人对这一立场产生了质疑。不可否认，采用如此宽松的审查标准会授予成员国当局非常大的裁量权，而且，依据《欧洲人权公约》作为保护每个人不受公权机构任意和过度行使其权力的工具的功能，会引发其是否具有合理性的问题。❹

在该案中，1986 年瑞士反不正当竞争法第 2 条包含了一个一般条款，该一般条款界定“不正当和非法”不仅包括任何商业行为，也包括欺骗性的、或以其他方式违反诚信原则并影响竞争者之间关系或供应者与消费者之间关系的任何行为。而且，该法在第 3 条列举了具体的不正当行为：“如果一个人通过作出不准确的、误导性的或不必要的伤害性的声明来诋毁他人或产品、工作、服务、价格或其他业务，该行为就属于不正当行为。”因此，瑞士联邦反不正当竞争法规制的并不局限于经济行为：像赫托先生这样的人，虽然不是市场参与者，也为其所关注。而且，瑞士联邦法院已经指出，不正当竞争法对侵权行为人和作为竞争者的受害方的适用是无条件的；新闻工作者即使因自己的文章或复制他人所写的文章违反该法的某些规定，也应承担责任。赫托应当预见到将他的研究报告投寄给 *Franz Weber* 杂志上会导致其后的使用。❺ 赫托所作

---

❶ Sunday Times v. UK, 2 EHRR 245 (1979), para. 49.

❷ Barthold v Germany, 7 EHRR 383 (1985), para. 45.

❸ 张志铭. 欧洲人权法院判例中的表达自由［J］. 外国法译评，2000（4）：57.

❹ Arianna Andreangeli. EU Competition Enforcement and Human Rights. Edward Elgar Publishing Limited, 2008, p. 102.

❺ Hertel v. Switzerland, 59 Eur. Ct. H. R. (ser. B) (1998), para. 28.

的声明应承担类似于一种“竞争行为”的责任。正因为如此，为了证明该处罚措施是法定的，法院仅仅需要指出瑞士反不正当竞争法第 3 条和第 9 条❶的规定即可。依据这些规定，瑞士法庭同意了瑞士家用电器制造商和供应商协会声称赫托先生的部分行为可能损害其成员利益的禁止令申请。

在该案中，法院所依据的瑞士反不正当竞争法当然符合“法律规定”这一标准。然而，有人对瑞士反不正当竞争法广泛的适用范围产生了质疑，“希望欧洲人权法院判定的瑞士反不正当竞争法的适用范围太宽泛了”，❷ 法院强调了成员国在不正当竞争案件中对表达自由享有广泛裁量权的重要性。在此类案件中，不正当竞争法可以对表达进行限制，即使是在不存在有关经济竞争关系时。❸

再次，依据《欧洲人权公约》第 10 条第 2 款，对赫托所课予的处罚措施符合合法目的吗？

《欧洲人权公约》第 10 条第 2 款所提及的目的非常广泛，具体可以分为三类：一类属于公共利益，包括维护国家安全、领土完整或公共安全，防止秩序混乱或犯罪，维护公众健康或公共道德等；第二类属于私人利益，即非公共的个人和团体的利益，包括保障他人的名誉或权利，防止披露保密信息等；第三类是维护司法的权威和公正无偏。在该案中，对课予赫托的处罚措施是否符合上述合法目的，欧洲人权法院的判断是，1986 年瑞士反不正当竞争法“是旨在保证所有利益相关方公正而未被扭曲的竞争，”以及一个人可“因遭受不正当行为或通过不正当行为受到损害商誉、信用、职业声誉、业务或普通经济利益的危险，则可向法院申请禁止该行为。”因此，对商誉、信用、职业声誉、商业或经济利益造成损失的行为是可以控告的。❹ 可见，该禁止令措施的目的是保护他人利益，符合《欧洲人权公约》第 10 条第 2 款所规定的第二类合法目的。而且，欧洲人权法院的实践还表明，欧洲人权法院将审查瑞士法院能否合理

---

❶ 瑞士反不正当竞争法第 9 条规定：任何人因遭受不正当行为或因不正当竞争行为而受到损害商誉、信用、职业声誉、业务或普通经济利益的危险，如果该危险是即将发生的，均可向法院申请禁止该行为。

❷ A. Kamperman Sanders. Unfair Competition Law and The European Court of Human Rights：The Case of Hertel v. Switzerland and Beyond. 10 Fordham Intell. Prop. Media & Ent. L.J. 305，p. 310.

❸ Hertel v. Switzerland，59 Eur. Ct. H. R. (ser. B) (1998)，para. 27.

❹ Hertel v. Switzerland，59 Eur. Ct. H. R. (ser. B) (1998)，para. 30-31.

地、认真地、诚意地行使其限制言论自由的自由裁量权视为己任。❶

最后，对赫托所课予的处罚措施“在民主社会是必需的”吗？

这种“必需性”是指，基于案件的主要事实和情况，限制措施是必需的，即具有合比例性。较之前面的三步审查标准，欧洲人权法院一般会对这种“必需性”进行严格审查，这种严格性要求不能抽象地回答，而必须具体参照案件以及《欧洲人权公约》所正视的“民主社会”的情况加以回答；必须区分法律规定本身的必要性和将规定适用于具体案件的必要性。❷

在该案中，欧洲人权法院重点审查了“必需性”问题。赫托认为，强加于他的惩罚措施不合比例。他认为对瑞士家用电器制造商和供应商协会经济利益的保护是以他的研究被审查并且他自己被禁止参加有关影响公共利益问题的科学讨论为代价的。❸ 对此，欧洲人权法院认为，不仅是善意获取的意见和信息值得保护，而且“冒犯性的、震惊的、扰乱的”言论也应受到保护。❹ 因此，对言论自由的限制必须从狭义上来解释。❺ 欧洲人权法院进一步指出，赫托仅仅把其研究论文的复印件投寄给了 *Franz Weber* 杂志，他并没有参与编辑过程，或者插图的选择（虽然他拒绝与刊物保持距离）。至于该篇论文的内容，仅有评论中的 5 页可以被认为归咎于申请人，而且他在别处没有坚决主张取缔微波炉。再者，赫托对微波烹饪食品有害的观点只是以结论的形式予以合理的警告，并且只限于建议何种情况可能会如此。虽然赫托声明的发布对微波炉在瑞士的销售有潜在的不良影响，但对 MHEA 成员所造成的后果和实际损失却无法测量。伯尔尼商业法院和联邦法院都是基于对销售遭受到的可想象后果来作出判决。缺乏可量化的损失对欧洲人权法院审查瑞士对赫托课予的处罚措施是否是必需的具有决定性的作用——这些处罚措施包括监禁的风险。而且，赫托观点中的基本内容又事关目前的公众利益之争，涉及公众健康问题。该禁止令的后果是部分地审查了申请人的作品，并大大削弱了他提出公共意见的能力，该公共意见在公共辩论中有其应有的地位，不论否认其存在。如果申

---

❶ A. Kamperman Sanders. Unfair Competition Law and The European Court of Human Rights: The Case of Hertel v. Switzerland and Beyond. 10 Fordham Intell. Prop. Media & Ent. L.J. 305, p. 312.

❷ Council of Europe (ed.), Digest of Strasbourg case-law relating to the European Convention on Human Rights, Vol.3, pp. 466, 473. 转引自张志铭. 欧洲人权法院判例中的表达自由 [J]. 外国法译评, 2000 (4): 65.

❸ Hertel v. Switzerland, 59 Eur. Ct. H. R. (ser. B) (1998).

❹ Hertel v. Switzerland, 59 Eur. Ct. H. R. (ser. B) (1998), para. 38.

❺ Hertel v. Switzerland, 59 Eur. Ct. H. R. (ser. B) (1998), para. 32.

请人不遵守禁止令，他将承担刑事处罚的风险，包括监禁。因此，这些限制措施不是民主社会所必需的，违反了《欧洲人权公约》第10条。[1]

该案还涉及欧洲人权法院与成员国法院裁量权之间的关系。它对于欧洲人权法院裁决涉及不正当竞争规制与商业言论自由的案件具有关键性的作用。[2]

欧洲人权法院对不同种类的表达给予差别待遇。政治性言论一般受到最高程度的保护。[3] 对于这种言论，欧洲人权法院强调依据《欧洲人权公约》第10条第2款不应受到任何限制。[4] 第10条的例外必须“做狭义的解释，以及必须令人信服地确定限制的必需性。”[5] 但对于商业言论，欧洲人权法院则适用一种尊重成员国的审查标准，赋予国内法院广泛的裁量权，强调国内法院“由于他们与其国内的各种重要力量保持着直接的和持续的联系……原则上，在对这些要求的准确内容以及限制的必需性或符合其要求的刑罚的必需性给出意见时，比国际法官处于更有利的位置。”[6] 在该案中，欧洲人权法院重申了其判例法的基本原则，各缔约国在评价是否存在这种必需性时享有一定的裁量范围，但它应与欧盟的监督携手共进，包括立法和具体适用的判决。因此，对于该处罚措施是否与《欧洲人权公约》第10条所保护的表达自由相一致，欧洲人权法院被授权来提供最终的规则。正因为如此，欧洲人权法院必须确定成员国法院适用的标准与《欧洲人权公约》第10条所包含的原则相一致，而且这些标准必须建立在有关事实可评价的基础上。因此，瑞士法院在判定对申请人施加禁止令是否存在急迫的社会需要上享有一定的裁量范围。这种自由裁量在商业方面是尤其重要的，特别是如同不正当竞争这样复杂而又波动的领域。当该言论并非特定的个人纯粹的商业言论，而是涉及影响社会一般利益如公共健康的辩论时，则有必要削减这种自由裁量范围。

---

[1] Hertel v. Switzerland, 59 Eur. Ct. H. R. (ser. B) (1998), para. 35.

[2] Christoph Beat Graber, Freedom of Expression and Unfair Competition: The Hertel Case and Beyond. Thomas Cottier/Joost Pauwelyn/Elisabeth Bürgi (eds.). Human Rights and International Trade, Oxford University Press, 2005, p. 273.

[3] Harris, O'Boyle and Warbrick, Law of the European Convention of Human Rights, London: Butterworths 1995, p. 378.

[4] Dichand and Others v Austria, Judgment of 26 February 2002, Application No. 29271/95, para. 39.

[5] Thorgeirson (Thorheir) v Iceland A 239 (1992); (1992) 14 EHRR 843, para. 63.

[6] Handyside v United Kingdom A 24 (1976); (1976) EHRR 737, para. 48. Müller and Others v Switzerland A 133 (1988); (1991) 13 EHRR 212, para. 35; Wingrove v United Kingdom 1996-V 1937; (1997) 24 EHRR 1, para. 58; Otto-Preminger-Institut v Austria A 295-A (1994); (1995) 19 EHRR 34, para. 50.

然而，对于欧洲人权法院该案中的这种做法，参与裁决此案的 Bernhard、Matscher 和 Toumanov 三位法官则持有异议。Bernhard 法官认为，欧洲人权法院不应以自己评价取代瑞士法院的评价，瑞士法院依据合理的理由认为对其施以限制是必要的。Matscher 法官也认为，在不正当竞争案中，国家应该享有比其他言论自由领域更多的裁量范围，否则，阻止不正当竞争的制度将会被破坏，而不正当竞争制度是有益于商业世界的。被告没有超出其裁量的范围，特别是施加于申请人的刑事处罚并非不合比例。另一位持有异议的 Toumanov 法官则同意 Bernhard 法官的意见。[1]

此外，对于那些在欧洲尚不存在统一观念和规则的领域，如欧洲有关宗教问题尚不存在统一的观念，以及管制宗教广告的规则在各成员国之间变化很大，[2] 欧洲人权法院也适用这种尊重成员国裁量的方法。

如果知识产权保护不是造成对商业性言论的限制，而是限制或妨碍了政治性言论、艺术性言论，运用双阶理论则同样也要求该限制或妨碍措施进行严格审查，而且也同样要求采取最小限制的方法。

由此可见，通过运用双阶理论来对因知识产权保护所造成的信息自由限制进行审查，同样也能够对知识产权保护与信息自由的价值和地位作出较合理的判断和选择，从而可以有效地平衡知识产权保护与信息自由的冲突。但商业言论的不确定性决定了双阶理论运用的有限性。

当然，技术的不断革新以及资本势力的不断介入，已经促使知识产权保护不断扩张，知识产权法内部现有的协调制度已不能有效地平衡知识产权保护与信息自由的冲突。因而必须通过运用双阶理论和双轨理论来对知识产权保护与信息自由的冲突进行协调与平衡，但这种宪法基本权利审查制度的运用，不是取代知识产权法内部的协调制度，而是在基本尊重知识产权法内部现有协调制度的基础上，运用个案审查的方法来弥补知识产权法内部协调制度的不足。运用这种宪法基本权利审查制度，就是要将那些现有知识产权法内部协调制度不能有效平衡的知识产权保护与信息自由的冲突的特殊情形，通过宪法基本权利审查的方法逐步明确化、规范化，并最终纳入知识产权法内部的协调制度。因此，无论是知识产权法内部的协调制度，还是知识产权法外部的宪法基本权利审查制度，二者之间不是相互对立而是相互协调统一的。

---

[1] European Court of Human Rightscase of Hertel v. Switzerland (59/1997/843/1049).

[2] Murphy v Ireland, 38 EHRR 13 (2004).

5.3 我国公共利益检验标准的确立

虽然美欧的双轨理论和双阶理论能够平衡知识产权保护与信息自由间的冲突，但并不等于这种理论在我国就一定也可以有同样的效果。一个国家能否借鉴和吸收别国的双轨理论和双阶理论，取决于这个国家的知识产权保护是否已经对信息自由造成威胁，同时这个国家还必须有宪法司法审查的机制。对我国而言，前者应该是具备了，但后者则完全不存在。因而借鉴美欧的双轨理论和双阶理论的条件还不完全具备。

对前者而言，我国知识产权保护标准已达到发达国家的保护水平，已经开始对信息自由造成威胁，2006 年的《馒头案》即是例证。在商标法领域也出现了将描述性词语甚至通用名称申请注册商标成功的案例。我国也出现了一些涉及不正当竞争规制与商业言论自由的行为。例如，《郑州晚报》、郑州电视台 1997 年 1 月 23~24 日连续两天重点刊播“广大市民，元月 25 日早晨 6 时 30 分请注意收看郑州电视台特别节目”的消息，结果观众清晨所观看的“特别节目”仅是一个 15 分钟的酒广告专题片。[1] 这是一个损害公众利益的典型“新闻广告”。“新闻广告”在我国俗称“有偿新闻”或“软广告”，谓新闻从业人员采取不正当手段，以新闻报道的形式为经营者提供商业宣传，经营者为新闻从业人员提供相应物质利益的行为，这是一种典型的间接不正当竞争行为，不仅违背了新闻追求客观公正的道德准则，也损害了相关消费者和公众的利益。然而，新闻广告还在传递一种商业信息，如果该商业言论信息事关重大的社会公共利益，如治疗某种疑难杂症具有明显效果，而这种信息之前并未得到有效传播，如果对该新闻广告予以不正当竞争规制，势必会造成不正当竞争规制与商业言论自由的冲突，其本质是经营者利益与公众利益的冲突。虽然今后在我国反不正当竞争法修订时，此种行为必然会被纳入规制的范畴，然而由于我国反不正当竞争法并未对这种新闻广告作出规范，目前只是依靠中宣部、新闻出版署发布文件和命令，虽多次明令禁止“有偿新闻”，但“有偿新闻”仍屡禁不止。

对后者而言，我国《宪法》第 35 条规定，“中华人民共和国公民有言论、

---

[1] 潘冷观. 荒唐广告令人瞠目［J］. 公共关系，1997（4）.

出版、集会、结社、游行、示威的自由。”这一立法特色接近于美国宪法第一修正案。美国宪法第一修正案在确认言论自由的同时，并没有对其在实际行使时可能和应该受到的限制作出规定，容易导致摇摆于“绝对保护”和“任意限制”的两极不能自拔。在美国联邦最高法院审判实践中就存在这种极端分裂：一种意见主张给言论自由概念所涵盖的任何言论以绝对的保护；另一种意见基于实际发展的需要，主张在言论自由与其他同样重要的利益发生冲突时作出利害权衡。但这种权衡由于没有宪法指导之便，难免任意之嫌。[1] 这两方面的立法现状在商业言论行为涉及不正当竞争时几乎不可能解决二者之间的冲突问题。因此，有必要运用宪法基本权利价值对不正当竞争规制进行审查。

虽然如此，本书认为我国仍有可能借鉴欧美的上述经验。透过美欧双轨理论和双阶理论及其应用，可以发现，两种理论背后的实质则以公共利益为判断标准，而且不同类型言论所包含的公共利益轻重是不一样的，生命健康性言论、政治性言论的价值是最重要的，因为这类言论所包含的公共利益是人类社会的普世价值之体现；艺术性言论的价值也是重要的，它体现了人类社会的进步与文化繁荣；商业性言论也具有重要的价值和地位，它能有效地促进商业信息的自由传播，推动社会经济的发展。不同类型的言论具有不同的价值和地位，实质上是不同类型言论所含公共利益的轻重是不同的。含有的公共利益越重，言论受到保护的可能性越大；含有的公共利益越轻，言论受到保护的可能性就会越小。据此，一旦知识产权保护与信息自由发生冲突，应作出判断的是该信息表达的类型，该信息表达是否含有公共利益及其大小，由此对知识产权保护与信息自由作出判断与选择。

虽然我国宪法司法审查制度面临着困境，而且也不可能完全照搬欧美的理论与立法，但上述“公共利益”审查标准是完全可以为我国所借鉴的，因为以公共利益标准来判断和平衡利益冲突是人类社会处理纠纷、协调关系的最基本的方法。当然，在确立我国知识产权保护与信息自由冲突的公共利益审查标准时，既要吸收欧美合理经验，也需考虑到我国现阶段的特殊情形。

第一，将言论类型分为政治性言论、艺术性言论、商业性言论和不受保护的言论。在知识产权保护与信息自由发生冲突时，有必要将言论类型化。虽然类型化可能导致低价值的言论受到高强度的保护，或者高价值的言论受到低强度的保护，但迄今为止，人类尚无比类型化更好的方法。

---

[1] 张志铭. 欧洲人权法院判例中的表达自由［J］. 外国法译评，2000（4）：40.

第二，根据不同类型的言论，分别建立不同严格程度的审查标准。当知识产权保护与信息自由发生冲突时，可以借鉴欧美的经验，分别建立政治性言论和艺术性言论、商业性言论和淫秽暴力言论审查标准：①严格审查标准。严格审查以政治性言论和艺术性言论受限制的案件为适用对象，对政治性言论和艺术性言论进行限制的措施必须具有极其重要的政府利益；限制政治性言论和艺术性言论的目的与手段之间有紧密的关联性。在适用结果上，一般推定限制政治性言论和艺术性言论违宪。换言之，当知识产权保护与信息自由发生冲突时，政治性言论和艺术性应受到绝对保护。②中度审查标准。中度审查标准以商业性言论受到限制的案件为适用对象，对商业性言论的限制必须是为了实现重要的公共利益；限制商业性言论的目的与手段之间也必须有紧密的关联性。但在适用结果上，除非该商业性言论含有重大公共利益，即非商业因素比商业因素更重要，否则，一般推定保护知识产权所造成的对商业性言论的限制不违宪。③合理审查标准。至于淫秽暴力言论，由于本身不受宪法保护，针对此类言论的限制一般都是合宪的。

5.4 小　　结

知识产权保护与信息自由之间的冲突应当运用宪法司法审查手段来予以平衡。美国的双轨理论和双阶理论则为美国宪法司法审查提供较为成熟的模式。双轨理论将言论分为言论内容与言论形式，并分别采用严格审查标准、中度审查标准和合理审查标准。双轨理论和双阶理论均能够对知识产权保护与信息自由的价值作出判断、选择和平衡，在司法实践中发挥了平衡知识产权保护与信息自由冲突的作用。

我国可以借鉴欧美的经验，建立平衡知识产权保护与信息自由的“公共利益”审查标准。首先，将言论类型分为政治性言论、艺术性言论、商业性言论和不受保护的言论。其次，根据不同类型的言论，分别建立不同严格程度的审查标准。严格审查以政治性言论和艺术性言论受限制的案件为适用对象，对政治性言论和艺术性言论进行限制的措施必须具有极其重要的政府利益；限制政治性言论和艺术性言论的目的与手段之间有紧密的关联性。在适用结果上，当知识产权保护与信息自由发生冲突时，政治性言论和艺术性应受到绝对保护。中度审查标准以商业性言论受到限制的案件为适用对象，对商业性言论的限制必须是为了实现重要的公共利益；限制商业性言论的目的与手段之间也必须有紧密的关联性。但在适用结果上，除非该商业性言论含有重大公共利益，即非商业因素比商业因素更重要，否则，一般推定保护知识产权所造成的对商业性言论的限制不违宪。

6

结论与展望：重塑知识产权制度与建立外部之约束机制

6.1 重塑知识产权制度

纵观知识产权产生和发展历史，随着技术的发展和资本的不断介入，知识产权呈现出加速发展和扩张的趋势，知识信息正在不断集中到大资本利益集团手中，知识产权创立之初所建立的“知识共享”机制开始变成了“知识垄断”机制，公众自由利用和传播作品、商标权上所承载的商业信息和其他信息受到威胁，人类社会所赖以发展的科学、文化知识的繁荣发展也正面临着萎缩的威胁。因此，必须变革现行知识产权制度，重塑知识产权理念，重建版权法、商标法和反不正当竞争规制的利益平衡机制，以有效保障公众利用知识信息的自由，推动社会科学、文化和艺术的发展。

6.1.1 重塑知识产权理念

传统知识产权理念是以劳动财产理论和人格财产理论作为理论依据，它强调，知识产权之所以受到保护，因为它是创造者投入智力劳动的成果，或者是创造者人格的体现。但劳动财产理论和人格财产理论的前提条件被忽略了，过于直线的工具论也同样支撑了知识产权的保护和扩张。传统的知识产权理念已经使知识产权保护走进一个前所未有的困境。因此，必须重塑知识产权理念，坚持一个整体的劳动财产理论，坚持工具论。

洛克的劳动财产理论不仅仅强调了创造者对其智力劳动成果享有财产权，该理论也强调了其存在的前提条件，即财产应该是共有的，不能随意糟蹋，更不能损害他人利益。换言之，虽然劳动者对其智力劳动成果享有财产权，但这种财产权不仅不应该损害他人利益，而且还应保障他人对该财产的共有。正如前述，如果充分考虑到独占论特别是劳动财产理论的前提条件，就会发现，自然权利理论不仅与通过其劳动创造智慧产品的作者的权利有内在联系，也与公众的权利必然相关。劳动财产理论在支撑智慧信息创造者享有财产权时，也强调了公众利用智慧信息的自由。因此，劳动财产理论不仅不是一件反信息自由的工具，反而应该是为信息自由提供理论支撑的一个依据。

工具论要求对公共目标与知识财产的作用有一个非常清晰的概念，强调知识产权保护是一种政策工具，通过保护知识产权来保障公共利益。知识产权保护是手段，不是目的；其目的是促进社会科学、文化和艺术的进步、发展，并通过建立具体的知识产权限制制度来实现其目的。

6.1.2 革新知识产权制度

革新知识产权制度，要求重建知识产权限制制度。笔者认为，应在版权法中进一步明确合理使用的条件和范围，对技术保护措施扩大限制，缩短版权保护期限，严格适用版权救济措施。在商标法中建立指示性合理使用制度，扩大商标反淡化保护的例外。在我国是否确立商标反淡化保护，要慎行。

6.2 建立知识产权外部之约束制度

技术的不断发展和资本的介入使得知识产权的扩张已无法通过其内部限制制度来予以平衡。因而，必须要运用宪法基本权利价值来对知识产权保护所造成的信息自由规制进行审查。双轨理论和双阶理论已在司法具体运用中产生了较好的平衡知识产权保护与信息自由的冲突的作用，双轨理论和双阶理论的核心就是公共利益审查标准。

我国可以借鉴欧美的经验，建立平衡知识产权保护与信息自由之间的“公共利益”审查标准。首先，将言论类型分为政治性言论、艺术性言论、商业性言论和不受保护的言论。其次，根据不同类型的言论，分别建立不同严格程度的审查标准。对限制政治性言论和艺术性言论适用严格审查标准，对限制商业性言论适用中度审查标准。

参考文献

中文参考文献

[1] [德] 黑格尔．法哲学原理 [M]．范扬，张企泰，译．北京：商务印书馆，1961.

[2] [英] 洛克．政府论（下篇）[M]．叶启芳，瞿菊农，译．北京：商务印书馆，1964.

[3] [美] E. 博登海默．法理学——法律哲学与法律方法 [M]．邓正来，译．北京：中国政法大学出版社，1999.

[4] [美] 罗斯科·庞德．通过法律的社会控制 [M]．苏力，译．北京：商务印书馆，1984.

[5] [英] 哈特．法律的概念 [M]．张文显，译．北京：中国大百科全书出版社，1996.

[6] [德] 拉德布鲁赫．法哲学 [M]．王朴，译．北京：法律出版社，2005.

[7] 杨仁寿．法学方法论 [M]．北京：中国政法大学出版社，1999.

[8] [德] 拉伦茨．法学方法论 [M]．陈爱娥，译．北京：商务印书馆，2004.

[9] 卓泽渊著．法的价值论 [M]．3 版．北京：法律出版社，2006.

[10] 徐显明．国际人权法 [M]．北京：法律出版社，2004.

[11] 陈慈阳．基本权核心理论之实证化及其难题 [M]．台北：翰芦图书出版有限公司，1997.

[12] 李步云．人权法学 [M]．北京：高等教育出版社，2005.

[13] 甄树青．论表达自由 [M]．北京：社会科学文献出版社，2000.

[14] 王四新．网络空间的表达自由 [M]．北京：社会科学文献出版社，2007.

[15] 林子仪．言论自由导论 [M]//李鸿禧，等．台湾“宪法”之纵刨横切．台北：元照出版社，2002.

[16] 何永红．基本权利限制的宪法审查——以审查基准及其类型化为焦点 [M].

北京：法律出版社，2009.
[17] 林子仪．言论自由与新闻自由［M］．台北：元照出版有限公司，1999.
[18]［美］劳伦斯·M. 弗里德曼．美国法律史［M］．苏新彦，等，译．北京：中国社会科学出版社，2007.
[19]［英］彼得·斯坦，约翰·香德．西方社会的法律价值［M］．王献平，译．郑成思，校．北京：中国法制出版社，2004.
[20]［美］约翰·G. 斯普兰克林．美国财产法精解［M］．2 版．钟书峰，译．北京：北京大学出版社，2009.
[21]［美］斯蒂芬·芒泽．财产理论［M］．彭诚信，译．北京：北京大学出版社，2006.
[22]［英］蒂莫西·A. Q. 恩迪克．法律中的模糊性［M］．程朝阳，译．北京：北京大学出版社，2010.
[23]［澳］彼得·德霍斯．知识财产法哲学［M］．周林，译．北京：商务印书馆，2008.
[24] 龙文懋．知识产权法哲学初论［M］．北京：人民出版社，2003.
[25] 冯晓青．知识产权法哲学［M］．北京：中国人民公安大学出版社，2003.
[26] 冯晓青．知识产权法利益平衡理论［M］．北京：中国政法大学出版社，2006.
[27] 饶明辉．当代西方知识产权理论的哲学反思［M］．北京：科学出版社，2008.
[28] 彭立静．伦理视野中的知识产权［M］．北京：知识产权出版社，2010.
[29] 郑成思．知识产权法——新世纪初的若干研究重点［M］．北京：法律出版社，2004.
[30] 郑成思．知识产权论［M］．北京：法律出版社，2003.
[31] 郑友德．知识产权法［M］．北京：高等教育出版社，2004.
[32] 吴汉东，等．知识产权基本问题研究［M］．2 版．北京：中国人民大学出版社，2009.
[33] 吴汉东．知识产权制度基础理论研究［M］．北京：知识产权出版社，2009.
[34] 郑万青．全球化条件下的知识产权与人权［M］．北京：知识产权出版社，2006.
[35] 沈达明．知识产权法［M］．北京：对外经济贸易大学出版社，1998.
[36]［日］富田彻男．市场竞争中的知识产权［M］．北京：商务印书馆，2000.
[37] 李明德．美国知识产权法［M］．北京：法律出版社，2003.

[38] [美] 廉·M. 兰德斯，查理德·A. 波斯纳. 知识产权法的经济结构 [M]. 金海军，译. 北京：北京大学出版社，2005.
[39] 罗伯特·P. 墨杰斯，彼特·S. 迈乃尔，马克·A. 莱姆利，等. 新技术时代的知识产权法 [M]. 齐筠，等，译. 北京：中国政法大学出版社，2003.
[40] [澳] 布拉德·谢尔曼，[英] 莱昂内尔·本特利. 现代知识产权法的演进 [M]. 金海军，译. 北京：北京大学出版社，2006.
[41] [美] 苏珊·K. 塞尔. 私权、公法——知识产权的全球化 [M]. 董刚，周超，译. 北京：中国人民大学出版社，2008.
[42] [日] 田村善之. 日本现代知识产权法理论 [M]. 李扬，等，译. 白巴根，铃木敬夫，审校. 北京：法律出版社，2010.
[43] [澳] 彭道敦，李雪菁. 普通法视角下的知识产权 [M]. 谢琳，译. 北京：法律出版社，2010.
[44] [澳] 普拉蒂普·N. 托马斯，简·瑟维斯. 亚洲知识产权与传播 [M]. 高蕊，译. 北京：清华大学出版社，2009.
[45] 李明德，等. 欧盟知识产权法 [M]. 北京：法律出版社，2010.
[46] 王迁，王凌红. 知识产权间接侵权研究 [M]. 北京：中国人民大学出版社，2008.
[47] 李扬，等. 知识产权基础理论和前沿问题 [M]. 北京：法律出版社，2004.
[48] 王太平. 知识产权客体的理论范畴 [M]. 北京：知识产权出版社，2008.
[49] 李琛. 论知识产权法的体系化 [M]. 北京：北京大学出版社，2005.
[50] 郑成思. 知识产权文丛（8）[M]. 北京：中国方正出版社，2002.
[51] 郑成思. 版权法 [M]. 北京：中国人民大学出版社，1997.
[52] 刘茂林. 知识产权法的经济分析 [M]. 北京：法律出版社，1996.
[53] 李京文. 迎接知识经济新时代 [M]. 上海：远东出版社，1999.
[54] 欧洲专利局. 未来知识产权制度的愿景 [M]. 郭民生，译. 北京：知识产权出版社，2008.
[55] 英国知识产权委员会. 整合知识产权与发展政策第 3 版 [M]. 2003.
[56] 王迁. 知识产权法教程 [M]. 北京：中国人民大学出版社，2007.
[57] 王迁. 网络版权法 [M]. 北京：中国人民大学出版社，2008.
[58] 李扬. 知识产权法政策学论丛 [M]. 北京：中国社会科学出版社，2009.
[59] 刘春田. 中国知识产权评论（第一卷）[M]. 北京：商务印书馆，2002.
[60] 刘春田. 中国知识产权评论（第二卷）[M]. 北京：商务印书馆，2006.
[61] 刘春田. 中国知识产权评论（第三卷）. 北京：商务印书馆，2008.

[62] 刘孔中．智慧财产权法制的关键革新［M］．台北：元照出版公司，2007.

[63] 吴汉东．著作权合理使用制度研究［M］．北京：中国政法大学出版社，1996.

[64] 吴汉东，胡开忠．无形财产权制度研究（修订版）［M］．北京：法律出版社，2005.

[65]［德］M. 雷炳德. 著作权法［M］．张恩民，译. 北京：法律出版社，2005.

[66]［加］迈克尔·盖斯特．为了公共利益——加拿大版权法的未来［M］．李静，译．北京：知识产权出版社，2008.

[67]［美］保罗·戈斯汀．著作权之道——从谷登堡到数字点播机［M］．金海军，译．北京：北京大学出版社，2008.

[68]［美］贝帝格. 版权文化：知识产权的政治经济学［M］．沈国磷，韩绍伟，译. 北京：清华大学出版社，2009.

[69]［美］安守廉．窃书为雅罪——中华文化中的知识产权法［M］．李琛，译．北京：法律出版社，2010.

[70] 李明德，许超．著作权法［M］．2 版. 北京：法律出版社，2009.

[71] 萧雄林．著作权法论（增订三版）［M］．台北：五南图书出版股份有限公司，2006.

[72] 朱理. 著作权的边界——信息社会著作权的限制与例外研究［M］．北京：北京大学出版社，2011.

[73]［美］理查德·波斯纳．论剽窃［M］．沈明，译．北京：北京大学出版社，2010.

[74]［匈］米哈依·菲彻尔．版权法与因特网［M］，郭寿康，万勇，相靖，译．北京：中国大百科全书出版社，2009.

[75] 易健雄．技术发展与版权扩张［M］．北京：法律出版社，2009.

[76]［美］保罗·戈尔斯坦．国际版权原则、法律与惯例［M］．王文娟，译．北京：中国劳动社会保障出版社，2003.

[77] 蔡惠如. 著作权之未来展望——论合理使用之价值创新［M］．台北：元照出版公司，2007.

[78] 吴伟光．数字技术环境下的版权法危机与对策［M］．北京：知识产权出版社，2008.

[79] 张今．版权法中的私人复制——从印刷机到互联网［M］．北京：中国政法大学出版社，2009.

[80] 朱慧．激励与接入：版权制度的经济学研究［M］．杭州：浙江工业大学出版

社，2009.
[81]［德］约格·莱因伯特，西尔克·冯·莱温斯基．WIPO因特网条约评注［M］．万勇，相靖，译．郭寿康，审校．北京：中国人民大学出版社，2008.
[82]［英］帕斯卡尔·卡米纳．欧盟电影版权［M］．籍之伟，俞剑红，林晓霞，译．北京：中国电影出版社，2006.
[83]［美］约翰·冈茨，杰克·罗切斯特．数字时代盗版无罪［M］．周晓琪，译．北京：法律出版社，2008.
[84]［荷］约斯特·斯米尔斯，玛丽克·范·斯海恩德尔．抛弃版权文化产业的未来［M］．刘金海，译．北京：知识产权出版社，2010.
[85]［日］中山信弘．多媒体与著作权［M］．张玉瑞，译．北京：专利文献出版社，1997.
[86] 黄晖．驰名商标和著名商标的法律保护［M］．北京：法律出版社，2001.
[87] 严永和．论传统知识的知识产权保护［M］．北京：法律出版社，2006.
[88] 彭学龙．商标法的符号学分析［M］．北京：法律出版社，2007.
[89] 曾陈汝明．商标法原理［M］．北京：中国人民大学出版社，2003.
[90] 崔立红．商标权及其私益之扩张［M］．济南：山东人民出版社，2003.
[91]［美］约纳森·罗森诺，等．网络法——关于因特网的法律［M］．张皋彤，等，译．北京：中国政法大学出版社，2003.
[92]［澳］马克·戴维森．数据库的法律保护［M］．朱理，译．北京：北京大学出版社，2007.
[93]［美］劳伦斯·莱斯格．代码2.0：网络空间中的法律［M］．李旭，沈伟伟，译．北京：清华大学出版社，2009.
[94]［美］理查德·斯皮内洛．铁笼还是乌托邦——网络空间的道德与法律［M］．2版．北京：北京大学出版社，2007.
[95]［美］马特斯尔斯·W．斯达切尔．网络广告：互联网上的不正当竞争和商标［M］，孙秋宁，译．北京：中国政法大学出版社，2004.
[96]［美］威廉·W．费舍尔．说话算数——技术、法律以及娱乐的未来［M］．李旭，译．上海：上海三联书店，2008.
[97]［英］萨莉·斯皮尔伯利．媒体法［M］．周文，译．武汉：武汉大学出版社，2004.
[98]［日］松井茂记．媒体法（第三版）［M］．肖淑芬，译．台北：元照出版有限公司，2004.
[99]［美］约翰·D．泽莱兹尼．传播法——自由、限制与现代媒介［M］．张金

玺，赵刚，译．北京：清华大学出版社，2007.
[100] [澳] 彼得·达沃豪斯，约翰·布雷斯韦特．信息封建主义 [M]. 刘雪涛，译．北京：知识产权出版社，2005.
[101] 刘澎．美国知识产权要案精编 [M]. 北京：京华出版社，2007.
[102] 王先林．知识产权滥用及其法律规制 [M]. 北京：中国法制出版社，2008.
[103] 刘明江．商标权效力及其限制研究 [M]. 北京：知识产权出版社，2010.
[104] 王迁，[荷] Lucie Guibault. 中欧网络版权保护比较研究 [M]. 北京：法律出版社，2008.
[105] 张玉敏．中国欧盟知识产权法比较研究 [M]. 北京：法律出版社，2006.
[106] 贺德芬. 文化创新与商业契机 [M]. 台北：月旦出版社股份有限公司，1994.
[107] 吴敬琏．比较（第 8 辑）[M]. 北京：中信出版社，2003.
[108] [美] P. 艾伯·邦茨一辛普森．第三世界的法律与发展 [M]. 洪范翻译小组，译．北京：法律出版社，2006.
[109] [法] 蒲吉兰．21 世纪的黑金 [M]. 贾春娟，李玉平，苏启运，译．北京：社会科学文献出版社，2006.
[110] 李响．美国版权法：原则、案例及材料 [M]. 北京：中国政法大学出版社，2004.
[111] 楼慧心．知识·制度·利益——知识产权制度对社会利益结构的影响研究 [M]. 杭州：浙江大学出版社，2006.
[112] [印] 甘古力．知识产权：释放知识经济的能量 [M]. 宋建华，姜丹明，张永华，译．北京：知识产权出版社，2004.
[113] 国家知识产权局知识产权发展研究中心．规制知识产权的权利行使 [M]. 北京：知识产权出版社，2004.
[114] 世界知识产权组织．知识产权纵横谈 [M]. 张寅虎，孙建政，张来明，等，译．北京：世界知识出版社，1992.
[115] [澳] 克里斯托·阿勒普．世界贸易组织的新协定——服务贸易和知识产权协定在法律全球化中的作用 [M]. 上海：上海人民出版社，2004.
[116] 郑成思．知识产权——应用法学与基本理论 [M]. 北京：人民出版社，2005.
[117] 郑成思．WTO 知识产权协议逐条讲解 [M]. 北京：中国方正出版社，2001.
[118] 刘华．知识产权制度的理性与绩效分析 [M]. 北京：中国社会出版社，2004.

[119] 杨明．知识产权请求权研究——兼以反不正当竞争为考察对象［M］．北京：北京大学出版社，2005.
[120] 沈仁干，钟颖科．著作权法概论［M］．北京：商务印书馆，2003.
[121] 唐广良．知识产权研究［M］．北京：中国方正出版社，2000（12）.
[122] 周林．知识产权研究（第十八卷）［M］．北京：知识产权出版社，2007.
[123] 李雨峰．权利是如何实现的［M］．北京：法律出版社，2009.
[124] 劳伦斯·莱斯格．代码——塑造网络空间中的法律［M］．李旭，译．北京：中信出版社，2004.
[125]［美］戴斯·凯瑞斯．法律中的政治［M］．信春鹰，译．北京：中国政法大学出版社，2008.
[126] 郑成思．郑成思版权文集（第一卷）［M］．北京：中国人民大学出版社，2008.
[127] 郑成思．郑成思版权文集（第二卷）［M］．北京：中国人民大学出版社，2008.
[128] 易继明．私法（第8辑第2卷）［M］．武汉：华中科技大学出版社，2010.
[129]［美］格伯尔．二十世纪欧洲的法律与竞争［M］．冯克利，冯兴元，译．北京：中国社会科学出版社，2004.
[130]［比］保罗·纽尔．竞争与法律：权力机构、企业和消费者所处的地位［M］．刘利，译．北京：法律出版社，2004.
[131] 范长军．德国反不正当竞争法研究［M］．北京：法律出版社，2011.
[132]［美］莱曼·雷·帕特森，［美］斯坦利·W. 林德伯格．版权的本质：保护使用者权利的法律［M］．郑重，译．北京：法律出版社，2015.
[133] 宋慧献. 版权保护与表达自由之关系研究［D］．武汉：中南财经政法大学，2009.
[134] 陈怡凯．基本权之冲突——以德国法为中心［D］．台北：台湾大学，1995.
[135] 王培舒．知识产权与人权的联系、冲突与协调发展［D］．长春：吉林大学，2007.
[136] 魏森．论商标的淡化——以美国法为中心的比较研究［D］．北京：对外经贸大学，2007.
[137] 星有康．冲突或妥协？——科技保护措施立法之研究［D］．台北：台湾大学，2006.
[138] 黄海峰. 知识产权的表达与实践：版权、专利与商标的历史考察［D］．北京：中国人民大学，2006.

[139] 何贵忠. 论版权保护与表达自由的关系 [D]. 北京：中国人民大学，2008.
[140] 李小武. 商标法淡化研究 [D]. 北京：中国社会科学院，2010.
[141] 吴宛真. 欧洲人权法院关于表达自由权之研究 [D]. 台北：淡江大学，2005.
[142] 古诗婷. 著作权法上之科技保护措施和规避行为：国际规范之比较研究 [D]. 台北：台湾大学，2004.
[143] 苏力.《秋菊打官司》案、邱氏鼠药案和言论自由 [J]. 法学研究，1996 (3).
[144] 王克金. 权利冲突论——一个法律实证主义的分析 [J]. 法制与社会发展，2004 (2).
[145] 李友根. 权利冲突的解决模式初论 [M]//浙江大学公法与比较法研究所. 公法研究. 北京：商务印书馆，2002.
[146] 张翔. 基本权利冲突的规范结构与解决模式 [J]. 法商研究，2006 (4).
[147] 郑旭文，徐振东. 基本权利冲突及其解决基准 [J]. 大连海事大学学报：社会科学版，2009 (3).
[148] 任广浩，叶立周. 论权利冲突——以利益冲突为线索的考察 [J]. 河北法学，2004 (8).
[149] [韩] 权宁星. 基本权利的竞合与冲突 [J]. 韩大元，译. 外国法译评，1996 (4).
[150] 吴汉东. 财产的非物质化革命与革命的非物质财产法 [J]. 中国社会科学，2005 (4).
[151] 吴汉东. 知识产权本质的多维度解读 [J]. 中国法学，2006 (5).
[152] 吴汉东. 知识产权 V. S. 冲突、交叉与协调 [N]. 中国知识产权报，2004-01-01.
[153] 吴汉东. 知识产权的私权与人权属性 [J]. 法学研究，2003 (3).
[154] 吴汉东. 文化多样性的主权、人权与私权分析 [J]. 法学研究，2007 (6).
[155] 吴汉东. 国际变革大势与中国发展大局中的知识产权制度 [J]. 法学研究，2009 (2).
[156] 强世功，等. 知识产权与法律移植 [J]. 读书，2004 (8).
[157] 袁泳. 知识产权法与技术、文化创新 [J]. 北京大学学报：哲社版，1997 (5).
[158] 李扬. 知识产权法定主义及其适用——兼与梁慧星、易继明教授商榷 [J]. 法学研究，2006 (2).

[159] 李扬．知识产权法定主义的缺陷及其克服——以侵权构成的限定性和非限定性为中心［J］．环球法律评论，2009（2）．
[160] 郑胜利．论知识产权法定主义［M］//北大知识产权评论（第2卷）．北京：法律出版社，2004．
[161] 苏力．戏仿的法律保护和限制——从《一个馒头引发的血案》切入［J］．中国法学，2006（3）．
[162] 奥德利·R. 查普曼．将知识产权视为人权［J］．联合国教科文组织．版权公报，2001（3）．
[163] 冯晓青，魏衍亮．互联网上言论自由权与版权关系之述评［J］．北大法律评论，2001．
[164] 胡启明，成风明．版权与表达自由之协调［J］．河北法学，2004（4）．
[165] 赵娟，田雷．论美国商业言论的宪法地位——以宪法修正案为中心［J］．法学评论，2005（6）．
[166] 邓辉．言论自由原则在商业领域的拓展——美国商业言论原则评述［J］．中国人民大学学报，2004（4）．
[167] 宋慧献．商标保护与艺术表达自由——评“Barbie（芭比）”玩具商标侵权纠纷案［J］．中华商标，2007（3）．
[168] 万志前．商业秘密与表达自由的协调——DVD COPY CONTROL ASSOCIATION v. ANDREW BUNNER 案评析［J］．科技与法律，2006（4）．
[169] 李忠．论言论自由的保护［J］．法学论坛，2000（4）．
[170] 林来梵，张卓明．论权利冲突中的权利位阶——规范法学视角下的透析［J］．浙江大学学报：人文社会科学版，2003（9）．
[171] 郑万青．数字化条件下的版权与信息自由权［J］．中国出版，2007（9）．
[172] 杨会永．版权保护与表达及信息自由的冲突与协调：基于欧洲法的分析［M］//冯军，等．版权保护法制的完善与发展：基于欧盟经验与中国实践的视角．北京：社会科学文献出版社，2008．
[173] 张世柱．著作权法反规避条款与言论自由［J］．法令月刊，2004（10）．
[174] 邓宏光，周园．滑稽模仿对商标权的限制［J］．重庆工学院学报：社会科学，2008（3）．
[175] 邓宏光．论商标权对言论自由的限制［J］．内蒙古社会科学：汉文版，2006（1）．
[176] 徐暄．智慧的财产权构建如何可能？——以现代自然法为分析方法对 WTO 框架下“知识产权”的解读［M］//郑胜利．北大知识产权评论（第2卷）．

北京：法律出版社，2004.
[177] David Vaver. 知识产权的危机与出路［J］. 李雨峰，译. 知识产权，2007（4）.
[178] 郑万青. 知识产权法律全球化的演进［J］. 知识产权，2005（5）.
[179] 李扬. 知识产权法定主义的缺陷及其克服——以侵权构成的限定性和非限定性为中心［J］. 环球法律评论，2009（2）.
[180] 赵林青. 滑稽模仿作品的合法性分析［J］. 法学杂志，2008（5）.
[181] 李雨峰. 思想/表达二分法的检讨［J］. 北大法律评论，2007（2）.
[182] 李雨峰. 版权法上公共领域的概念［J］. 知识产权，2007（5）.
[183] 刘铁光. 知识产权在国际环境中的异化［J］. 求索，2008（7）.
[184] 应振芳. 司法能动、法官造法和知识产权法定主义［J］. 浙江社会科学，2008（7）.
[185] 杨述兴. 技术措施与著作权法中的权利限制制度［J］. 知识产权，2004（2）.
[186] 梁志文. 论滑稽模仿作品之合法性［J］. 电子知识产权，2006（4）.
[187] 梁志文. 反思知识产权请求权理论——知识产权要挟策略与知识产权请求权的限制［J］. 清华法学，2008.
[188] 高荣林. 限制抑或促进——从言论自由的角度解读版权［J］. 武汉科技大学学报：社会科学版，2007（12）.
[189] 胡朝阳. 知识产权与人权的价值冲突与统一［J］. 学海，2008（6）.
[190] 丛雪莲. 知识产权与人权之法哲学思考［J］. 哲学动态，2008（12）.
[191] 齐淑玲. 人权国际保护视角下 TRIPs 协议之变革［M］//国际经济法学刊. 北京：北京大学出版社，2008.
[192] 黎运智. 公众基本权利视域下的技术措施保护问题［J］. 图书情报工作，2008（10）.
[193] 赖洪川，赵瑞华. 论版权保护与言论自由的平衡与冲突——从 Eldred v. Ashcroft 案看美国版权扩张法案（CTEA）对宪法第一修正案的冲击［J］. 暨南学报：哲学社会科学版，2005（4）.
[194] 刘登明，王灿，郑东红. 试论版权技术措施与合理使用的冲突与融合［J］. 前沿，2005（4）.
[195] 吴汉东. 著作权作品合理使用的宪法问题研究［J］. 法制与社会发展，1996（4）.
[196] 徐瑄，袁泳. 从 Eldred v. Ashcroft 诉讼案看美国版权法价值转向——美国

200年来首次对“版权扩张”法案进行违宪审查［J］. 中外法学，2003（6）.
［197］周艳敏，宋慧献. 滑稽模仿与版权保护［J］. 出版发行研究，2006（6）.
［198］梁志文. 作品不是禁忌——评《一个馒头引发的血案》引发的著作权纠纷［J］. 比较法研究，2007（1）.
［199］张心全. 商标“戏仿”——LV诉HDD商标侵权案［J］. 中华商标，2008（1）.
［200］杨利华. 模仿、续写、改写与合理使用［J］. 科技与法律，2004（1）.
［201］王迁. 论认定“模仿讽刺作品”构成“合理使用”的法律规则——兼评《一个馒头引发的血案》涉及的著作权问题［J］. 科技与法律，2006（1）.
［202］宋慧献. 版权保护与表达自由：冲突与协调［M］//吴汉东. 知识产权年刊（2006年号）. 北京：北京大学出版社，2007.
［203］吴秀明. 竞争法上之概括条款——公平法第二十四条法律适用原则与规范功能之再检讨［J］. 政大法学评论，84.
［204］郑友德，伍春燕. 我国反不正当竞争法修订十问［J］. 法学，2009（1）.
［205］许成钢. 法律、执法与金融监管——介绍“法律不完备性”理论［J］. 经济社会体制比较，2001（3）.
［206］［美］卡塔琳娜·皮托斯，许成钢. 不完备法律（上）［M］//吴敬琏. 比较（第3辑）. 北京：中信出版社，2002.
［207］［美］卡塔琳娜·皮托斯，许成钢. 不完备法律（下）［M］//吴敬琏. 比较（第4辑）. 北京：中信出版社，2002.
［208］郑友德，范长军. 反不正当竞争法一般条款具体化研究——兼论我国《反不正当竞争法》的完善［J］. 法商研究，2005（5）.
［209］蔡祖国，郑友德. 不正当竞争规制与商业言论自由［J］. 法律科学，2011（2）.
［210］王立达. TRIPs之例外条款——以概括型例外条款为中心［J］. 政大法学评论，年份不详（107）.
［211］WIPO. 世界反不正当竞争法的新发展［M］//郑友德，冯涛，译. 漆多俊. 经济法论丛第1卷. 北京：中国方正出版社，1999.
［212］季卫东. 网络化社会的戏仿与公平竞争——关于著作权制度设计的比较分析［J］. 中国法学，2006（3）.
［213］张志铭. 欧洲人权法院判例法中的表达自由［J］. 外国法译评，2000（4）.

外文参考文献

[1] Arianna Andreangeli. EU Competition Enforcement and Human Rights [M]. Edward Elgar Publishing Limited, 2008.

[2] Barendt. E. M. Freedom of Speech. Oxford University Press, 2005.

[3] Henry G. Schermers & Denis F. Waelbroeck. Judicial Protection in the European Communities [M]. Kluwer Law International Publisher, 1992.

[4] James Bogle. The Public Domain-Enclosing the Commons of the Mind [M]. Yale University Press, 2008.

[5] Jonathan Griffiths. Uma Suthersanen, Copyright and Free Speech: Comparative and International Analyses [M]. Oxford University Press, 2005.

[6] Julie E. Cohen et al.. Copyright in a Global Information Economy [M]. Aspen Law & Business Publishers, 2002.

[7] L. Ray Patterson. Copyright in Historical Perspective [M]. Vanderbilt University Press, 1968.

[8] Martin Senftlebem. Copyright, Limitations and The Three-Step Test, An Analysis o fthe Three-Step Test International and EC CopyrightLaw [M]. KLuwer Law International (The Hague/London /NewYork), 2004.

[9] Meaghan Hemmings Kent, Joshua J. Kaufman. An Associatie's Guide To The Practice of Copyright Law [M]. Oxford University Press, 2009.

[10] Netanel, Neil Weinstock. Copyright's Paradox. Oxford University Press, 2008.

[11] William McGeveran. Four free speech goals for trademark law [J]. 18 Fordham Intell. Prop. Media & Ent. L.J. 1205.

[12] Paul L. C. Torremans. Copyright and Human Rights: Freedom of Expression-Intellectual Property-Privacy [M], Kluwer Law International, 2004.

[13] Ronald S. Rosen. Music and Copyright [M]. Oxford University Press, 2008.

[14] Simon Stokes. Digital Copyright-Law and Practice (second edition) [M]. Oxford and Portland, Oregon, 2005.

[15] Smolla. The First Amendment: Freedom of Expression, Regulation of Mass Media, Freedom of Religion [M]. Durham, NC: Carolina Academic Press, 1999.

[16] Peter B. Hirtle, Emily Hudson, Andrew T. Kenyon. Copyright and Cultural Institutions: Guidelines for Digitization for U. S. Libraries, Archives [M]. Museums. Cornell University Library, 2009.

[17] W. R. Cornish. Intellectual Property: patents, copyright, trade marks and allied rights [M]. 4th ed. Sweet&Maxwell: London, 1999.

[18] A. Kamperman Sanders Ph. D. Unfair Competition Law and the European Court of Human Rights: The Case of Hertel v. Switzerland and Beyond, Fordham intellectual property [J]. Media & Entertainment Law Journal, 1999 (Vol.10. No. 1).

[19] Adam W. Johnson. Injunctive relief in the internet age: the battle between free speech and trade secrets [J]. Federal Commercial Law Journal/may 2002; 54, 3; ABI/Inform Global.

[20] Alan Fiddes. Human rights and trade mark rights [J]. Journal of Intellectual Property Law £ Practice. Vol.1, No. 5.

[21] Alex Eaton-Salners. DVD Copy Control Association v. Bunner: Freedom of Speech and Trade Secrets [J]. Berkley Technology Law Journal, Vol.19, 2004.

[22] Alexander Tsoutsanis. The biggest mistake of the European Trade Mark Directive and Why the Benelux is wrong again-Between the European Constitution and European Conscience [J]. E. I. P. R. 2006, 28 (2), 74-82.

[23] Andrew Beckerman-Rodau. Prior Restraints and Intellectual Property: The Clash between Intellectual Property and the First Amendment from an Economic Perspective [J]. 12 Fordham Intell. Prop. Media & Ent. L.J. 1.

[24] Ann Evans. Boehringer Ingelheim LTD v Vetplus LTD [J]. E. I. P. R. 2007, 29 (12), 500-503.

[25] B. Nimme. Does Copyright Abridge the First Amendment Guarantees of Free Speech and press [J]. 17 UCLA Law Review 1182, 1970.

[26] Christina J. Angelopoulos. Freedom of expression and copyright: The double balancing act [J]. I. P. Q. 2008, 3, 328-353.

[27] Christopher Geiger. Trade marks and Freedom of Expression——The Proportionality of Criticism [J]. IIC Vol.38 3/2007.

[28] Christoph Beat Graber. Freedom of Expression and Unfair Competition: The Hertel Case and Beyond. Thomas Cottier/Joost Pauwelyn/Elisabeth Bürgi (eds.) [M]. Human Rights and International Trade, Oxford University Press, 2005.

[29] Dario F. Tanziani. South Africa: Trade marks-Infringement-Tarnishing of mark-defence of freedom of speech-Whether commercial benefit from infringement [J]. E. I. P. R. 2005, 27 (1), N4-9.

[30] Daniel Greenberg. To dilute your trade mark-Just add parody [J]. E. I. P. R.

2005, 27 (11), 436-438.

[31] Dario F. Tanziani. South Africa: Trade marks-Infringement-Bona Fide use [J]. E. I. P. R. 2008, 30 (3).

[32] David Mcgwan. Some realism about the free speech critique of copyright [J]. Fordham Law Review. vol.74.

[33] David M. Kelly, Lynn M. Jordan. Twenty years of Rogers v. Grimaldi: Balancing the Lanham Act with the First Amendment rights of creators of artistic works [J]. 99 Trademark Rep. 1360.

[34] Deborah R. Gerhardt. The 2006 Trademark dilution revision Act rolls out a luxury claim and a parody exemption [J]. 8 N. C. J. L. & Tech. 205.

[35] Dqqledol Tudylv. Pirates of the information infrastructure: Blackstonian copyright and The First Amendment [J]. Berkeley Technology Law Journal. Vol.15: 777.

[36] Dorsen. Satiric Appropriation and the law of libel, trademark and copyright: Remedies without wrongs [J]. 65 B. L. Rev. 923.

[37] Douglas John Frederick. Clash of the titans: Taking a long, hard, second look at conflicts between copyright and The First Amendment [J]. A thesis for the Doctor of Philosophy degree in the Graduate College of The University of Lowa.

[38] Eaton O'Neill. Paparazzi/Blogger Face-offF: Opportunity knocking for a fair use. linit [J]. 26 Cardozo Arts & Ent. L. J. 535.

[39] Brian A. Jacobs. Trademark dilution on the constitutional edge [J]. 104 Colum. L. Rev. 161.

[40] Eugene Volokh, Brett Mcdonnell. Freedom of speech and independent judgment review in copyright cases [J]. The Yale Law Journal; Jun 1998; 107, 8.

[41] Eugene Lim. The clash between trade mark law and freedom of speech in cyberspace: Does icann's UDRP strike the right balance [J]. A thesis for the degree of Master of laws Graduate Department of the Faculty of Law University of Toronto.

[42] Eugene Volokh. Freedom of speech and intellectual property: some thoughts after Eldred, 44Liquormart, Saderup, and Bartnichi [J]. Houston Law Review I/P symposium, 2003.

[43] Enyinna S. Nwauche. The judicial construction of the public interest in South African Copyright Law [J]. IIC 2008, 39 (8).

[44] Frank I. Schechter. The Rational Basis of Trademark Protection [J]. 40 Harvard Law Review 813, 1927.

[45] Glynn S. Lunney, Jr.. Reexamining Copyright's Incentives-Access Paradigm [J]. 49 VAND. L. REV, 1996.

[46] Glynn S. Lunney, Jr.. Fair Use and Market Failure: Sony Revisited [J]. 82 B. U. L. REV, 2002.

[47] Graeme Johnston. Copyright and Freedom of the media: A modest proposal [J]. E. I. P. R. 1996, 18 (1).

[48] Hannibal Travis. Opting out of the internet in the United States and the European Union: Copyright, Safe harbors, and international law [J]. 84Notre Dame L. Rev. 331.

[49] Hannibal Travis. The Battle for Mindshare: The Emerging Consensus that the First Amendment Protects Corporate Criticism and Parody on the Internet [J]. Virginia Journal of Law & Technology, Winter 2005, VOL. 10, NO. 3.

[50] Harris. O'Boyle and Warbrick, Law of the European Convention of Human Rights [M]. London: Butterworths, 1995.

[51] Herman Cohen Jehoram. Copyright and Freedom of expression, Abuse of rights and standard chicanery: American and dutch approaches [J]. E. I. P. R. 2004, 26 (7).

[52] Ilanah Simon. Parodies: A touch of magic [J]. E. I. P. R. 2004, 26 (4).

[53] Jacqueline D. Liption. Cripe Sites. Parody and the first Amendment in Cyberspace [J]. http: ssrn. com/abstract=925691.

[54] Jani McCutcheon. The new defence of parody or satire under Australian Copyright law [J]. I. P. Q. 2008 (2).

[55] Jennifer Davis. To Protect or Serve? European Trade Mark Law and the Decline of the Public Interest [J]. E. I. P. R. 2003, 25 (4).

[56] John C. Knapp. Laugh, and the whole world...scowls at you?: Efense of The United States' fair use exception for parody under TRIPs [J]. DENV. J. INT'L L. & POL'Y VOL. 33: 2.

[57] J. Griffiths and U. Suthersanen. Copyright and free speech: Comparative and international analyses [J]. E. I. P. R. 2005, 27 (11).

[58] Julie E. Cohen. Copyright and the perfect Curve [J]. 53 VAND. L.REV (2000).

[59] Justin J. Gunnell. Evaluation of the dilution-parody paradox in the wake of the Trademark DilutionRevision Act of 2006 [J]. Cardozo Arts & Entertainment. vol. 26: 441.

［60］J. Steven Rich. Commercial speech in the law of the European Union：Lessons for the United States［J］. 51 Fed. Comm. L.J. 263.

［61］Judica Krikke. Netherlands：Copyright-Infringement by quotation-Condidentiality of documents-Freedom of speech-Human rights［J］. E. I. P. R. 2004, 26（4）, N50-51.

［62］Katja Weckstrom. The lawfulness of criticizing big business：Comparing approaches to the balancing of societal interests behind trademark protection［J］. 11 Lewis & Clark L. Rev. 671.

［63］Katya Rozenblit. Freedom of expression and copyright law in Canada and Australia：Unchartered territory［J］. A thesis for the degree of Master of law, Graduate Department of Law University of Toronto.

［64］Keiji Sugiyama. The First parody case in JAPAN［J］. E. I. P. R. 1987, 9（10）.

［65］Keren Levy. Trademark Parody：A Conflict Between Constitutional and Intellectual Property Interests［J］. 69 Geo. Wash. L. Rev. 425.

［66］Laura R. Bradford. Parody and Perception：Examining Fair Use and Consumer Attitudes in Copyright［J］. http：//ssrn. com/abstract=728604.

［67］Lee Ann W. Lockridge. The myth of copyright's fair use doctrine as a protector of free speech［J］. Santa Clara Computer and High-Technology Law Journal, 2007（11）.

［68］Lisa P. Ramsey. Free speech and international obligations to protect trademarks［J］. The Yale Journal of International Law, Vol.35：404.

［69］Lisa P. Ramsey. Descriptive trademarks and the First Amendment［J］. 70 Tenn. L. Rev. 1095.

［70］Lisa Von Eschen. Trademark Protection and free expression：The reach of section 43（A）of The Lanham Act［J］. 1990 Ann. Surv. Am. L. 531.

［71］Lydia Pallas Loren. Redefining the Market Failure Approach to Fair Use in An Era of Copyright Permission Systems［J］. 5 J. INTELL.PROP. L. 1, 1997.

［72］Marguerite L. Gunn. United States：First Amendment concerns regarding magazine titles and actual harm required for dilution-The Fifth Circuit Court of Appeals takes a stand［J］. E. I. P. R. 2001, 23（1）, 51-55.

［73］Mark A. Lemley, Eugene Volokh. Freedom of speech and injunctions in intellectual property cases［J］. 48 Duke L.J. 147.

［74］Mark V. B. Partridge. Trademark parody and The First Amendment：Humor in the eye of the beholder [J]. 29 J. Marshall L. Rev. 877.

[75] Marla Kaplan. Andilution statues and the First Amendment [J]. 21 Sw. U. L. Rev. 1139.

[76] Mary LaFrance. No Reason to Live: Dilution laws as unconstitutional restrictions on commercial speech [J]. 58 S. C. L. Rev. 709.

[77] Maya Hertig Randall. Commercial speech under the European Convention on Human Rights: Subordinate or equal [J]? 6 Hum. Rts. L. Rev. 53.

[78] Michael D. Birnhack. Global copyright, Local speech [J]. Cardozo Arts & Entertainment. vol.24: 49.

[79] Michael D. Birnhack. Copyright law and free speech after Eldred v. Ashcroft [J]. Southern California Law Review. Vol. 76: 1275.

[80] Michael D. Birnhack. Acknowledging the conflict between copyright law and freedom of expression under the Human Rights Act [J]. [2003] ENT. L. REV. 24.

[81] Michael G. Frey. Is it fair to confuse? An examination of trademark protection, the fair use defense, and the First Amendment [J]. 65U. Cin. L.Rev. 1255.

[82] Niva Elkin-Koren. Copyright Policy and the limits of freedom of contract [J]. 12 BERKELEY TECH. L.J, 1997.

[83] Owen H. Dean. The irresistible force of freedom of speech meets the immovable object: trade mark law in South Africa [J]. Journal of Intellectual Property Law & Practice, Vol. 1, No. 9.

[84] Pamela Samulson. Copyright and Freedom of Expression from a historic perspective [J]. Journal of Intellecutal Property Law, Vol 10, Spring.

[85] P. Goldstein. Copyright and the First Amendment [J]. 70 Columbia Law Review 989, 1970.

[86] Panelists: Robert Weisbein. William McGeveran. Brett Frischmann. Trademarks v. free speech in cyberspace [J]. 18 Fordham Intell. Prop. Media & Ent. L.J. 1165.

[87] Patrical L. Loughlan. Looking at the matrix: intellectual property and expressive freedom [J]. European Intellectual Property Review/2002.

[88] Patricia Akester. The political Dimension of The Digital Challenge-Copyright and Free Speech Restrictions in the digital age [J]. I. P. Q. 2006, 1, 16-33.

[89] Patrick D. Curran. Diluting the Commercial Speech Doctrine-Noncommercial Use and the Federal Trademark Dilution Act [J]. 71U. Chi L. Rev, 2004.

[90] Patricia Krieg. Copyright, free speech, and the visual arts [J]. 93 Yale L.J.

1565.

[91] Patricia L. Loughlan. Protecting culturally significant uses of trade marks (without A First Amendment) [J]. E. I. P. R. 2000, 22 (7).

[92] Paul L. C. Torrenmans. Copyright and human rights——freedom of expression-intellectual property-privacy [M]. Kluwer Law International2004.

[93] Peter Poch. Austria: Unfair competition- distinction between idealistic activities and ones involving a commercial aspect [J]. E. I. P. R. 1996, 18 (12), D350.

[94] Pratheepan Gulasekaram. Policing the Border Between Trademarks and Free Speech: Protecting Unauthorized Trademark Use in Expressive Works [J]. http: //ssrn. com/abstract=870465.

[95] Rebecca S. Sorgen, Trademark confronts free speech on the information super highway: "Cybergripers" Face a constitutional collision [J], 22 Loy. L.A. Ent. L. Rev. 115.

[96] Rebecca Tushnet. Trademark Law as Commercial Speech Regulation [J]. 58 S. C. L. Rev. 737.

[97] Regan Smith. Trademark law and free speech: Protection for scandalous and disparaging marks [J]. 42 Harv. C. R. -C. L. L. Rev. 451.

[98] R. Grant Hamond. Quantum Physics, Economic Models and Property Rights to information [J]. McGill Law Journal, Vol. 27, No. 1. 1981.

[99] Richard B. Biagi. The intersection of First Amendment commercial speech analysis and The Federal Trademark Dilution Act: A Jurisprudential roadmap [J]. 91 Trademark Rep. 867.

[100] Robert Burnell, Dev Gangjee. Trade marks and freedom of expressioin—A call for Caution [J]. IIC Vol.41.

[101] Robert C. Denicola. Trademarks as speech: Constitutional implications of the emerging rationales for the protection of the trade symbols [J]. 1982 Wis. L. Rev. 158.

[102] Robert Plotkin. Fighting keywords: Translating the First Amendment to protect software speech [J]. http: //www. bu. edu/law/faculty/papers.

[103] Robert J. Shaughnessy. Trademark parody: A fair use and First Amendment analysis [J]. 72 Va. L. Rev. 1079.

[104] Roy S. Gutterman. Media law [J]. 58 Syracuse L. Rev. 1075.

[105] Sally McCausland. Protecting "A fine tradition of satire": The new fair dealing ex-

ception for parody or satire in Australian Copyright Act [J]. E. I. P. R. 2007, 29 (7).

[106] Schauer. Categories and The First Amendment: A Play in Three Acts [J]. (1981) 34 Vanderbilt Law Review 265.

[107] Silke Von Lewinski. The WIPO Treaties 1996: Ready to come into Force [J]. EIPR, April 2002.

[108] Spyros M. Maniatis. Ellen Gredley. Pardoy: A fatal attraction? Part 1: The Nature of parody and Its treatment in copyright [J]. E. I. P. R. 1997, 19 (7).

[109] Steven J. Horowitz. A free speech theory of copyright [J]. http://ssrn.com/abstract=1271004.

[110] Thomas B. Nachbar. Intellectual property and constitutional norms [J]. 104 Colum. L. Rev. 272.

[111] Thomas Jackson & John Jeffries Jr. Commercial speech, Economic due process and the First Amendment [J]. Virginia Law Review, 1979, Vol.65.

[112] Walter J. Derenberg. The Problem of Trademark Dilution and the Antidilution Statutes [J]. 44 California Law Review 439.

[113] Wendy J. Gordon. A Property Right in Self-Expression: Equality and Individualism in the Natural Law of Intellectual Property [J]. 102 Yale L.J. 1533.

[114] Wendy J. Gordon. Fair Use as Market Failure: A Structural and Economic Analysis of the Betamax Case and Its Predecessors [J]. 82 COLUM. L. REV, 1989.

[115] Wendy K. Marsh. Knock-off or Parody [J]. 27 NO. 10 of Counsel 12 of Counsel/October, 2008.

[116] William McGinty. First Amendment Rights to Protected Expression: What are the traditonal contours of copyright law [J]. 23 Berkeley Tech. L.J. 1099.

后　记

本书是在笔者博士论文的基础上完成的。2011 年 5 月通过博士论文答辩后，诸位答辩指导专家提出了很多中肯的意见和建议。笔者在这些观点基础上依据最新的研究文献对部分内容作了增补和修改。

本书能得以出版，首先要感谢我的导师郑友德教授。他所给予的指导和点拨，令我受益匪浅。这里小记一例。在博士论文写作过程中，为了能够更好地把握论文的写作，在郑老师的指导下，笔者首先抽出论文框架中的一小块进行研究，以此为基础最终完成的一篇小论文在 2010 年全国博士生知识产权论坛上荣获一等奖。

感谢给了我诸多帮助的同门和朋友：万志前博士、金明浩博士、李薇薇博士、刘雪凤博士、郭湫君博士、涂永前博士、彭国华博士、彭安臣博士、钟云华博士、王宁博士。多年的同学好友吴晓年先生和夫人凌英女士一直以来也给予了诸多关心和无私帮助。

我的祖母、父母亲（还有已经去世的祖父）一直都是我努力和前进的最大动力，他们的善良、勤劳和对下辈的无私奉献始终让我不敢懈怠。我也要感谢对我关心备至的姐姐、妹妹和兄弟。妻子李文华女士更是不辞辛苦，操劳家务，本书的出版也有她的一份辛勤付出。女儿的乖巧、聪颖和勤奋更是给我以无比的精神力量！谨以此书献给我的家人！

感谢武汉科技大学文法与经济学院丁宇教授、张继才教授、邓泽宏教授、黄滔教授等新老领导的关心和帮助。

最后也是最重要的，本书的出版受到了 2015 年湖北省社科基金和武汉科技大学文法与经济学院出版专项资金的资助，特致谢忱！

蔡祖国

2016 年春于武汉